健康保险系列丛书

健康保险与大数据应用

主　编　赵尚梅　张军欢

中国财经出版传媒集团
中国财政经济出版社

图书在版编目（CIP）数据

健康保险与大数据应用 / 赵尚梅，张军欢主编 .—北京：中国财政经济出版社，2017.12

（健康保险系列丛书）

ISBN 978-7-5095-7826-1

Ⅰ.①健… Ⅱ.①赵…②张… Ⅲ.①数据处理-应用-健康保险-研究 Ⅳ.①F840.62-39

中国版本图书馆 CIP 数据核字（2017）第 269700 号

责任编辑：贾延平　　　　　　　责任校对：徐艳丽
封面设计：李运平

中国财政经济出版社 出版

URL：http://www.cfeph.cn

E-mail：cfeph@cfeph.cn

（版权所有　翻印必究）

社址：北京市海淀区阜成路甲 28 号　邮政编码：100142
营销中心电话：88190406　北京财经书店电话：64033436　84041336
中煤（北京）印务有限公司印刷　各地新华书店经销
787×1092 毫米　16 开　16 印张　317 000 字
2017 年 12 月第 1 版　2017 年 12 月北京第 1 次印刷
定价：45.00 元
ISBN 978-7-5095-7826-1
（图书出现印装问题，本社负责调换）
质量投诉电话：88190744
打击盗版举报热线：010-88190414　QQ：447268889

《健康保险系列丛书》编委会

主　　任：宋福兴

副 主 任：董清秀　冯祥英　高兴华　伍立平　胡占民　黄本尧
　　　　　李晓峰　徐伟成　陈龙清

学术顾问：（按姓氏笔画为序）
　　　　　于保荣　马海涛　王　欢　王国军　王绪瑾　王　稳
　　　　　朱恒鹏　朱铭来　朱俊生　孙祁祥　孙　洁　李　玲
　　　　　李保仁　李晓林　杨燕绥　余　晖　张　晓　卓　志
　　　　　郑　伟　赵尚梅　郝演苏　庹国柱　董朝晖　魏华林

编务统筹：蔡皖伶　范娟娟

总　序

　　健康是人类永恒的追求，是人民幸福的起点，党中央、国务院高度重视人民健康事业。习近平总书记在党的十九大报告中指出："人民健康是民族昌盛和国家富强的重要标志。"没有全民健康，就没有完美意义上的全面小康。发达国家的成功经验表明，没有成熟的健康保险，全民的健康权就难以得到根本保障。

　　目前，健康保险在中国的实践与发展中尚处于重要的探索阶段，理论体系的构建和指引尤为迫切和重要。编著《健康保险系列丛书》的初衷就是要梳理近年来我国专家学者的理论探索，系统总结行业的实践经验，提炼健康保险的经营规律，从立足本土实际、借鉴国际经验、揭示运营规律、展望发展趋势等维度，努力构建健康保险行业的知识理论体系框架，更好地为我国健康保险业的有序发展提供坚实的理论支持。这套丛书可谓是皇皇巨著，由中国人民健康保险股份有限公司组织编著，凝聚了来自保险、财政税收、公共管理、社会保障、医疗卫生等领域近40位知名专家学者的心血与智慧。

　　改革开放以来，特别是近十余年来，健康保险业发展迅猛，众多跨领域的专家学者进行了一系列理论研究，流派纷呈，有力地推动了行业的快速发展。但应该看到，这些研究还不成体系，还相对分散，研究的广度和深度与当前行业发展的实际需求还不相适应。历史证明，科学系统的理论指引是保险事业健康发展的根本保证。从保险业的实践来看，什么时候有正确的保险理论指导，什么时候保险业发展的形势就比较好，对经济社会发展的贡献就比较大。

　　当前，中国特色社会主义已进入新时代，社会主要矛盾已经转化为人民日益增长的美好生活需要和不平衡不充分的发展之间的矛盾。人民群众对美好生活的需要呈现多样化、多层次、多方面的特点，其中，健康服务正在成为人民过上美好生活的一个基本要求。习近平总书记在党的十九大报告中指出："要完善国民健康政策，为人民群众提供全方位全周期健康服务。"按照党的十九大报告新的部署，完善国民健康政策，将促进健康与经济社会建设相互协调，促进"人口红利"转向"健康红利"，全社会对健康投资和消费需求将日趋旺盛，消费结构升级将为健康服务创造广阔的发展空间，包括商业健康保险在内的健康产业进入了重要战略机遇期。专业健康保险公司要在把握重大战略机遇中实现持续快速协调发展，完成"服务国家治理体系和治理能力现代化"这一历史角色的转变，不仅需要从国内外行业自身发展实践的优势与不足中总结经验教训，更需要探究并构建科学、系统的理论体系来指引改革发展的进程。

近几年，商业健康保险发展势头强劲，专业健康保险公司在多层次医疗保障体系建设中发挥了积极的市场机制优势，在满足人民群众日益增长的健康保障需求中的作用也日渐凸显。特别是近些年，健康保险人只争朝夕，真抓实干，成绩卓著。然而在有速度、有效度发展的同时，尚未及时把积累的发展经验总结出来，更没有形成相对完善的以学术研究为先导的理论体系构建。未来，随着新医改的加速推进，商业健康保险的服务链条将逐渐延伸到社会保障、医疗卫生、保健养生等多个领域，跨行业特性使风险控制更加复杂，经营管理难度更大，市场竞争更趋激烈。如果拥有了原创性的理论研究成果，就可以获取行业的理论话语主导权，就能引领未来发展的战略制高点，就能及时应对行业中出现的新变化和新挑战，就能在激烈的市场竞争中获取其他企业难以比拟的发展优势。

习近平总书记在党的十九大报告中强调："创新是引领发展的第一动力，是建设现代化经济体系的战略支撑。"企业应该成为创新的主体，而推动创新的根本力量是人才。专业健康保险公司的快速发展，关键是要建设一支规模宏大、结构合理、素质优良的创新人才队伍，要培养一大批熟悉市场运作、具备研究能力的专业技术人才。理论知识体系的研究和构建就可以培养和集结这样一批专门人才，使他们成为健康保险事业发展中的中坚力量。

《健康保险系列丛书》就是在这样的时代与文化需求的大背景下应运而生的。全套丛书分为理论基石类、实践操作类、探索提升类三类共计十六册。其中，理论基石类五册，意在建立统一规范的工作语言环境，普及专业基础知识，分别有：《健康保险学》（西南财经大学卓志教授主编）、《健康保险医学基础》（东南大学张晓教授主编）、《健康保险辞典》（中央财经大学郝演苏教授主编）、《健康保险与健康管理》（辛丹博士主编）、

《健康保险制度与规制》（对外经济贸易大学王国军教授主编）。

实践操作类八册，重在梳理总结相对成熟的经验规律，解决目前实践中的困惑，为行业提供现实借鉴和趋势分析，分别有：《健康保险公司风险管理》和《健康保险经营管理》（对外经济贸易大学王稳教授主编）、《健康保险营销管理》（西南财经大学卓志教授主编）、《健康保险产品创新》（北京工商大学王绪瑾教授主编）、《健康保险精算》（中央财经大学李晓林教授主编）、《健康保险财务管理》（中央财经大学马海涛教授主编）、《健康保险信息技术与管理》（北京邮电大学王欢教授主编）、《健康保险客户服务》（北京大学孙祁祥教授主编）。

探索提升类三册，旨在探索未来健康保险业发展之道，分别有：《健康保险与医疗体制改革》（清华大学杨燕绥教授主编）、《健康保险与大数据应用》（北京航空航天大学赵尚梅教授主编）、《护理保险在中国的探索》（南开大学朱铭来教授主编）。

为确保丛书编著的专业性和权威性，这些专家学者搜集整理了大量资料，梳理研究了国内外最新的理论知识和实践经验，进行了多次学术研讨，反复斟酌、精益求精，在编著工作中倾注了大量心力。我们希望本丛书能为健康保险行业的从业人员、健康保险相关专业领域的研究人员提供实际操作的范本和理论参考，为健康中国战略和国家多层次医疗保障体系建设提供必要的理论建构、学术前瞻与路径导向。

前　言

随着中国经济的发展，人们的物质生活水平有了很大提高，但同时也伴随着生态环境的破坏、工作强度的加大、人口老龄化的加剧等，所有这些使人们对健康的关注程度越来越高，给商业健康保险的发展带来了巨大的市场需求。但是，由于健康保险领域，保险人、被保险人、医生、患者之间信息不对称现象更加复杂而特殊，中国健康保险起步又较晚，使健康保险业在健康保险供给方面面临诸多瓶颈的约束。

大数据时代，人工智能、深度学习、互联网、物联网、大数据挖掘等技术的广泛应用，将会在健康风险的识别和评估、产品的设计和定价，健康保险的需求和精准营销、核保过程中逆向选择的筛查和理赔环节中道德风险的控制等方面解决数据和技术痛点。医疗机构和社会保障在商业健康保险经营和发展过程中是至关重要的利益相关者，大数据技术的运用，将有望减轻保险人与医疗机构和被保险人之间的信息不对称性，从与社会保障的合作中发现新的机会。商业健康保险在运用大数据的过程中，隐私保护值得关注。大数据方法和技术在商业健康保险未来发展中将有广阔的应用空间。

本书结构和内容概述如下。

第一章是大数据与健康保险概述，包括大数据的界定、发展现状及未来趋势；健康保险的界定、健康保险大数据来源及大数据在健康保险中的应用前景。

第二章是健康保险的风险识别与评估，是使用深度信念网络（Deep Belief Networks，DBNs）、Apriori 算法（Apriori Algorithm）、随机森林（Random Forest，RF）算法等大数据技术对健康保险中的纯粹风险进行识别与评估。对传统方法存在的不足，通过扩大数据范围、扩充核保因子进行弥补，优化和完善健康保险风险识别与评估方法。为健康保险产品设计和定价提高核保准确度、防范逆向选择提供基础方法和技术保障。

第三章是健康保险产品设计与定价。传统的保险设计，通常需要经过市场调研，了解市场上现有的产品信息、市场总体变动趋势以及客户需求信息等，比较耗时耗力，还可能缺乏一定的市场覆盖率和时效性。而基于网络平台的产品设计主题挖掘技术，对微博等新型社交媒体大数据进行主题挖掘，可及时抓住市场的关注点，发现客户需求，设计出适合保险消费者的产品。在对疾病保险等多影响因素的特定保险进行精算定价时，如果出现较大的误差，会给大部分健康保险公司带来极高的赔付率，而基于人工神经网络的个人保险差别定价技术和一种基于模糊C均值算法的团体保险定价策略，将提高个体和团体定价的准确率。

第四章是健康保险风险控制。本章首先介绍了道德风险的定义及其表现形式；其次介绍了健康管理的发展策略和主要形式，分析了目前阶段健康保险公司健康管理现状，并根据其业务需求提出了健康管理与大数据方法的结合模式；最后，运用BP神经网络、支持向量机以及朴素贝叶斯分类器这三类人工智能方法，重点对理赔过程中的道德风险及欺诈等进行识别和控制。

第五章是健康保险产品精准营销，主要从大数据在客户生命周期的应用、大数据与交叉营销以及营销渠道的选择三个维度，阐述了如何通过大数据技术实现健康保险的精准营销。

第六章是健康保险公司与医疗和社保机构的博弈。运用博弈模型，通过大数据的激励，医院有能力控制医疗费用的增长，从而与保险公司达成稳定的合作，而非选择不具备优势的冷战策略。同时，大数据方法和技术的引入使得保险公司能够更好地约束医疗机构的过度医疗现象，从而达到防止逆向选择和道德风险的目的。

第七章是大数据下的健康保险与社会医疗保险。目前，在保险行业内，保险产品的定价主要依据理赔标的发生的概率，而计算此概率的数据基础大部分来源于保险业内的历史数据统计，存在数据量少、时效性低且许多数据的统计口径已经发生变化等问题，使得保险产品定价存在偏差，且缺少患病后不同治疗方案的效果和费用评价。商业健康险公司通过与社会医疗保险机构的合作，获取社会医疗保险大数据，对于不同类型患者需求和支付能力进行分析，从而可以提高商业健康保险产品设计、定价和营销的精准度。

第八章是商业健康保险的法律法规。健康保险在应用大数据技术的过程中，如何维护公民的知情权，保护公民的隐私权，以及如何保护健康保险公司的商业秘密，需要在立法层面做出制度安排。

第九章是大数据背景下健康保险的未来发展，主要从人工智能、区块链、云计算和远程医疗等方面介绍了在健康保险领域的未来应用。

本书由赵尚梅、张军欢主编，王理、周建涛、杨海军副主编。具体编写工作安排如下：

第一章、第五章（王理、沈雪）；第二章（周建涛、徐白凡）；第三章（张军欢、沈晨阳）；第四章（张军欢、史舟淼、陈欣怡）；第六章（赵尚梅、郭一鸣、徐小磊）；第七章（赵尚梅、李照、徐小磊）；第八章（高欣、徐小磊）；第九章（杨海军、李仙致）。

全书由赵尚梅、张军欢统稿和审阅。在编写过程中，作者参阅了大量国内外文献，在此表示致谢。由于作者水平有限，书中错误与疏漏之处，恳请大家批评指正。

编者

2017 年 12 月

目 录

第一章 大数据下的健康保险 … 1

第一节 大数据发展概述 … 1
一、大数据的特征与意义 … 1
二、大数据的发展历程 … 2
三、大数据与医疗健康保险 … 4
四、大数据的未来 … 7

第二节 健康保险概述 … 11
一、健康保险的界定 … 11
二、健康保险的大数据来源 … 13

第三节 大数据技术在健康保险中的应用 … 17
一、大数据采集技术 … 17
二、大数据预处理技术 … 18
三、大数据存储及管理技术 … 18
四、大数据分析及挖掘技术 … 19

第四节 大数据在健康保险中的应用概述 … 21
一、大数据下健康保险风险识别与评估 … 21
二、基于大数据的产品设计与定价 … 21
三、大数据与健康保险风险控制 … 22
四、基于大数据的保险产品精准营销 … 22
五、大数据背景下保险公司与医疗机构的博弈 … 23
六、大数据下的健康保险与社会医疗保险 … 23
七、大数据背景下商业健康保险的法律规制 … 23
八、大数据背景下健康保险的未来发展 … 23

本章小结 … 24
思考题 … 24

专业术语　24

第二章
健康保险的风险识别与评估　29

　　第一节　健康保险的风险来源　29
　　　　一、疾病保险的风险来源　30
　　　　二、医疗保险的风险来源　31
　　　　三、失能收入损失保险的风险来源　33
　　　　四、护理保险的风险来源　35
　　　　五、个人健康保险的风险来源　36
　　　　六、团体健康保险的风险来源　36
　　第二节　健康保险纯粹风险的识别与评估　37
　　　　一、健康保险纯粹风险识别与评估的传统方法　38
　　　　二、大数据技术在纯粹风险识别与评估中的应用　42
　　第三节　健康保险逆向选择的识别与评估　53
　　　　一、传统的逆向选择识别与评估　53
　　　　二、大数据技术在健康保险逆向选择识别与评估中的应用　55
　　本章小结　59
　　思考题　60
　　专业术语　60

第三章
健康保险产品设计与定价　63

　　第一节　健康保险产品设计与定价的传统方法　63
　　　　一、健康保险需求分析　63
　　　　二、健康保险的设计流程　64
　　　　三、健康保险的定价方法及原则　65
　　第二节　传统健康保险产品设计与定价存在的问题　68
　　　　一、疾病保险　69
　　　　二、医疗保险　69
　　　　三、长期护理保险　69
　　　　四、失能收入损失保险　69
　　第三节　大数据在健康保险产品设计和定价中的应用　70
　　　　一、采用基于网络平台的主题挖掘技术设计健康保险产品　70

二、人工神经网络在健康保险个性化产品定价中的应用　　74
　　三、采用模糊C均值聚类优化团体保险定价　　78
本章小结　　82
思考题　　83
专业术语　　83

第四章
大数据与健康保险道德风险控制　　85

第一节　健康保险的道德风险界定　　85
　　一、道德风险的定义　　85
　　二、健康保险道德风险表现　　85
第二节　非骗赔型道德风险控制：健康管理　　86
　　一、健康管理概述　　87
　　二、健康保险的健康管理　　88
　　三、健康管理与大数据结合的必要性　　92
　　四、基于大数据的健康管理改进场景　　94
第三节　骗赔型道德风险控制：健康保险欺诈识别　　106
　　一、大数据背景下健康保险欺诈传统识别方法的困境　　107
　　二、健康保险欺诈识别的一般步骤　　107
　　三、BP神经网络在健康保险欺诈识别中的应用　　108
　　四、支持向量机在健康保险欺诈识别中的应用　　110
　　五、朴素贝叶斯算法在健康保险欺诈识别中的应用　　114
本章小结　　116
思考题　　117
专业术语　　117

第五章
基于大数据的健康保险产品精准营销　　120

第一节　大数据在客户生命周期精准营销中的应用　　120
　　一、潜在客户获取　　121
　　二、客户成长　　123
　　三、客户成熟　　125
　　四、客户价值衰退　　128
　　五、客户流失　　130

第二节　大数据在交叉营销中的应用　　　133
　　　　　一、产品交叉推荐　　　133
　　　　　二、客户潜在关联价值识别　　　137
　　　第三节　大数据在营销渠道的应用　　　139
　　　　　一、大数据时代下新型营销模式　　　139
　　　　　二、大数据下健康保险的营销渠道　　　141
　　　　　三、营销渠道的选择　　　144
　　本章小结　　　145
　　思考题　　　146
　　专业术语　　　146

第六章
大数据背景下健康保险公司和医院的合作博弈　　　149

　　　第一节　健康保险公司与健康管理和医疗机构相关政策概述　　　149
　　　第二节　健康保险公司与医院建立合作的原因　　　150
　　　　　一、过度医疗现象　　　150
　　　　　二、医疗技术推高医疗费用　　　151
　　　　　三、私人医疗对商业健康险的依赖　　　152
　　　　　四、医疗机构对病患的需求　　　152
　　　第三节　健康保险公司与医院建立合作的形式及实例　　　153
　　　　　一、国际经验：德国健康保险公司进入医疗和健康管理领域　　　153
　　　　　二、中国实践：健康保险公司与医疗机构的合作方式及案例　　　154
　　　第四节　健康保险公司与医院的博弈　　　158
　　　　　一、模型建立　　　158
　　　　　二、规划模型推演　　　159
　　　　　三、博弈模型及结果　　　161
　　　　　四、模型解释　　　163
　　本章小结　　　164
　　思考题　　　164
　　专业术语　　　165

第七章
大数据下的健康保险与社会医疗保险　　　167

　　　第一节　社会医疗保险与商业健康保险合作现状　　　168

一、社会医疗保险概述　　　　　　　　　　　　　　　　　　168
　　二、社会医疗保险发展的特点和难点　　　　　　　　　　　　169
　　三、商业健康保险需求快速增长　　　　　　　　　　　　　　170
　　四、目前合作模式　　　　　　　　　　　　　　　　　　　　171
第二节　大数据下社会医疗保险与商业健康保险合作新方向　　　172
　　一、"三保合一"政策下实现医保控费　　　　　　　　　　　172
　　二、从社会医疗保险中多方位获取客户数据　　　　　　　　　175
　　三、商业健康保险可以从社会医疗保险中发现新的机会　　　　176
本章小结　　　　　　　　　　　　　　　　　　　　　　　　　　178
思考题　　　　　　　　　　　　　　　　　　　　　　　　　　　178
专业术语　　　　　　　　　　　　　　　　　　　　　　　　　　178

第八章
大数据背景下健康保险的法律规制　　　　　　　　　　　　　　180

第一节　大数据下对商业健康保险消费者隐私权的界定　　　　　180
　　一、问题的提出　　　　　　　　　　　　　　　　　　　　　180
　　二、健康保险中的隐私权　　　　　　　　　　　　　　　　　181
第二节　域外商业健康保险消费者隐私权的保护经验　　　　　　183
　　一、美国健康保险消费者隐私权保护经验　　　　　　　　　　183
　　二、德国健康保险消费者隐私权保护经验　　　　　　　　　　187
　　三、日本健康保险消费者隐私权保护经验　　　　　　　　　　189
第三节　中国商业健康保险消费者隐私权的保护现状及存在问题　191
　　一、保险消费者隐私权保护制度在中国的立法现状　　　　　　191
　　二、保险监管机构对保险消费者隐私权保护的现状　　　　　　195
　　三、保险公司对保险消费者隐私权保护的现状　　　　　　　　195
　　四、中国健康保险领域内消费者隐私权保护制度存在的问题　　196
第四节　大数据下对商业保险消费者隐私权的保护对策　　　　　197
　　一、制定关于保险消费者隐私权保护的相关规则　　　　　　　198
　　二、建立指导性规则，加强整体监管　　　　　　　　　　　　199
　　三、加大对个人隐私的保护力度　　　　　　　　　　　　　　200
　　四、提高个人隐私权保护意识　　　　　　　　　　　　　　　201
本章小结　　　　　　　　　　　　　　　　　　　　　　　　　　201
思考题　　　　　　　　　　　　　　　　　　　　　　　　　　　201
专业术语　　　　　　　　　　　　　　　　　　　　　　　　　　202

第九章
大数据背景下健康保险的未来发展   204

第一节   人工智能助力健康保险   204
    一、模式识别   205
    二、机器学习   206
    三、深度学习   208

第二节   区块链技术促进健康保险发展   208
    一、投保过程：标的唯一性   209
    二、保险期间   209
    三、保额理赔支付   210

第三节   云计算与客户信息安全及信息获取   211
    一、云迁移   212
    二、云灾备   213
    三、公有云   214
    四、多渠道数据采集   214

第四节   远程医疗与健康保险   215
    一、远程医疗定义及分类   215
    二、远程医疗应用   215
    三、健康保险为远程医疗护航   216

本章小结   217
思考题   217
专业术语   218

参考文献   219

后记   235

跋   237

第一章

大数据下的健康保险

随着计算机技术的发展，各行各业纷纷迎来了大数据（Big Data）时代，"互联网+""大数据""云计算""人工智能""区块链"等词汇变得耳熟能详，大数据技术已经在金融保险、电子商务、医疗健康等领域得到了广泛使用。英美等发达国家早已将大数据技术应用到健康保险实践中，而中国健康保险行业对大数据技术的应用则刚刚兴起。

本章主要介绍了大数据及其技术在健康保险行业中的应用。

第一节主要概述大数据的特征、意义及发展历程；大数据技术在健康管理、医疗服务、健康保险等领域的应用；大数据技术的发展趋势。第二节主要概述健康保险的定义和特点，并从保险公司内部数据、医疗机构数据、物联网数据、互联网数据、社会医疗健康数据共享系统等五个方面挖掘健康保险公司的数据来源。第三节介绍了大数据技术在健康保险中的应用。第四节概述健康保险大数据应用的主要内容，包括大数据下健康保险风险识别与评估、基于大数据的产品设计和定价、健康保险的风险控制、基于大数据的健康保险产品精准营销、大数据下保险公司与医疗机构的博弈、大数据下健康保险与社会医疗保险、大数据背景商业健康保险的法律规制及大数据在健康保险中的应用未来。本章作为全书的第一部分，从整体上概述了大数据技术及其在健康保险中的应用。

第一节 大数据发展概述

一、大数据的特征与意义

数据时代已经来临，与人类生活息息相关的各种信息化设备和应用系统所产生的数据量的年均增速已经大于50%，预计到2020年，全球的数据量将达到44ZB，其中包括图像、音频、视频、企业数据以及传感器产生的信息。伴随科学技术的飞速发展，数据量的指数型增长为当今社会的竞争方式和经营方式带来了巨大变化。

许多全球性企业已经逐步开始在大数据技术研发、大数据人才引进、相关软硬件设施等方面进行大量投资。贝恩公司的大数据行业调研显示，欧美（北美和欧洲）400多家年营业额大于5亿美元的企业中，大约60%的企业在大数据投资方面表现出十分积极的态度，这说明大数据的诞生为众多企业带来了新的机遇。大数据时代企业可选择正确的技术对拥有的海量数据进行全方位、系统化的分析与挖掘，并根据结果做出正确的商业决策，在竞争中保持长期优势。

2001年，分析师Dung Laney在报告《3-D数据管理》中率先提出了大数据的"3V"模型，即大量（Volume）、速度（Velocity）和多样（Variety），其后IDC在此基础上又提出了大数据的价值性（Value），IBM也提出大数据的真实性（Veracity），形成了大数据的"5V"特征模型：大量（Volume）、多样（Variety）、速度（Velocity）、价值（Value）、真实（Veracity）。

- 大量（Volume）：互联网实时采集用户的各种行为，数据量庞大。
- 多样（Variety）：数据格式、数据类型具有多样性。
- 速度（Velocity）：数据处理速度快。
- 价值（Value）：海量数据的价值密度低，须通过数据挖掘才能产生高价值。
- 真实（Veracity）：数据存在不确定性，追求高质量的数据。

大数据在实际应用过程中并不需要同时具备以上五个特点，不同的应用场景，其侧重点略有不同。例如，医院通过电子病历信息分析制定临床诊疗方案时，利用的是巨量数据的处理能力的特点；信用卡公司通过结合客户信用信息与历史交易数据预防欺诈风险，主要是实现数据关联，提升数据价值；淘宝等购物网站根据消费者即时浏览记录推送商品链接，利用的是大数据处理速度快的特点。

大数据的意义在于，通过对海量数据分析、挖掘，提取出具有价值的信息与知识，进而辅助公司做出商业决策，提高企业竞争力。同时，大数据的兴起也带动了与之相关的就业机会和岗位的产生，如数据分析师、数据挖掘工程师、数据架构师、数据产品经理等。随着科学技术的进步、穿戴设备以及传感技术的不断发展，数据量与日俱增，如何合理地利用这些数据显得越来越重要。通过对数据的分析，企业可以获得六方面的价值：优化企业内部运营流程、优化现有产品与服务、开发新产品新服务、建立新业务模式、获取生态系统控制力、优化决策支持。

运用大数据预计能够达到两个目标：一是整合当前各种信息化设备产生的碎片化数据，解决"数据孤岛"现象；二是通过大数据技术对整合后的数据进行分析，发现数据中隐藏的规律和信息。

二、大数据的发展历程

大数据概念较为宽泛，其中包括三个方面：巨量数据是基础；处理方法是工具；

新技术是应用成果。大数据最基本的概念就是指海量数据，大量的数据是应用大数据技术的基础；在已有海量数据的基础上，需要对数据进行分析，通过分析增加数据价值，数据本身是没有价值的，所以处理方法是工具。当数据和处理方法已经具备时，需要将二者结合应用到具体环境，产生新的技术。关于大数据的发展大致分为以下几个阶段：

大数据的应用起源于2005年Hadoop项目。雅虎公司建立Hadoop项目的最初目的是为了解决网页的搜索问题。由于该产品的高效性，Hadoop被Apache Software Foundation公司引入，从而成为一项开源型应用。Hadoop是一个多级的结构，其方法和技术源自Google公司发表的两篇论文，其中一篇论文介绍了Google使用的分布式文件存储系统框架，而后被设计成HDFS（Hadoop Distributed File System）；另一篇论文则介绍了MapReduce算法———一种用于分布式资源控制的计算框架。Hadoop生态系统产生后，基于开源和Apache的支持，现已发展成为一个复杂的针对大数据处理的软件集合。

大数据的飞速发展引起了美国计算机研究人员的重视，在2008年，美国计算机界组织建立了计算社区联盟，《大数据计算：在商务、科学和社会领域创建革命性突破》这本极具影响力的白皮书也随之诞生。该书使人类感受到数据革命为世界带来的创新，它改变了人们对数据计算的原始印象。维基百科将大数据定义为：大数据是传统的数据处理应用软件不足以处理的、大量的或复杂的数据集的术语。

自从大数据概念被提出，与之相关的应用如同雨后春笋般出现。例如，印度政府为了管理居住人口，特别建立了相关生物信息的数据库。联合国同样利用互联网中的大量数据对多样社会问题进行了分析与研究。美国政府为了向公众提供相关政府数据，于2009年启动了Data.gov网站，海量的政府相关信息为一些服务型网站提供了大量数据，大量数据无疑增强了这些网站提供公共服务的效率。同时，这项举措也促使许多英联邦国家推广相关网站。坐落于欧洲的许多图书馆和科研机构也开始合作，进行互联网数据的抓取。

2010年2月，肯尼斯库克尔在知名经济学杂志《经济学人》中发表大数据方向的专题报告。报告提出："世界上有着无法想象的巨量数字信息，并以极快的速度增长。从经济界到科学界，从政府部门到艺术领域，很多方面都已经感受到了这种巨量信息的影响。科学家和计算机工程师已经为这个现象创造了一个新词汇——大数据"。

2011年，IBM开发了沃森超级计算机，这种超级计算机每秒可以对超过4 000GB的数据进行处理。此外，该超级计算机还在美国的一档智力竞赛电视节目《危险边缘》中大显身手，它轻而易举地击败了两名被公认为很强的人类选手。2011年12月，中国工业和信息化产业部将与大数据技术密切相关的信息处理技术作为关键技术创新工程的内容之一。2012年7月，阿里巴巴集团在内部设立了"首席数据官"职务，主要负责企业内部数据的分析、挖掘以及管理。与此同时，阿里巴巴集团积极推进大数据平台的建设，在旗下的天猫、淘宝等电商平台中使用大数据技术与云服务技术，将数据与金融提升到了和平台相等的位置上，共同成为集团关注度最高的三大方向。

在 2012 年和 2014 年的达沃斯经济论坛上，大数据成为各国参会人员讨论的主题之一。2012 年 4 月，Splunk 于纳斯达克上市，这家美国的公司是首家上市的大数据处理公司，股票上市首日表现非常强劲，体现了人们对大数据技术的信心和美好愿景。2014 年，美国奥巴马政府也将大数据技术的地位提升到了国家战略地位，积极投资大数据领域，期望运用大数据技术为美国公民提供更多的安全和隐私保护，降低政府在安全保障方面的支出，提高政府在安全保障方面的运行效率。

三、大数据与医疗健康保险

随着互联网和信息技术的发展，大数据技术已成功在多个领域大显身手。同时，大数据技术的广泛应用也给医疗健康保险行业带来了新的发展机会，推动其发生前所未有的变革。

（一）大数据与医疗健康管理

通过大数据技术的运用，人们享受的医疗服务水平得到了提高，医疗服务的质量也得到了改善。IBM 研发的沃森超级计算机已成功投入病患医疗分析预测的工作中，医药企业可以通过运用超级计算机查找并分析病人的临床医疗信息。在加拿大，大数据技术已被运用于早产婴儿的保健和医护，主要是通过传感器技术采集婴儿的一系列健康指标数值，将实时检测值与正常值进行对比，如发现异常点，及时发出警报并采取措施。同时，医生根据检测值可以准确得知早产婴儿出现的健康问题，这项举措明显提高了早产儿的存活率。

大数据技术还被运用于服药控制方面。传统的服药方式是一日三次，一次三片或四片，在不久的将来，人们可以通过穿戴设备或者相关应用采集人体内的血药浓度数据，当血药浓度低于一定水平时，患者就会被提醒及时服药。同时，通过血药浓度的检测也可以避免患者出现过量用药的情况。大数据技术还可以被用来判断虚假药品和处方的管理，避免患者不当用药。Express Scripts 是一家药房福利管理公司，平均每年接触 1.4 亿个处方，覆盖 65 000 家药店，其数据量十分庞大。它通过建立数据分析模型可检测出虚假药品，也可利用数据尝试解决特定情况下已经发生的问题。

美国疾病控制与预防中心（US Centers for Disease Control and Prevention，CDC）一直利用大数据对抗埃博拉病毒和其他流行病。CDC 的大数据试验项目 BioMosaic 可实时整合人口数据、健康统计数据和人口迁移状况，成功将 BioMosaic 作为预测、测试和锁定疾病的工具。BioMosaic 能够追踪潜在的疾病暴发，并就如何遏制潜在的流行病提出建议。

(二) 大数据与医疗服务

1. 大数据与电子病历

共享电子病历可以帮助收集和分析数据，寻找能够降低医疗成本的方法。例如，在医生和医疗服务提供商之间共享患者数据，能够减少重复检查，进而降低患者医疗费用和看病时间，改善患者体验。出于安全和合规的考虑，大部分的电子病历都无法实现共享，但是，若能找到一个安全的方法来挖掘患者数据，则可以实现改善医护质量并降低医疗成本的构想。

2. 大数据与医院管理

通过回归分析（Regression Analysis）方法分析并预测不同时期患者人数的分布，可以更加合理地安排医疗设备和医生资源。例如，冬季感冒患者较多，在这期间可以安排更多的内科和发热门诊的医生值班。同时也可以分析医院的医疗设备，例如，通过对儿科病房医疗设备使用次数的综合分析，可以更早地识别潜在的婴儿感染趋势。利用大数据，医院可以知道手术后开的抗生素能否有效地防止感染。

3. 数据与精准医疗

医院每天都会产生大量的数据，其中包括患者的健康状况信息、免疫接种的数据以及患者的基本信息。如果不能对这些数据进行分析，那么数据就会变成没有任何价值的"死数据"。通过加工和变换，将原始数据标准化之后，可以用于充实公共健康记录。丰富多样的公共健康记录，可为医生对病患者做出更准确、更高效的诊断提供数据支撑。

4. 大数据与再入院率

看病费用之所以上涨，原因之一是患者的再入院率居高不下。利用深度学习（Deep Learning）中的卷积神经网络（Convolutional Neural Network，CNN）算法分析原有的数据，以是否再入院作为标签信息，然后通过机器的不断学习，预判新患者是否会再入院，对可能会再入院的高风险病人提供必要的护理，降低再入院率。

5. 大数据与医疗效率

以纽约州韦斯特切斯特县的 Westmed Medical Group 为例。虽然该诊所的医生从 1996 年的 16 人增加到现在的 250 人，但是，近期的就医人数已高达 25 万。该诊所利用大数据技术自动分析了 2 200 余种医疗过程。系统可根据病情自动提供治疗方案，这种做法可以减轻医生的负担，把某些临床任务从医生转移到护士手上，减少不必要的检查，提高患者满意度。随着就医人数的不断扩大，医院必须提高效率才能保持优势。2015 年，好人生集团与美国梅奥共同发布了"绝世好医"智能预诊分诊系统，该系统依托美国梅奥 150 多年积累的医学循证知识库，发展了医疗人工智能互联网应用新场景，用户通过输入自身症状并完成问题，系统将自动给出预诊分诊结果。通过上海地区数家医院"双盲测评"，80% 的结果和医生诊断完全一致。借助医疗大数据和人工智能，利用医学知识图谱和移动互联技术将机械而繁重的分诊分科工作交给人工智能自动处理,可以节约医生的宝贵时间,医生可以投入更多的精力在复杂的医学治疗上,真正惠及百姓。

(三) 大数据与健康保险

1. 大数据与保险客户信息存储系统

MetLife(美国大都会人寿)保险公司迄今为止已耗资 3 亿美元打造了一个新式信息系统,其中的第一款产品是一个以基于分布式文件存储的开源数据库存储系统(MongoDB)为基础的应用程序,目的是将所有客户信息存放于同一个地方。MongoDB 汇聚了来自 70 多个遗留系统的数据,并将其合并成单一的记录,目前已存储了 24TB 的数据,包括了 MetLife 的全部美国客户。同时,MongoDB 为了扩大国际客户,扩充了多种语言,创建了一个面向所有客户的应用程序。它几乎可以做到信息的实时处理,当新客户的数据输入时,就好像 Facebook 一样,信息会自动更新。保险公司客户的数据和丰富多样的公共健康数据,为保险公司按照每个人的健康状况厘定个性化的商业健康保险费率,防止逆向选择,提供大数据支持。

2. 大数据与健康保险的健康管理

大多数疾病可以通过药物来达到治疗效果,但让医生和病人均专注参与改善病人健康状况的项目却极具挑战性。安泰保险为了帮助改善代谢综合征患者的预测效果,从千名患者中选择 102 名患者完成实验。研究人员在独立的实验室内完成工作,连续 3 年共扫描 600 000 个化验结果和 18 万件索赔事件,分析了一系列代谢综合征患者的检测试验结果。根据最后的结果制定出高度个性化的治疗方案,用来评估患者的危险因素和重点治疗方案。医生可以根据评估结果向患者提出食用他汀类药物及减重 5 磅等建议,以减少未来 10 年内 50% 的发病率。若检测发现患者体内的含糖量高于 20%,则建议其降低体内甘油三酯总量。健康管理(Health Management)是健康保险的重要环节,大数据的应用,为健康保险的健康管理提供了重要的技术支持。

3. 大数据与健康保险诈骗识别

美国各州在筹划建立全民医保的网络销售平台时,提出附加建立专业软件平台,用于自动识别和侦破可疑的健康保险索赔数据。这是一个依赖于大数据建立的回馈机制,依赖机器学习(Machine Learning)技术不断提高和进化的动态防卫系统。该软件可以根据数据更新来寻找规律,适应欺诈的新特点并加以追踪鉴别,建成后将大大提高理赔和管理效率。

保险公司可以使用关联规则、深度学习等算法,通过将客户行为与购买和索赔历史数据相结合的方式检测欺诈行为。如拥有近二十年在线支付安全记录的 PayPal 支付系统,通过持续改进数据基础设施来识别潜在的欺诈案件。PayPal 结合 Hadoop,使 Hadoop 作为一个互补的有效处理数据的平台,采用机器学习算法、在线缓存和专家审查,建立新的欺诈分析系统。一旦机器学习模型识别出了欺诈的可能性,系统就可以通过专业审查判断其是否存在欺诈的可能性。PayPal 通过神经网络学习(Neural

Network Learning)算法、深度学习算法和线性回归,分析实际中 1 000 个数据点,如商家的网站和 PayPal 网站近期的活动、存储在 Cookie 的数据、购买历史等。如果分析显示,同一账户记录的多个 IP 地址来自世界各地的不同地点,则表明,账户被黑客攻击的可能性较大,它会被标记并由专家再审查。PayPal 的风险管理是非常及时的,其算法以毫秒为单位,能够迅速判断出交易是良性的还是属于欺诈行为。如果一个人被认为是值得信赖的,他将会得到系统的快速支持,享受快捷的交易。然而,如果结果表明该交易属于非良性的,系统将自动减慢速度,获得额外的数据进行深度分析。这一方法,可以为健康保险的欺诈识别提供借鉴。

4. 大数据与健康保险客户管理

随着人们对健康的持续关注,对健康保险的需求会不断增长,客户也随之增多。但是,如何有效地管理客户,成为健康保险亟待解决的问题之一。而利用大数据技术对其客户信息进行处理,则可以最大限度地了解顾客倾向,贴心地满足顾客需求。例如,恒丰银行为搜集客户与银行之间的互动关系,分别从柜台、网上银行、ATM 甚至采用调查问卷等多种渠道收集相关信息,并根据上述含有文本、录音、图片等元素的数据制定出一个完善的客户全景视图,以该图为依据,分析和预测客户的倾向,对预测中具有流失倾向的客户采取挽留措施,防止银行因客户的大量流失而造成损失。这一方法可以供健康保险业管理健康保险客户借鉴。

5. 大数据与健康保险营销

在市场竞争激烈、客户需求不断变化的今天,保险公司如何正确分析客户的需求,并制定合理的营销策略,至关重要。2016 年,众安尊享 e 生百万医疗险和平安 e 生保百万医疗险通过互联网方式推广和销售,结合互联网人群和移动支付的特点,成为网红产品,这款产品主要定位"80 后""90 后"人群,平均保费 500 元,满足该目标人群的现实需求,是这款产品成功的一个原因。沃尔玛的大数据精准管理,可以为健康保险公司的客户精准营销(Precision Marketing)提供借鉴。20 世纪 90 年代,信用卡行业普遍采用统一定价模式,即对所有客户均收取相同费用。而 Capital One 是个另类,这家公司使用一个基于公开的信用数据和用户信息的统计模型,为每一位客户提供量身定制的产品。公司从 1994 年到 2003 年的净营业收入(扣除拨备后)复合年均增长率高达 32%。从 2009 年到 2014 年,像 Capital One 公司一样的先锋企业的净营业收入年增长率达 17%,明显高于美国一些顶尖银行的增长:花旗集团增长 11%,美银增长 11%,JP Morgan 增长 6%。目前,健康保险也普遍采用统一定价模式,对同一大类客户均收取相同保费。如果能够借鉴大数据及其分析技术,为每一位被保险人提供与其身体健康状况相匹配的健康保险产品,将大大提高健康保险的效率。

四、大数据的未来

尽管大数据市场持续增长,但大数据究竟该以何种方式被充分应用,值得期待。

以机器学习、深度学习为主的新兴大数据技术以及相关理论逐步为市场所接受，而在数据挖掘（Data Mining）中常用的一些方法，如关联规则分析中的 Apriori 算法依然在大数据的环境下不断发展革新。未来，人工智能（Artificial Intelligence）、物联网（Internet of Things）、云计算等科技革命势必会影响大数据的发展趋势，进而改变人类的生活方式。

（一）人工智能

自 2015 年以来，人工智能兴起。从苹果的 Siri 到 Google 的机器翻译，再到百度的深度学习及"百度大脑"，各大商业公司人工智能技术之间的互相学习，极大地影响并提高了人工智能领域的发展速度。

人工智能隶属于计算机科学，它试图了解智能的实质，参考人类智能的机制生产出类似处理方式的机器。随着互联网的高速发展，数据量爆发式地增长，数据维度越来越多，这些都为机器学习、人工智能的发展和应用提供了良好的土壤。同时，人工智能的成果也反过来让数据产生更大的价值，成为真正的"智能数据"，两者相辅相成，相互促进，让数据应用的成果越来越智能化、人性化。

人工智能在以下四个方面提供了新的途径和思路。

（1）发现：利用人工智能技术发现一些有价值的数据，比如挖掘出用户的购买习惯，经常搭配购买的组合套餐。

（2）预测：通过人工智能对用户进行预测，预测其购买倾向以及购买概率。

（3）推荐：预测的目的是为了向用户推荐，推荐的方式有多种多样，比如淘宝的"猜你喜欢"模块。

（4）自动化：了解用户定期购买商品类型后，自动化定期进行推荐。

人工智能技术的应用已逐步渗入金融、医疗影像等众多行业，极大地促进了相关行业发展。人工智能服务已经频繁地出现在各种大数据应用中，例如搜索推荐、语音识别（Language Recognition）、视频识别（Video Recognition）、地图导航和聊天机器人等。

在人工智能的研究早期，使用的算法相对比较简单，其中比较有代表性的实现算法是搜索算法。当人工智能需要做出决策的时候，会枚举出所有可能的选择，并按优劣为每一个选择分别做出评分。最终，评分最高的选择被视为最优决策。IBM 研发的深蓝（Deep Blue）就是利用了搜索算法，例如，在走棋的时候会枚举众多的棋局变化，对每一种局面给出相应的分数，最终选择出程序认为最优的一步棋。但是，为了减少计算，深蓝并不会盲目地枚举出全部棋局，而是忽略掉一些明显是"送死"的选择。如今的人工智能早已经今非昔比，机器学习以及深度学习成为实现人工智能的重要手段。Alpha Go 的工作原理是深度学习，它结合监督学习（Supervise Learning）和强化学习（Strengthen Learning）的优势，通过多层神经网络进行训练，首先将棋盘的现状作为输入数据，判断所有可能落子的区域，然后通过自我对弈的方式判断所有可行的落子位置，最终得到结果，即对手赢还是 Alpha Go 赢。最终，选择赢的概率高的位置落子。

人工智能与大数据有千丝万缕的联系，首先，大数据是人工智能赖以实现的基础。目前，人工智能的应用主要停留在大数据技术层面：通过对大量数据的分析，得出隐藏的规律，辅助人们进行决策，释放数据的价值。同时，人工智能可以使大数据更有价值，因为很多以前没办法分析的非结构化的数据可以被数据化和梳理。比如，原来的技术不能分析语音类型的数据，但是随着人工智能的发展，语音识别模型的准确性不断提高，在此基础上，转化为文本的语音数据作为大数据的一部分可以用于数据分析。

（二）机器学习

机器学习的概念来源于人工智能，机器学习的使用能够使得计算机在没有固定规则的情况下学习新事物。换而言之，即是分析海量数据，发现其中规律。

高德纳咨询公司（Gartner）认为，机器学习相关技术和理论将成为 2017 年十大战略技术趋势之一。该公司还指出，到目前为止已经衍生出更为先进的机器学习和人工智能系统，它们能够摆脱传统算法基于规则的束缚，并具备理解能力、学习能力、预测能力及适应能力。

机器学习区别于传统算法的根本特性体现在，机器学习在经验学习中改善具体算法的性能，基于不断的运算与学习抽象出不同问题的规律和解决方法，而非基于一组不可变的规则或者程序。机器学习算法通过使用大量包含问题的输入和输出的数据来得到"训练"，即机器学习算法的"学习"过程。充分训练后的算法模型就具有了解决具体问题和执行任务的能力。

机器学习甚至能够模拟人脑。相较于计算机，人脑学习的过程似乎容易得多。例如，六岁的小孩的观察能力足以分辨不同水果，而若是应用机器学习技术，则需要编写大量代码，并训练足量数据，使得计算机能够区分不同水果。但是，一旦机器学习的过程完成，自动化和海量数据处理就会变得轻而易举。

这些算法可以起到更好的理解和分析数据的作用，进一步挖掘出数据隐藏的结构和关系。一些基本的、人类可以完成的判断，通过应用机器学习也可以完成，并且速度更快，效率更高。例如：

（1）顾客在电商网站上购买商品时，电商可以通过应用机器学习算法从众多商品中，找出顾客最想购买的潜在商品，以实现精准推荐。

（2）视频网站基于用户观看数据可以推荐最感兴趣的电影。

（3）谷歌的搜索算法也应用了机器学习，可以从众多网页中匹配搜索结果。

（三）深度学习

机器学习经历了两个发展阶段，第一阶段被称为浅层学习，起源于 20 世纪 20 年代；第二阶段则是深度学习，起源于现代。在浅层学习的诸多算法中，最著名的是神经网络的反向传播算法（Back Propagation）。称它为浅层学习的原因在于，当时神经网络的训练模型中只含有一层隐层节点，能够接受的参数有限，计算单元少，特征识别能力弱。

如果机器学习是前沿的，那么深度学习则是尖端的。深度学习是大数据技术和无监督算法的结合体。深度学习的应用往往需要数量庞大的训练集，同时数据必须结构化，并且相互关联。深度学习的概念发端于对人脑神经元网络的研究，故称之为人工神经网络。深度学习在当前非常流行，因为它们在图像、视觉、语音等各种应用中产生了极好的效果。再通过借助 GPU 的并行运算，即使处于模型相当复杂、数据量巨大的情况中，深度学习依然可以达到相对理想的学习速度。此外，随着训练时间和训练样本的增加，深度学习的准确度会逐步提高。

卷积神经网络（Convolutional Neural Networks，CNN）在人工神经网络中颇为有名。其原理在于模仿大脑神经元中的兴奋构造，即模仿大脑皮层中的某些神经细胞，它们只有在特定方向的边缘存在时才能做出反应，以此衍生出特征提取方法。当人眼非常靠近一张人脸图片时，只有一小部分神经元被激活，我们也只能观察到图片上的像素级别点。随着人眼与图片的距离一点点拉开，其余部分的神经元逐渐被激活，我们便可以逐渐观察到人脸的线条→图案→局部→人脸。

深度学习的"深"即是多个中间层、大量神经元，其优点显而易见：特征表达能力强，有能力从海量数据中发现规律；深度学习往往是无监督训练，能够减少大量人力物力的使用；相较于传统浅层神经网络，通过逐层训练的方法降低了训练的难度，比如信号衰减的问题。

深度学习在图像领域、声音领域以及语义识别领域均取得了喜人的进步，特别是在图像识别和声音识别领域，相较于传统算法，深度学习将识别率提升到新的高度。这是因为，深度学习是基于大脑皮层神经感知外部世界衍生出的算法，而人脑处理的最多的外部自然信号便是图像、声音和文字。

深度学习使之前实现难度大的机器学习应用得以实现，极大地拓展了人工智能的应用领域。深度学习将各类复杂任务的完成变为现实。无人驾驶汽车以及预防性医疗保健等技术正在逐步走进人类的现实应用中。

（四）云计算

云计算、云存储、云服务能够根据计算或者存储需要，将智能装置、电商平台、社交平台等连接在一起，为用户提供更为广泛，高度个性化的定制服务。云技术的发展同时带来了"共享经济"的福利，融资能力不足的创业公司也能以实惠的价格，得到与自身需求相匹配的信息技术能力和后台服务。

客户的健康保险（Health Insurance）数据统一到健康保险云平台上，平台将各类数据收集并集中起来，进行全面深入的分析，再利用人工智能的算法进行分析测试，进而为用户提供风险规避建议以及有效的健康管理与保险服务，售出保险服务的同时降低赔付率。

(五) 物联网

随着物联网技术的发展，越来越多的电子产品可以通过互联网链接，实现自动化，传感器的普遍应用使得人与人、人与机器、机器与机器之间发生对话和信息交换的行为变为可能。同时，健康设备和智能家居将会实时联动。2013 年，CIGNA 给千名员工分发了可穿戴手环进行试点，试点结果表明，佩戴手环的处于糖尿病边缘的员工降低了患病风险，表明这一活动具有抑制疾病的作用。

如果说互联网是现在，物联网则可称得上是未来。利用物联网将各类电子设备纳入万物互联的大网络中，将生活和工作中产生的数据传输到云平台，通过健康数据分析，为用户提供保险服务。例如，家中的智能座椅能够记录客户的体重、坐姿等数据；智能手表记录分析客户的血压、活动量等。智能设备的广泛接入可以大大扩展保险服务领域，不仅可用作防范风险，也能做到与个人家庭生活相连接。可能有人暂时对保险不感兴趣，但没有人会对自己的健康失去兴趣。通过网络平台，将个人健康管理和保险服务进行有效连接，逐步将保险服务变成集个人健康管理与风险规避于一身的个性化服务。

人工智能、云计算、物联网这三种技术及其概念都有一个共同的基石，即在大数据的作用下，将智能应用广泛投入人类的生活当中。未来，人类将生活在智慧城市中，驾驶着无人汽车，寿命得以延长，疾病也能得到治愈。人工智能将为人类生存的世界描绘出更加美好的景象。

第二节 健康保险概述

一、健康保险的界定

(一) 健康保险的定义

健康保险的定义有狭义和广义之分，狭义的健康保险，是商业健康保险；广义的健康保险，既包含商业健康保险，又包括社会医疗保险。本书研究的主要是商业健康保险。

健康保险是人身保险的一种，是以人的身体为保险标的，当被保险人因疾病或意外事故遭遇伤害，发生费用支出或收入损失而获得补偿的一种保险。

健康保险的合同约定，投保人与商业机构签订保险合同，在规定期间内，因为被保险人发生约定范畴内的保险事故，保险机构负责给付保险金或提供相应服务的一种保险制度，特指商业健康保险。

健康保险按照中国保监会 2006 年发布的《健康保险管理办法》，商业健康保是指保险公司通过疾病保险（Disease Insurance）、医疗保险、失能收入损失保险和护理保险等方式对因健康原因导致的损失给付保险金的保险。

2014年10月，国务院发布的《关于加快发展商业健康保险的若干意见》（国办发〔2014〕50号）将大病保险、原本划入财产保险领域的医疗责任保险以及传统医疗费用保险之外的医疗意外、收入损失等保险也纳入商业健康保险范畴，从实际上明确了中国商业健康保险的基本内涵。

（二）健康保险的特点

健康保险相对于财产和人寿保险（Life Insurance）产生得更晚一些。虽然健康保险与人寿保险、人身意外伤害保险皆属于人身保险，但相较于其他两者，健康保险具备以下独有的特征。

1. 标的特殊

健康保险是以被保险人的身体健康状况作为保险标的。保险责任范围包括因疾病、生育、意外事故等原因产生的医疗费用和残疾失能、死亡损失，这也是区别于人寿保险、意外伤害保险的特征之一。但就意外事故伤害而言，哪些应划为意外险，哪些应划为健康险，在理论上还很难说清楚，只能由不同的国家依本国实践决定。而人寿保险与健康保险则存在明显不同，人寿保险以人的生命为保险标的，以被保险人的生存或死亡为给付条件。

2. 承保内容广泛

与人寿保险及意外险相比，健康保险的承保内容广泛而又复杂，不仅包括疾病、生育与意外事故造成的医疗费用保险，还包括疾病、意外事故造成的失能收入和护理保险，与此同时还要承担因生育和意外事故造成死亡的风险。

3. 风险难预测

健康保险的保险责任是伤病风险，其影响因素十分复杂，主要表现为得病的不确定性和治疗的不确定性。随着社会的进步和发展，疾病的种类也随之增多，保险公司对疾病危险程度的评估及保险费用的测定存在一定难度，因为其中涉及繁杂的医学及技术问题，所以，难免会出现结论不一或发生变动的问题。另外，医疗技术水平的日渐提高，各类进口的高端医疗器械的引进（如TOMO放射治疗系统）和针对各类疑难杂症的医疗药品持续更新，都导致医疗费用的支出水平持续上升，势必会导致健康保险的保险补偿费支出有所增加，保险公司的经营风险也大大增强。同时，因为信息的不对称，保险人无法获得被保险人的全部信息，逆向选择（Adverse Selection）和道德风险严重，医疗费用不断增长从而导致健康保险存在经营风险。

4. 承保条件严苛

健康保险的承保条件相较于寿险更为严格。由于疾病是产生经营风险的主要原因，需要对疾病产生的因素进行严格的审查，一般情况下，需要根据被保险人的相关病历来判断客户的健康状况，同时还需了解被保险人身体的既往史、现病史，某些情况下有必要了解被保险人的家族病史。

5. 保险期限短

除重大疾病等保险以外,绝大多数健康保险尤其是医疗费用保险通常为1年期的短期合同,原因在于医疗服务成本不断上涨,保险人很难计算出一个长期适用的保险费率,而一般的个人寿险合同则主要是长期合同,在整个交费期间可以采用均衡的保险费率。但为了方便希望长期投保健康保险的客户,保险人通常在保单条款中通过说明的方式使健康保单成为方便续保的保单,同时强调再次续保时可以更改费率。

6. 代位追偿权

在医疗费用方面,健康保险保险人具有代位追偿权(Ubrogation),即在健康保险中,当被保险人发生医疗费用支出行为时,如果医疗费用已经从第三方得到全部或部分赔偿,保险人无须再支付保险金,或只给付第三方赔偿后的差额部分。若保险人已经支付医疗保险金,然而事故责任又应由第三方承担时,被保险人应将向第三方要求赔偿的权利转移给保险人,由保险人代位追偿。

7. 合同条款的特殊

健康保险为被保险人提供医疗费用和残疾收入补偿,无须指定受益人。健康保险合同中,除适用寿险合同的不可抗辩条款、宽限期条款、不丧失价值条款等外,还采用一些特有的条款,如既存状况条款、转换条款、协调给付条款、体检条款、免赔额条款、等待期条款等。此外,健康保险合同中有较多的名词定义,有关保险责任部分的条款也显得比较复杂。

二、健康保险的大数据来源

(一) 保险公司内部数据

健康保险公司在经营过程中会产生大量的数据,例如,业务系统中的保单数据、核保理赔数据、投资经营的投资理财数据、精算部门的定价数据、各类风险管理数据、财务数据乃至宏观管理数据等,这些数据的完整性与准确性都与对应的流程环节息息相关。伴随着业务的增多,保险公司时刻需要积累海量数据信息,使得数据存储规模和处理速度需求呈现出爆炸式的增长趋势。

通过整合内部数据,企业可以从不同角度描述客户画像。保险公司内部积累了大量有价值的数据,主要包括:保险账号、身份证号、电话号码、职业、职位、收入、银行卡账号;被保险人的健康医疗数据、生活方式数据、体检数据等。因此,实现大数据在健康保险行业的应用要从整合自身数据开始,挖掘已有的交易数据和订单数据中所蕴含的个人属性、金融属性以及健康属性,将这些数据标签化,为用户画像提供支持。

(二) 医疗机构数据

1. 诊疗数据

诊疗数据是指医疗机构采集患者的人口统计学信息、挂号信息、处方信息、收费信息、住院登记信息、检查及结果信息、化验报告等反映健康及医疗服务状况的数据。这些数据可以通过与医院合作的方式获得，具体包括以下内容：

（1）患者信息数据。患者信息数据指的是患者基本情况及其他相关信息，包括过敏/不良反应信息、危急值信息、患者相关警示信息、医疗保险信息以及患者历次就诊信息。

（2）一般诊疗信息数据。计算机记录的关于患者一次就诊的临床治疗数据称为一般诊疗信息数据，包括诊断信息数据、用药医嘱/处方以及用药记录数据、治疗处置医嘱及执行记录数据、入/出科管理信息及会诊信息数据。

（3）检查信息数据。检查信息数据是患者一次就诊相关的检查申请及结果信息数据，包括检查医嘱数据、检查申请单数据以及检查结果信息数据。

（4）检验信息数据。检验信息数据是患者一次就诊相关的实验室检验申请及结果信息数据，包括检验医嘱数据、检验申请单数据以及检验结果信息数据。

（5）手术信息数据。手术信息数据是患者一次手术的信息记录，包括手术医嘱、手术申请单、手术记录、手术操作记录、手术参与人信息、麻醉记录、麻醉事件、用血申请单及取血记录等。

（6）护理信息数据。护理信息是患者一次就诊的护理记录信息，包括护理医嘱、体格检查记录及护理操作记录。

2010年，美国国家医院出院调查显示，各大医院在2010年期间共进行了5 140项治疗活动，出院人数高达3 150万人次，其中，病人停留时间平均是4.8天。2011年，美国国家门诊医疗调查共收录了12 570万次门诊访问记录和1 363万次急诊访问记录。这些数据展现了美国医疗行业提供服务的总量。医疗提供者可以通过这些信息建立一个全新的数据库，有助于避免疾病传播和一些特定的健康威胁。通过运用描述性统计分析、探索性数据分析和预测性分析方法，制定一套最具性价比的治疗方案，有利于减少不必要甚至重复的治疗。用已有知识预测未来的最大价值，有助于提高现有的医疗水平，改进医生的诊断模式。

在临床操作方面，通过深入全面地分析病人相关特征数据和疗效数据，并对比各种干预措施的有效性，能够发现针对特定病人的最佳治疗方案，避免医疗费用浪费，进而达到控制健康保险经营风险的目的。而临床决策支持系统不仅能够有效提升工作效率以及诊疗质量，还可以将医疗过程变得更加透明化，对医疗从业者、医疗机构的绩效考核更加透明，从而间接促进医疗服务质量的稳步提高，有利于社会医疗机构、保险机构定点医院的选择。在慢性疾病的治疗方面，从对慢性病人的远程监控系统入手，收集相关数据，并将分析结果传输、反馈给监控设备，有助于查看病人是否遵从医嘱，为确定病人之后的药物以及治疗方案提供强大依据。最后，对病人的档案数据应进行高级分析，能够对某类疾病的易感人群进行划分。麦肯锡估计，如果这些应用能够被充分采用，未来一年中，仅美国国家医疗健康开支这一项支出就会减少165亿美元。

2. 电子病历

可交互式电子病历（Interactive Electronic Medical Records，EMR）对降低病患护理成本存在着惊人的潜力。EMR 可协助医疗机构增进对慢性病的管理，提高运营效率，转化自身的财务状况，改善患者的预后。然而，全国范围内对电子病历的实施程度仍然差强人意，导致电子病历的优势没有完全实现。事实上，如何使电子病历易于访问，收集的数据如何得到有效获得与使用，已经成为医疗机构决策者们所面临的重大挑战。

优化电子病历中的数据，有助于揭示复杂信息中隐藏的关系，识别慢性病发展的模式和趋势，改善慢性病管理，提高医疗机构的运营效率和财务状况。

3. 健康档案

健康档案包括健康基础信息、患者在不同医疗机构形成的历次诊疗信息、健康体检信息、疾病管理信息等，在获得患者授权的前提下调阅其个人健康档案，有助于充分了解患者的健康情况，便于更好地诊断病情。

4. 基因组学

基因组学（Genome）及其相关理论是当下热门的研究学科之一。基因测序也许能从根本上改变生物医学的基础研究以及以前的医疗实践认知体系。新一代测序技术具有低成本的特点，这会使基因数据呈爆炸式增长，不得不承认，这种趋势对海量数据的计算、存储和分析提出了全新的挑战。通过从众多基因、癌症、医学研究机构和制药公司等不同途径所获取的海量数据早已得不到及时的处理与恰当的存储，甚至通过常规通信线路进行传输都变得困难。而通常情况下，这些数据必须被快速存储、分析、共享和归档，才能适应和满足基因研究的需要。可以说，基因测序为生命科学研究开辟了全新的领域，而大数据的应用则是学术研究成果造福社会大众的基础。

基因测序和新一代基因组技术正在改变着医疗保健供应商的经营方式。从目前的技术水平来看，测序整个基因组序列，并通过测量数以万计的血液成分来评估人类的健康状况已不再是一项难题。新一代基因组技术使得数据科学家对研究人群的基因组数据收集量大幅增加。

通过结合新的信息学方法，并对医疗保健领域内的多项应用进一步整合，如疾病的研究、处方的有效性等多种类数据，能更好地了解药物反应和疾病的遗传基础。

研究人员的目标是实现"超个性化"（Ultra-personalized）的医疗保健。作为一个开始，美国食品药品管理局已经开始发行药品标签，对基因变异的特殊病人给定不同的剂量。

（三）物联网数据

1. 可穿戴设备

可穿戴设备能够实时跟踪并收集每一个个体的锻炼信息、睡眠信息、饮食信息、生活信息等行为信息和情绪数据，进而帮助保险公司更加全面准确地了解每一个客户的健康状况，以合理评估其疾病风险，为产品设计和具有针对性的疾病风险管理提供数据基础。

2. 病人监护及家庭医疗服务装置

传感器是将医疗技术从医院带进家庭的一种重要媒介。随着传感器的不断改进，家用医疗监测仪器（如黑色素瘤诊断仪、个人心脑电图监测等）也将越来越齐全。设计这些小型仪器的初衷是为了给患者提供帮助，当然也可以用于收集数据。2011年，Properller Health 发明了哮喘 GPS 追踪仪，记录了哮喘病人每次使用该仪器的时间和地点，将这些信息系统收集并进行综合分析，再结合来自于疾病控制中心的资料（如在新英格兰进行的高花粉计数），就可以有效地帮助医生做好对特定疾病的预防工作。

2012年开始发售的 Ginger.io 移动仪是在病人知情并同意的基础上监测并收集他们的电话、短信、位置和运动数据，结合来自国家卫生研究所的行为健康信息以及其他方面的数据试图发现患者的潜在问题，比如过多的深夜电话或许为焦虑的发作带来极高的风险。

总部位于波士顿的伊莉莎公司，研发了一种可以提高患者服药依从性的监测仪，针对不同类型的人设置了不同的提醒模式，提高了患者的用药依从性。

（四）互联网数据

互联网包含了购物、社交、金融等平台，每日都产生巨大的访问量以及相关客户的行为数据，保险公司可以利用文本挖掘、自然语言识别、模糊判别等大数据技术分析客户群体的行为模式、思维习惯、个人喜好、经济水平，洞察消费者行为，全方位、有效地挖掘客户信息，提供个性化和定制化的健康险产品和服务。

（五）医疗健康数据共享平台

保险公司能够获取被保险人健康资料的途径包括健康声明书、疾病问卷、病史调查、间接调查、健康体检等。但上述数据被局限在被保险人的病历资料上，保险公司始终无法获得被保险人在各家医疗机构的真实诊疗记录，从而产生了潜在的承保风险。

一般情况下，健康保险的费率是依据过往疾病的发生概率，并结合年龄、职业、既往病史等诸多条件得以确定的，因此需要被保险人相关数据的积累。而在中国，保险公司的销售数据以及客户信息数据是完全保密的，公司之间缺乏数据互动和资料共享，因此，疾病的发生率、死亡率等基础数据统计既不精确，也不完整，直接影响了健康险保费费率、理赔率的核定。另外，当前中国的医疗机构、保险公司、社会医疗保险等各自形成一套数据信息管理平台，系统多、接口多、标准不统一等各类问题导致形成了众多的"信息孤岛"，这使得保险公司了解既往病史以及医疗费用开支有很大难度。

健康保险产品的精细化依赖于医疗数据的准确与全面收集。目前，医院信息系统（HIS）尚未在中国全面推广，许多二级以下医院没有将病人门诊、住院病历等数据实时上传 HIS 系统的能力。如果未来商业健康保险公司能将自身核心业务系统和 CRM 系统与 HIS 医院信息系统及社会医疗保险系统相互对接，并创建参保人员的信息共享体系，创建健康保险大数据的交互平台，制定医疗费用标准以及共享药品目录，那么就可以消除信息壁垒，推进信息共享，为客户设计出更合理、保障更全面的健康保险产品和服务。

第三节　大数据技术在健康保险中的应用

保险行业的自身特性使其同样具有大数据特征。一是保险行业属于经营风险的行业，需要采用各类风险模型或数理技术等对标的风险进行识别评估；大数据技术能够帮助保险公司基于海量数据来识别和评估风险，其数据基础与分析技术使标的风险的识别与评估更加准确。二是保险公司需要预测风险发生的概率，而大数据技术的应用关键是在于预测。三是保险经营的全部环节都与大数据紧密相关，例如业务系统中的保单数据、核保理赔数据、投资经营的投资理财数据、精算部门的定价数据、各类风险管理数据、财务数据乃至宏观管理数据。从信息存储规模来看，保险行业的大数据时代其实早已到来。随着信息技术的飞速发展，保险公司数据量呈爆炸式增长。

大数据是从涵盖各个类型的海量数据中快速获取有价值信息的理论和技术，它是在海量数据中挖掘趋势规律的过程，融合了统计学、人工智能、决策理论和数据管理等学科知识的交叉领域。它能高效地从大规模的、不完整的、模糊的应用数据中挖掘并提取出隐藏在其中的规律，揭示可能存在的复杂关系，从而为管理决策提供支持。大数据领域已经储备了大量技术，它们成为大数据采集、存储、处理和呈现的有力武器。大数据处理关键技术包括大数据采集、大数据预处理、大数据存储及管理、大数据分析及挖掘、大数据展现和应用（大数据检索、大数据可视化、大数据应用、大数据安全等）。

一、大数据采集技术

数据采集，是指通过 RFID 射频数据、传感器数据、社交网络交互数据及移动互联网数据各类方式获得的涵盖各个类型的结构化、半结构化（或称之为弱结构化）及非结构化的海量数据，是大数据知识服务模型的根本所在。优化数据采集环节，需要重点突破分布式数据爬取、高速数据全映像等数据收集技术，突破高速数据解析、转换与装载等数据整合技术，突破设计质量评估模型，开发数据质量技术。

大数据采集主要涉及采集和传输两个问题，因此可以将大数据采集分为大数据智能感知层和基础支持层两个部分。

（一）大数据智能感知层

该层包括数据传感体系、网络通信体系、传感适配体系、智能识别体系及软硬件资源接入系统，实现对结构化、半结构化、非结构化的海量数据的智能化识别、定位、跟踪、接入、传输、转换、监控、初步处理和管理等环节。发展智能感知层相关技术，须攻克针对大数据源的智能识别、感知、适配、传输、接入等技术。

（二）基础支撑层

该层提供大数据服务平台所需要的虚拟服务器，结构化、半结构化及非结构化数据的数据库及物联网资源等基础支撑环境。需要重点攻克四个技术，分别是分布式虚拟存储技术，大数据获取、存储、组织、分析和决策操作的可视化接口技术，大数据的网络传输与压缩技术以及大数据隐私保护技术等。

二、大数据预处理技术

当采集的数据维度过多，如何进行降维处理、缺失值处理等都是数据预处理过程中要解决的问题。对数据进行合理预处理能够改善数据质量，保留数据信息，这是支持数据分析结果正确性的重要基础。数据预处理一般包括对已接收数据的抽取和清洗等操作。

（一）抽取

因为获取的数据很大，可能具有不同结构和类型，数据抽取过程能够帮助将格式不同的数据转化为便于处理的结构，从而支持快速分析处理。

（二）清洗

清洗指发现并纠正数据文件中可识别的错误的最后一道程序，包括检查数据一致性、处理无效值和缺失值等。

三、大数据存储及管理技术

大数据存储与管理需要借助存储器来存储海量数据，建立相应数据库或者云平台存储数据，方便管理调用。其一大难点在于解决复杂结构化、半结构化和非结构化大数据管理与处理技术。要解决上述问题，就需要实现以下技术：开发可靠的分布式文件系统（Distributed File System，DFS）；能效优化的存储技术；大数据去冗余及高效低成本技术；分布式非关系型大数据管理与处理技术；异构数据融合技术；数据组织技术；大数据建模技术；大数据索引技术；大数据可视化技术；大数据移动、备份、复制等技术。

开发新型数据库技术。数据库分为关系型数据库、非关系型数据库以及数据库缓存系统。其中，非关系型数据库主要分为键值数据库、列存数据库、图存数据库以及文档数据库四种类型。关系型数据库包含了传统关系数据库系统以及新型关系数据库，如 NewSQL 数据库。

开发大数据安全技术。改进数据销毁、透明加解密、分布式访问控制、数据审计等技术；突破隐私保护和推理控制、数据真伪识别和取证、数据持有完整性验证等技术。

四、大数据分析及挖掘技术

针对具体的数据分析及挖掘需求，首先要明确数据分析及挖掘的目标是什么？预期达到怎样的效果？因此，在进行数据挖掘前，必须先了解数据相关背景知识，明确客户的需求。数据挖掘的目标一般包括分析挖掘用户数据，建立用户画像与物品画像等。

基于用户画像实现动态健康保险产品智能推荐，帮助客户快速发现自己感兴趣的产品，同时确保给客户推荐的也是保险公司所期望的，实现保险人与被保险人的双赢。

对客户进行群体细分，了解不同客户的特征，分析哪些客户是最有价值的，哪些客户是需要重点关注的，对于具备不同价值或者潜在价值不同的客户采取差异化营销策略，将有限的资源投放到最有价值的客户身上，实现精准化营销。

基于健康保险产品的历史销售数据，综合市场竞品等影响因素，可对健康保险产品销售量进行趋势预测。

大数据分析技术能够改进现有的数据挖掘和机器学习相关技术；开发数据网络挖掘、特异群组挖掘、图挖掘等新型数据挖掘技术；突破基于对象的数据连接、相似性连接等大数据融合技术；突破用户兴趣分析、网络行为分析、情感语义分析（Emotional Semantic Analysis）等面向领域的大数据挖掘技术。IBM Dr Watson[①] 开始在癌症领域针对某些疾病，收集数据质量高的病历，对病例进行数据挖掘，并对相关论文进行智能语义分析。从对病例数据和论文分析两个角度入手，细分疾病病程，从而实现各类治疗方案的精准推荐。

数据挖掘就是从大规模的、不完整的、包含噪声的、模糊的、随机的实际数据中，挖掘出隐藏在其中的、未知但具有潜在价值的信息和知识的过程。数据挖掘涉及的技术方法很多，有多种分类法。

根据挖掘任务可分为分类或预测模型发现、数据聚类、关联规则发现、序列模式发现、依赖关系或依赖模型发现、异常和趋势发现等。美国 Flatiron Healthcare 的主要业务即是从全球各地收集病历，尤其以癌症病例收集规模最大。世界各地医院的病历表格格式不统一，存在用词不规范、语义不准确等问题，所以 Flatiron 对全球病例数据进行了预处理，从而实现了病历的标准化、结构化，实现了全球病历的互联互通。

---

① IBM 的一个自动问答系统。

通过聚类的方法研究癌症病历，找出其共同点，健康保险公司可以设计出更加适合的健康险产品，也可以使产品更加个性化。

根据挖掘对象的不同，数据库可分为若干种，包括关系数据库、面向对象数据库、空间数据库、时态数据库、文本数据源、多媒体数据库、异质数据库以及遗产数据库。

挖掘方法可粗分为机器学习方法、统计方法、神经网络方法。机器学习中，挖掘方法可细分为归纳学习方法（决策树、规则归纳等）、基于范例学习、遗传算法等。在统计方法中，挖掘方法可细分为回归分析（多元回归、自回归等）、判别分析（Discriminant Analysis）（贝叶斯判别、费歇尔判别、非参数判别等）、聚类分析、探索性分析（主元分析法、相关分析法等）等。在神经网络方法中，挖掘方法可细分为前馈神经网络（BP神经网络等）、自组织神经网络（Self–Organizing Neural Network）（自组织特征映射、竞争学习等）等。

数据挖掘建模是数据挖掘的核心工作，即选择哪种算法进行模型构建。在对海量数据进行预处理工作之后，可以在此数据集的基础上建立模型。建立模型阶段包括选择并使用何种模型和相关技术，同时调整模型参数，使得模型预测结构最优。在明确建模技术和算法之后便需要确定模型参数和输入变量。模型参数包括类的个数和最大迭代步数等。建模过程中，需要考虑多种模型，并对比建模效果。合理建模要求挑选合适数量的变量参与建模。参与建模的变量过多会削弱主要业务属性在数据向量中的重要性，产生过拟合；变量太少则会无法全面涵盖需要考察的所有因素，可能遗漏重要属性关系。输入变量的选择对建立满意的模型至关重要。

综上所述，建立模型是一个螺旋上升、不断优化的过程。例如，聚类结束后，需要判断聚类结果在实际业务上是否具有意义，其分类特征是否明显。若结果不理想，则需调整聚类模型，优化参数和模型，这个过程叫作聚类优化。

建模的过程中会得到与各个因素相应的分析结果，其是对目标问题多方面的描述，此时需要对分析结果进行验证评价，如此才能得到正确、完备的决策信息。对模型结果也需要进行对比验证、准确度验证、支持度验证等检验以衡量模型的价值。此阶段需要加入更多层面和背景的用户进行测试和验证，通过对几种模型的全方位比较，选择最优模型。根据业务可对模型进行解释应用，不同的模型的评价方法往往不同。

从挖掘任务和挖掘方法两大角度应重点突破：

（1）可视化分析。数据可视化对于普通用户和数据分析专家皆为最为基本的功能之一。数据图像化能够直观地反映数据结果，容易被用户接受。

（2）数据挖掘算法。图像化、可视化是将机器语言翻译给人看，而数据挖掘则是机器的母语。使用分割、集群、孤立点分析等多种算法，可以精炼数据，挖掘潜在价值。这些算法能够应付海量数据处理的任务，同时具有高效的处理效率。

（3）预测性分析。预测性分析能够让决策者根据可视化分析和数据挖掘的结果做出预测和判断，支撑管理决策。

（4）语义搜索引擎。语义搜索引擎需要运用人工智能以及语言处理技术主动从数据中提取信息。语言处理技术包括机器翻译、情感分析、舆情分析、智能输入、问答系统等。

（5）数据质量和数据管理。数据质量与管理是数据支撑管理的最佳实践方式之一，通过标准化流程和机器处理数据确保获得高质量的分析结果。

第四节 大数据在健康保险中的应用概述

利用数据挖掘技术可以更加准确识别和评估风险，能够更加准确地分析客户需求，根据客户需求设计产品和精准定价，实现健康保险产品的精准营销。同时，加强风险控制（Risk Control）能力，加强与利益相关方的合作，规避法律风险，可实现健康保险的可持续发展。

一、大数据下健康保险风险识别与评估

风险的识别与评估是风险管理过程的首要环节。根据风险来源不同，健康保险分为纯粹风险、设计风险、逆向选择和道德风险。逆向选择和道德风险均是因为信息不对称，逆向选择发生在保险合同签订之前，而道德风险发生在保险合同签订之后。因此，首先分析纯粹风险和逆向选择，为保险合同签订之前的定价与核保提供依据和标准。

目前，国内健康保险公司对纯粹风险和逆向选择的识别与评估，主要依照重大疾病经验发生率表和国际大型再保险公司的核保手册，但这种评估方法缺乏有针对性的数据以及评估模型的支撑。在大数据背景下，健康保险公司可以通过扩大已有疾病发生率的采集范围和寻找其他风险因素的方法来增加数据维度和核保因子数量，并利用深度置信网络算法（Deep Belief Nets Algorithm）、Apriori算法和随机森林算法（Random Forest Algorithm）解决传统风险识别与评估中所存在的问题。

产品设计风险在产品设计与定价部分中分析，道德风险在保险合同履行期间及理赔环节分析。

二、基于大数据的产品设计与定价

（一）大数据下健康保险需求分析

健康保险需求分析是健康保险产品设计和定价的重要依据。随着收入的增加、人口老龄化和计划生育的放开等人口结构的变化、人们生存环境的变化、社会保障制度

的改革、医疗技术和医药制度的变革、国家和民众对健康的重视等,为商业健康保险的发展提出了新的挑战和重要机遇。传统的健康保险需求分析方法已经不能满足目前的需求,需要寻找新的技术和方法发现客户需求,开发新产品。需要从传统的保险产品设计以及定价方式入手,寻找不足之处,并以此为基础,利用大数据的方法提出改进及创新的方法。

(二) 健康保险产品设计

健康保险产品条款限定以及价格水平是绝大多数消费者在购买保险时关注的重点。在产品设计与定价上如何更好地满足客户需求,并且同时保证保险公司的稳健经营,大数据方法和技术将发挥重要作用。在产品设计方面,主要运用文本挖掘技术,以文档主题生成模型为例,对微博等网络平台进行主题挖掘,以确定产品设计方向。

(三) 健康保险产品定价

传统保险定价方法大多依赖于过去保险经营中获得的出险概率,但是,随着时代的不断进步与发展,尤其是在对疾病保险等多影响因素的特定保险进行精算定价时,会出现较大的误差。而基于人工神经网络的个人保险差别定价技术和基于模糊C均值算法的团体保险定价策略,可对其中部分相关因子或系数确定进行优化。同时,基于模糊C均值聚类算法可根据客户风险水平进行分类,并在此基础上简化团体定价的流程,提高定价准确度和效率。

三、大数据与健康保险风险控制

道德风险发生在健康保险合同签订之后,其中病前道德风险主要指被保险人购买了健康保险之后,认为自己有了保险从而减少了预防疾病的措施,结果增大了自身罹患疾病的风险,该类型的道德风险无骗保性质。被保险人在疾病发生后的道德风险主要表现为骗保型道德风险,也称为健康保险欺诈。信息不对称也是健康保险欺诈行为产生的主要原因之一,而大数据技术可以在一定程度上解决信息不对称问题。目前,用来检测保险欺诈的最常见的方法主要来自于相关人员的经验以及行业内部的统一标准,面对新型的保险欺诈时,营销人员往往会显得力不从心。而BP神经网络、支持向量机以及朴素贝叶斯分类器这三类人工智能检测方法为健康保险欺诈的检测提供了强大的技术支持。

四、基于大数据的保险产品精准营销

健康保险公司的精准营销是以客户为中心、以数据为基础、以分析洞察为手段,确保在正确的时间和正确的地点,以正确的方式向客户传达正确的营销信息。将从大数据在客户生命周期的应用、大数据在产品交叉营销的应用以及营销渠道的选择这三个方面分析大数据在精准经销环节的应用。基于"关联规则算法"分析客户交易信息;基于PageRank算法分析并选出虚拟社区中影响力值较高的传播主体,通过这些主体将健康保险产品相关信息高效迅捷地传递给广大客户,达到病毒营销的效果;基于网络平台的主题挖掘技术挖掘客户的偏好或是需求,进行精准营销;使用大数据用户画像标签化对流失客户的特征进行分析;利用 k – means 聚类,对消费者行为进行分析,提高销售效率,改善消费体验。

五、大数据背景下保险公司与医疗机构的博弈

大数据的应用不仅能够优化健康保险产品本身,还能够使相关利益主体之间的关系发生改变。保险公司和医疗机构的合作博弈关系是其中最重要的关系之一。健康医疗领域普遍存在"过度医疗现象""商业健康保险发展受阻""私人医疗对商业健康险的依赖"和"医疗机构对病原体的需求"等问题。对商业健康保险公司来说,将外在问题内部化是解决外部性问题的有效方式。在大数据背景下,通过引入一个博弈模型,分析保险公司和医院博弈中合作均衡的变动,发现医院有控制医疗费用的主动性,从而与保险公司达成稳定的合作意向。同时,大数据的引入使得保险公司能够更好地约束医疗机构的过度医疗,及与患者合谋欺诈保险公司的现象。

六、大数据下的健康保险与社会医疗保险

社会医疗保险制度及发展水平,对商业健康保险影响重大。中国的社会医疗保险具有数据量大、覆盖面广的先行优势。大数据技术为商业健康保险公司与社会医疗保险机构间的衔接与合作提供了可能。通过社会医疗保险与商业健康保险的融合,既发挥了商业健康保险在技术、人才和服务管理方面的优势,又可以有效控制医疗费用的上涨,减少医疗资源的浪费;商业健康险公司通过与社会医疗保险机构的合作,获取社会医疗保险大数据,对于不同类型患者需求和支付能力进行分析,从而可以提高商业健康保险产品设计、定价和营销的精准度。

七、大数据背景下商业健康保险的法律规制

健康保险在应用大数据技术的过程中,如何维护公民的知情权,保护公民的隐私权,及如何保护健康保险公司的商业秘密,值得关注,需要在立法层面做出制度安排。

八、大数据背景下健康保险的未来发展

大数据背景下,随着人工智能、机器学习、区块链、云计算和远程医疗的广泛应用,可展望健康保险业未来的发展。人工智能和机器学习能够进行出险图片识别进而帮助核保;区块链技术的分布式结构可以防止欺诈,同时还能减少再保险成本;云计算为小型保险公司提供了灾备方案;远程医疗应用于被保险人,能够有效减少出险概率。

本章小结

随着信息科学和技术的快速发展，大数据技术应运而生。随着时间的推移，大数据技术的重要性将越来越突出，各行各业都将采用大数据技术分析企业数据，进而推动公司的发展，提高企业的盈利水平。未来大数据技术将与人工智能、云计算、区块链、物联网密切结合，实现价值和效率的极大提升。

健康保险具有自身的特点，如标的特殊性、承保内容广泛、风险的难预测性、严格的承保条件、合同的特殊性等，急需通过大数据技术解决各环节上存在的问题。

思考题

1. 什么是大数据？其基本特征是什么？
2. 根据本章叙述的内容，总结目前大数据在健康保险中的应用？
3. 健康保险的定义是什么？其基本特征有哪些？
4. 健康保险公司的数据来源都有哪些？
5. 为什么要进行风险管控以及如何进行风险管控？
6. 目前，健康保险公司是如何进行产品定价的？大数据又该如何应用于产品定价的环节？
7. 大数据作为目前最火的技术之一，你认为其发展远景如何？
8. 我国健康保险行业发展过程中存在哪些问题？通过大数据技术能否得到解决？

专业术语

1. 大数据（Big Data）：无法在一定时间范围内用常规软件工具进行捕捉、管理和处理的数据集合，需要新处理模式才能具有更强的决策力、洞察发现力和流程优化能力的海量、高增长率和多样化的信息资产。

2. Hadoop：Hadoop 实现了一个分布式文件系统（Hadoop Distributed File System）。HDFS 有高容错性的特点，并且设计用来部署在低廉的硬件上；它提供高吞吐量来访问应用程序的数据，适合那些有着超大数据集的应用程序。HDFS 放宽了 POSIX 的要求，可以以流的形式访问文件系统中的数据。

3. 情感语义分析（Emotional Semantic Analysis）：又称文本情感分析，是指用自然的语言处理，文本挖掘以及计算机语言学等方法，来识别和提取原素材中的主观信息。

4. 美国疾病控制与预防中心（US Centers for Disease Control and Prevention）：美国疾病控制与预防中心是美国卫生及公共服务部所属的一个机构，总部设在亚特兰大。作为美国的政府机构，该中心的工作重点在于发展和应用疾病预防和控制、环境卫生、职业健康、促进健康、预防及教育活动，旨在提高人民的健康水平。

5. 机器学习（Machine Learning）：机器学习是一门多领域交叉学科，涉及概率论、统计学、逼近论、凸分析、算法复杂度理论等多门学科。专门研究计算机怎样模拟或实现人类的学习行为，以获取新的知识或技能，重新组织已有的知识结构使之不断改善自身的性能。

6. 神经网络学习（Neural Network Learning）：神经网络学习是一种模仿动物神经网络行为特征，进行分布式并行信息处理的算法数学模型。这种网络依靠系统的复杂程度，通过调整内部大量节点之间相互连接的关系，从而达到处理信息的目的。

7. 深度学习（Deep Learning）：深度学习的概念源于人工神经网络的研究。它通过组合低层特征形成更加抽象的高层表示属性类别或特征，以发现数据的分布式特征表示。

8. 线性回归（Linear Regression）：在统计学中，线性回归是利用称为线性回归方程的最小平方函数对一个或多个自变量和因变量之间关系进行建模的一种回归分析。这种函数是一个或多个称为回归系数的模型参数的线性组合。只有一个自变量的情况称为简单回归，大于一个自变量情况的叫作多元回归。

9. 精准营销（Precision Marketing）：精准营销就是在精准定位的基础上，依托现代信息技术手段建立个性化的顾客沟通服务体系，实现企业可度量的低成本扩张之路，是有态度的网络营销理念中的核心观点之一。

10. 监督学习（Supervised Learning）：监督学习是指利用一组已知类别的样本调整分类器的参数，使其达到所要求性能的过程，也称为监督训练或有教师学习。

11. 卷积神经网络（Convolutional Neural Network）：卷积神经网络包括卷积层和池层，是一种前馈神经网络（Forward Neural Network）；它的人工神经元可以响应一部分覆盖范围内的周围单元，对于大型图像处理有出色表现。

12. 人工智能（Artificial Intelligence）：人工智能是研究、开发用于模拟、延伸和扩展人的智能的理论、方法、技术及应用系统的一门新的技术科学。人工智能是计算机科学的一个分支，它企图了解智能的实质，并生产出一种新的能以人类智能相似的方式做出反应的智能机器，该领域的研究包括机器人、语言识别、图像识别、自然语言处理和专家系统等。人工智能从诞生以来，理论和技术日益成熟，应用领域也不断扩大，可以设想，未来人工智能带来的科技产品，将会是人类智慧的"容器"。

13. 物联网（Internet of Things）：物联网是新一代信息技术的重要组成部分，也是信息化时代的重要发展阶段。顾名思义，物联网就是物物相连的互联网。这有两层意思：其一，物联网的核心和基础仍然是互联网，是在互联网基础上的延伸和扩展的网络；其二，其用户端延伸和扩展到了任何物品与物品之间，进行信息交换和通信，也就是物物相息。

14. 可交互式电子病历（Interactive Electronic Medical Records）：电子病历也叫计算机化的病案系统或称基于计算机的病人记录。它是用电子设备（计算机、健康卡等）保存、管理、传输和重现的数字化的病人的医疗记录，取代手写纸张病历。它的内容包括纸张病历的所有信息。美国国立医学研究所将其定义为基于一个特定系统的电子化病人记录，该系统提供用户访问完整准确的数据、警示、提示和临床决策支持系统的功能。

15. 基因组（Genome）：基因组又称基因体，指的是单倍体细胞中包括编码序列和非编码序列在内的全部DNA分子。更精确地说，一个生物体的基因组是指一套染色体中的完整的DNA序列。

16. 数据挖掘（Data Mining）：数据挖掘是数据库知识发现中的一个步骤。数据挖掘一般是指从大量的数据中通过算法搜索隐藏于其中信息的过程。数据挖掘通常与计算机科学有关，并通过统计、在线分析处理、情报检索、机器学习、专家系统和模式识别等诸多方法来实现上述目标。

17. 逆向选择（Adverse Selection）：逆向选择被定义为信息不对称所造成市场资源配置扭曲的现象，经常存在于二手市场、保险市场。虽然逆向选择的含义与信息不对称和机会主义行为有关，却超出了这两者所能够涵盖的范围，逆向选择是制度安排不合理所造成市场资源配置效率扭曲的现象，而不是任何一个市场参与方的事前选择。

18. 数据孤岛（Data Island）：在企业信息化中，数据孤岛还有很多类似的描述，如"数据的污染"等比较形象的说法，专业人士把数据孤岛分为物理性和逻辑性两种。物理性的数据孤岛指的是，数据在不同部门相互独立存储，独立维护，彼此间相互孤立，形成了物理上的孤岛。逻辑性的数据孤岛指的是，不同部门站在自己的角度对数据进行理解和定义，使得一些相同的数据被赋予了不同的含义，无形中加大了跨部门数据合作的沟通成本。

19. 分布式文件系统（Distributed File System）：分布式文件系统是指文件系统管理的物理存储资源不一定直接连接在本地节点上，而是通过计算机网络与节点相连。分布式文件系统的设计基于客户机/服务器模式。一个典型的网络可能包括多个供多用户访问的服务器。另外，对等特性允许一些系统扮演客户机和服务器的双重角色。例如，用户可以"发表"一个允许其他客户机访问的目录，一旦被访问，这个目录对客户机来说就像使用本地驱动器一样。

20. 健康管理（Health Management）：健康管理是指一种对个人或人群的健康危

险因素进行全面管理的过程。其宗旨是调动个人及集体的积极性，有效地利用有限的资源来达到最大的健康效果。在我国，健康管理服务由具有执业资格的健康管理师来提供。我国"十三五"规划之后提出"大健康"建设，把提高全民健康管理水平放在国家战略高度。根据"十三五"规划，群众健康将从医疗为主转向预防为主，不断提高民众的自我健康管理意识。

21. 强化学习（Reinforcement Learning）：又称再励学习、评价学习，是一种重要的机器学习方法，在智能控制机器人及分析预测等领域有许多应用。但在传统的机器学习分类中没有提到过强化学习。在连接主义学习中，学习算法分为三种类型，即非监督学习、监督学习和强化学习。

22. 语音识别（Language Recognition）：又称自动语音识别、电脑语音识别或是语音转文本识别，其目标是以电脑自动将人类的语音内容转换为相应的文字。语音识别技术所涉及的领域包括信号处理、模式识别、概率论和信息论、发声机理和听觉机理、人工智能等。

23. 视频识别（Video Recognition）：视频识别主要包括前端视频信息的采集及传输、中间的视频检测和后端的分析处理三个环节。视频识别需要前端视频采集摄像机提供清晰稳定的视频信号，视频信号质量将直接影响到视频识别的效果。

24. 健康保险（Health Insurance）：健康保险是以被保险人的身体为保险标的，以被保险人在保险期间内因疾病或分娩不能从事正常工作，或因疾病、分娩造成残疾或死亡时由保险人给付保险金的保险。

25. 商业健康保险（Commercial Health Insurance）：商业健康保险是以被保险人的身体为保险标的，保证被保险人在疾病或意外事故所致伤害时的直接费用或间接损失获得补偿的保险，包括疾病保险、医疗保险、收入保障保险和长期看护保险。

26. 疾病保险（Disease Insurance）：疾病保险指以疾病的发生为给付条件的保险，疾病保险的责任范围可包括：（1）工资收入损失；（2）业务利益损失；（3）医疗费用；（4）残废补贴；（5）丧葬费及遗属生活补贴等。疾病保险一般不包括因意外伤害所致的各项损失。

27. 保险事故（Insurance Accident）：保险事故是指保险合同约定的保险责任范围内的事故。我国《保险法》第16条第5款规定："保险事故是指保险合同约定的保险责任范围内的事故。"

28. 人寿保险（Life Insurance）：人寿保险是人身保险的一种，简称寿险，人寿保险以被保险人的寿命为保险标的，且以被保险人的生存或死亡为给付条件的人身保险。

29. 代位追偿权（Ubrogation）：代位追偿是保险基本原则之一。代位追偿权是保险人代理被保险人向第三者行使请求赔偿权利。因第三者对保险标的的损害而造成保险事故的，保险人自向被保险人赔偿之日起，在赔偿金额范围内，取得代位行使被保险人对第三者请求赔偿的权利。

30. 风险控制（Risk Control）：风险控制是指风险管理者采取各种措施和方法，消灭或减少风险事件发生的各种可能性，或风险控制者减少风险事件发生时造成的损失。

31. 回归分析（Regression Analysis）：回归分析是确定两种或两种以上变量间相互依赖的定量关系的一种统计分析方法。该方法运用十分广泛，回归分析按照涉及的变量个数的多少，分为一元回归和多元回归分析；按照因变量个数的多少，可分为简单回归分析和多重回归分析；按照自变量和因变量之间的关系类型，可分为线性回归（Linear Regression）分析和非线性回归分析。如果在回归分析中，只包括一个自变量和一个因变量，且二者的关系可用一条直线近似表示，则这种回归分析称为一元线性回归分析。如果回归分析中包括两个或两个以上的自变量，且自变量之间存在线性相关，则称为多重线性回归分析。

32. 判别分析（Discriminant Analysis）：判别分析又称分辨法，是在分类确定的条件下，根据某一研究对象的各种特征值判别其类型归属问题的一种多变量统计分析方法。

33. 前馈神经网络（Forward Neural Network）：前馈神经网络是各神经元接收前一层的输入，并输出给下一层，没有反馈。节点分为两类，即输入节点和计算节点，每一个计算节点可有多个输入，但只有一个输出。

34. 自组织神经网络（Self-Organizing Neural Network）：自组织神经网络是通过自动寻找样本中的内在规律和本质属性，自组织、自适应地改变网络参数与结构。

第二章

健康保险的风险识别与评估

大数据技术的不断进步，使得健康保险的风险识别与评估方法得到了快速发展。

本章对健康保险的风险来源进行了划分和介绍。分别采用传统方法，以及深度信念网络（Deep Belief Networks，DBNs）、Apriori 算法（Apriori Algorithm）、随机森林（Random Forest，RF）算法等大数据技术对健康保险的纯粹风险及逆向选择进行识别和评估。通过对比，传统方法存在诸多不足，可以通过扩大数据范围、扩充核保因子，运用大数据技术进行一定程度上的弥补，完善核保标准和定价参考因子，为核保和定价提供新的数据依据和技术支持。

第一节 健康保险的风险来源

健康保险所对应的风险以及风险生成机制有很大差别。根据风险来源和保险种类的不同，健康保险存在的风险也不尽相同。

健康保险的风险来源主要有四种，一般有纯粹风险、产品设计风险、逆向选择和道德风险。

健康保险的纯粹风险，是指被保险人因自身无法预料的健康原因而导致的患病、医疗、收入损失，且由此导致保险赔付超过保险产品定价精算假设的风险。纯粹风险属于客观风险，可以通过 DBNs 算法以及关联规则等大数据技术进行一定程度上的分散和控制，但并不能完全规避。

健康保险的产品设计风险，是指保险产品研发过程中，保险责任设计不合理以及条款中关键术语不清晰导致的加重保险赔付的风险。设计风险主要由于保险公司缺乏产品设计管理经验或者失误导致的，而且绝大部分产品设计风险可以避免。

健康保险中存在的逆向选择与道德风险，都是源于信息不对称。逆向选择源于保险介入前的信息不对称；而道德风险源于保险介入后的信息不对称。逆向选择和道德风险在健康保险业务中最常见，因为健康保险产品种类多，各种保障形式多，所以健康保险的逆向选择和道德风险涉及的群体也很多，其具有广泛性、隐蔽性和互相关联性的特点。

中国保监会 2006 年发布的《健康保险管理办法》将商业健康保险分为疾病保险、医疗保险、失能收入损失保险和护理保险。下面阐述这四类健康保险和个人及团体健康保险的风险来源。

一、疾病保险的风险来源

健康保险中的疾病保险，指的是以保险合同中所约定疾病的发生为保险金给付条件的保险。疾病保险合同中一般规定被保险人被确诊约定的疾病后，按照约定金额给付保险金，保险金可用于被保险人疾病治疗、收入损失补偿等。疾病保险的风险来源如下：

（一）纯粹风险

疾病保险产品的纯粹风险，主要来源于疾病发生率的长期波动。这主要是因为保险业经营疾病保险的时间有限，来自于保险实际经验的赔付数据较少，甚至在高年龄段完全没有经验理赔数据，因此，很难依据准确可靠的疾病发生率对产品进行定价。

（二）产品设计风险

传统的疾病保险通常为确诊后一次给付型，与寿险给付方式类似。随着保险市场竞争加剧，保险公司纷纷对疾病保险产品进行创新和升级，一个升级方向是增加疾病种类，从最初的保障十几种疾病增加到几十种；另一个升级方向是从一次性给付转向多次给付。这些在产品设计方面的创新和升级会加大保险公司疾病保险的经营风险。

就增加疾病种类而言，增加的通常是当前发病率极低的病种，因此在短期内不会对产品营利性带来多大负面影响，而且增加病种后费率水平提高有限，有利于增强产品竞争力，促进销售，因此，很多保险公司十分乐于扩大疾病范围。但是，如果保险行业对于所增加的疾病缺乏深入的研究，对新增疾病的未来变化趋势缺乏合理预测，在对疾病的致病因素、长期趋势无法掌握的情况下盲目将其纳入保障范围，则意味着保险人要对被保险人承担数年甚至数十年的保险赔付责任，这就会对产品未来的盈利产生潜在威胁。

对于多次给付保险金的重大疾病产品，现在主要有两种设计类型：一种是对疾病分组，承诺可对每组疾病给付一次保险金，这样大大提高了产品保障水平。目前保险公司的重大疾病产品中对疾病的定义比较严格，因此，在目前情况下，被保险人罹患不同组别疾病的概率极低。但是，随着未来医疗技术的进步，一些在目前看来是绝症的疾病未来可能很容易治愈，被保险人在罹患一种重大疾病后治愈的概率大大增加，因此，再罹患另一组疾病的概率也会相应增加。另一种则是对尚处于早期阶段的重大疾病给付部分额度的保险金。这种早期给付可以采取提前给付或者额外给付两种方式。提前给付方式的风险在于部分提前期较长的疾病会使保险公司的赔付时间提前，导致预期的利差益和费差益无法实现。对于额外给付方式的风险，一是保险公司与被保险人发生理赔纠纷的可能性增加，二是如果早期的疾病诊断率提高，保险公司将额外支付保险金，导致赔付额度的增加和赔付时间提前风险的提高。

各种倒挂风险也可能从重大疾病保险的产品设计阶段产生，包括三种风险。第一种是保险金额与现金价值倒挂。由于终身疾病保险产品兼具疾病保障功能和较强的储蓄功能，随着保单年度递增，就有可能出现保单现金价值超过保险金额的情况。所以，理性的被保险人在没有发生保险事故的情况下也会选择提前退保，这就使得保险产品的营利性受到影响。第二种是疾病保障与身故保障倒挂。除了疾病保障之外，一般的疾病保险中大多还会提供身故保障，但是只要疾病保额低于身故保额，对金钱诉求大于生存诉求的被保险人而言，就有可能在确诊疾病后选择暂不报案，以期身故时受益人领取更高额的保险金。第三种是疾病保障与满期给付倒挂。一些与两全保险组合销售的疾病保险，产品组合一般约定保险期间届满且被保险人未确诊重大疾病的，给付约定额度的生存保险金。但是，如果生存保险金超过疾病保险金，被保险人在保险期间届满前患病的，可能选择不报案，等待合同期满时领取更高额度的满期保险金。这三种风险倒挂，都会导致实际经营结果偏离产品定价假设，从而影响产品的盈利。

（三）逆向选择

疾病保险通常具有鲜明的保障功能，因此，来自参保人的逆向选择突出。疾病保险的逆向选择主要有两种表现：一是带病投保；二是被保人投保前的身体状况可能会大幅提高理赔风险，投保后发生疾病的概率也比其他被保险人高。相较于个人疾病保险而言，团体疾病保险的带病投保逆向选择更为突出。原因可能是团体疾病保险的被保险人数量众多，保险人很难对每一被保险人的健康状况都有详细的了解，也可能是投保人故意隐瞒，以获得更低的保险报价，总之，保险人受制于团体人数，很难精准识别出投保人所隐瞒的风险。

（四）道德风险

疾病保险中存在被保险人参保后的两类道德风险。一是部分被保险人投保疾病保险后潜意识里认为已经安排了风险转移，因此对自身健康水平的关注度有所下降，可能导致被保险人无意间增多了不利于保持健康的活动或习惯等，长期积累导致身体健康状况不断下降，罹患疾病的概率不断提高。二是被保险人可能与医疗机构串通、伪造病历，将达不到保险合同定义的疾病夸大为符合产品理赔标准的疾病。

二、医疗保险的风险来源

医疗保险，是指以约定的医疗费用为给付保险金条件的保险。医疗保险产品形态较疾病保险更为复杂，分为费用补偿型和定额给付型，其中，费用补偿型医疗保险定价既与发生率有关,又与医疗费用的分布有关。另外,医疗保险很多是团体投保,个人医疗保险与团体医疗保险的风险因素差异较大。

医疗保险的风险来源有如下四种。

(一) 纯粹风险

医疗保险的纯粹风险来自于被保险人因疾病发生医疗行为的不确定性,包含两层含义:一是疾病发生的不确定性;二是患病后医疗行为的不确定性。对于疾病发生的不确定性而言,医疗保险的疾病泛指任何疾病,既可以是重大疾病,也可以是诸如引起身体不适的感冒、发烧等可以很快康复的疾病。而患病后医疗行为的不确定性,则是指不同医疗机构的不同医生、不同被保险人对治疗疾病的措施和偏好都可能有所不同。疾病发生的不确定性,是由于缺乏疾病发生率等相关数据。而医疗行为的不确定性,则可以从不同角度分析门诊发生率、住院发生率以及费用分布特征等。

(二) 产品设计风险

医疗保险的产品设计风险,主要体现在产品保险责任设计不当可能导致的承保风险以及保险条款设计与定价假设数据不匹配的风险,主要包括六个方面风险:

(1) 指定医疗机构范围风险。目前中国医疗机构按照经营类型划分为公立医院和民营医院,按照经营目的划分为营利性医院和非营利性医院。在设计保险产品时一般会约定保险公司仅对被保险人在指定医疗机构发生的医疗费用或医疗行为承担保险责任,而对于指定医疗机构之外发生的医疗费用或医疗行为不承担保险责任。医疗保险产品在责任设计时必须考虑定价基础数据对应的医疗机构等级,如果发生定价不准造成保险产品与医疗等级不匹配或贸然扩大指定医疗机构范围,则可能带来赔付超过定价假设的风险。

(2) 医疗费用范围风险。广义的医疗费用涵盖治疗疾病和恢复健康所发生的经济支出总和,包括治疗费、药费、陪护费、康复费用等。随着医疗技术的进步,更多高科技应用于医疗领域,推动了医疗费用的上涨。医疗保险如果对于医疗费用范围不加限制,被保险人在医疗支出上可能会完全无节制,最终导致保险产品亏损,从而退出市场。

(3) 重复、过度保障风险。补偿原则是保险的基本原则之一,指被保险人可以通过保险弥补经济损失,但不应通过保险额外获利。费用补偿型是医疗保险应遵循的基本原则。被保险人在不同时期、不同保险公司投保的医疗保险,累计获得的保险赔付不应超过被保险人实际发生的医疗费用,以免出现被保险人通过保险事故获利的情况。

(4) 主险与附加险设置风险。如果将风险较大的责任设计为主险,就可能使得被保险人的逆向选择风险大幅度增加。

(5) 缺少共担机制风险。医疗保险的共担机制对被保险人的医疗行为、保险产品的最终赔付均有较大影响,风险共担机制不合理可能导致医疗保险超赔风险。缺乏共担机制,将大幅度增加医疗保险的道德风险控制难度。

(6) 保证续保风险。一般的医疗保险产品期限为1年,保险到期后,保险人会与被保险人协商是否续保。保证续保条款的引入,主要带来两方面风险:一是将一年短期风险转为长期风险,由于续保对被保险人健康情况没有要求,未来保险期间的赔付风险将会加大;二是如果保险公司在续保时因为赔付状况变差而调高续保费率,可能导致健康的被保险人加速退出、非健康体继续投保的恶性循环。

(三) 逆向选择

医疗保险中被保险人的逆向选择主要出现在购买商业医疗保险之前。商业医疗保险是根据假定的健康被保险人风险水平厘定费率,健康状况欠佳的潜在参保人可能会通过隐瞒病情获得低于与其风险水平对应的公平费率的保险费率。对于社会医疗保险,逆向选择一般并不显著,因为社会医疗保险的参保人群基数十分庞大,医疗费用成本更加稳定;社会医疗保险一般采取全员强制投保方式,强调参保个体间的互助性,而且根据全体参保人(包括健康与非健康体)的平均风险水平确定费率。

(四) 道德风险

医疗保险中主要存在被保险人的道德风险和医疗机构的道德风险。被保险人的道德风险表现在以下三个方面:一是投保后被保险人对自身健康关注的松懈以及疾病预防意识的降低;二是刺激医疗需求,产生过度医疗消费,购买医疗保险后,被保险人的医疗支付能力将提高,被保险人可能会改变医疗消费方式,倾向于采取更加昂贵的医疗服务;三是冒名就医,他人冒用被保险人身份进行医疗消费,开销由保险公司进行偿付。冒用身份者以被保险人的亲友居多。

医疗机构道德风险产生的根源在于医疗机构利用其信息优势,既作为医疗方案制定者又作为医疗服务提供者的便利条件,追求自身利益最大化。具体表现在两个方面:一是诱导消费。由于医疗商品的特殊性,医疗机构具有诱导患者过度消费并且从中获益的便利条件。诱导消费体现在过度检查和开具大处方两个方面。医疗机构可以要求患者进行与所患疾病关系不大的检查,增加医疗机构收入,而成本完全由患者支付。中国医疗机构"以药养医"的问题仍然存在,医药领域竞争激烈,药品供应商向医生支付药品回扣的现象短期内难以完全杜绝,医生通过开具大处方增加收入的动力持续存在。二是医患合谋。医疗机构一旦与患者结为利益共同体,形成医患合谋,保险公司会处于信息更加弱势地位,面临参保人和医疗机构的双重道德风险。

三、失能收入损失保险的风险来源

失能收入损失保险,指以因保险合同约定的疾病或者意外伤害而丧失工作能力为给付保险金条件,为被保险人在一定时期内的收入减少或者中断提供保障的保险。

失能收入损失保险的风险来源有如下四种。

(一) 纯粹风险

失能收入损失保险的纯粹风险,主要来自失能发生的不确定性。疾病或意外伤害均具有极大的不确定性,相应的发生率数据也相对缺乏,所以失能发生也具有极大的不确定性。疾病或意外伤害造成的后果很宽泛,一般只有较严重的疾病才会造成受害者失能。因此,如果无法准确识别,会造成严重后果的疾病或意外伤害,就很有可能造成失能收入损失保险风险的大幅提高。

(二) 产品设计风险

失能收入损失保险的产品设计风险,来源于对失能概念的界定。不合理的产品设计会对被保险人的行为以及公司的盈利能力产生重大影响,而合理的产品设计则能有效规避因财务激励而产生索赔的风险。避免过度保险对失能收入损失保险而言尤为重要,对失能概念的合理界定,成为失能收入损失保险产品设计的基本内容。

只有对失能概念准确界定,才能保证理赔公正。对于失能程度的鉴定,通常要求由保险公司指定的医疗机构或医师做出。不同国家对失能的定义存在较大差异。比如,德国对失能的定义通常指"任何职业失能",不但参考了医学标准,还参考了被保险人是否无法从个人的职业、教育、培训和经验中获得任何经济收入。而英国的大多数保险公司采用的定义则是指"以往职业失能",基于被保险人是否能够完成其原来的工作进行判断。

上述两种界定方法,在投保费率、保险赔付额等方面都存在巨大的差异。因此,如果将失能概念定义得过于宽泛,就极容易产生过度保险的风险。适时、合理、客观的对失能概念进行界定,则会给健康保险公司带来公平、合理的盈利水平。

对失能收入损失保险赔付方式的设计也会给保险公司带来风险。失能收入赔付金存在年金方式给付、月度给付以及一次性给付等多种赔付方式。因为失能的被保险人可能需要单笔大额支出,比如改造房屋居住条件或购买交通工具等,以方便其日常活动,所以一次性给付具有合理性。但设计一次性给付的失能收入损失保险产品必须格外慎重,因为即使被保险人的身体得到恢复,失能程度降低从而重返工作岗位,保险公司也无法拿回已赔付的保险金。

(三) 逆向选择

失能收入损失保险中被保险人的逆向选择主要源于被保险人收入、职业以及财产情况是否准确。因为失能收入保险金是提前确定并按月支付,所以保险公司需要明确被保险人的收入和财产状况。失能收入保险金额的制定是让被保险人能养活自己,但少于被保险人此前的正常收入,以避免因保险金太高从而导致被保险人试图伪装残疾,甚至装病逃避工作。因此,保险公司必须准确掌握被保险人的收入和财产情况。而不诚信的投保人,很可能为获得更多的保险金而提供虚假的收入以及其他财务状况信息。

被保险人的职业,也是影响保险费率的重要因素之一。失能风险与职业风险成正相关,高风险职业伴随高失能风险。无法对被保险人职业进行准确识别,将会大幅提高被保险人逆向选择风险。如果无法准确识别被保险人的职业风险,部分被保险人就极有可能故意隐瞒自身职业的危险性，导致保险金额设置出现差错，增大逆向选择风险。

（四）道德风险

失能收入损失保险中被保险人的道德风险，在于保险公司是否准确掌握被保险人身体恢复状况以及失能前正常收入。如果保险公司无法准确识别被保险人的恢复情况，部分被保险人就极易通过故意隐瞒自身失能后的身体状况获取过量的保险赔付。

若保险公司无法准确掌握被保险人失能前的正常收入状况，可能诱使被保险人通过夸大自己的正常收入，从而在失能后索赔超过其实际收入的保险金。同时，过高的保险金还会使被保险人不主动寻求获得收入的工作，致使少数贪婪的被保险人可以不用工作就能获得可观的收入。

四、护理保险的风险来源

护理保险通常规定被保险人达到保险合同约定的护理条件时，保险公司应支付保险金。护理保险可以采取一次性支付方式，支付完成后保险合同终止；也可以采取多次支付方式，即在被保险人符合支付条件期间内，保险公司持续给付护理保险金。

护理保险的风险来源有如下四种。

（一）纯粹风险

护理保险的纯粹风险包括两个方面：一是随着居民慢性病发病率的提高，老年人口中完全失能、半失能人数占比持续增加，如脑卒中后遗症、帕金森病等患者不断增多，导致护理的需求会不断增长，未来护理发生率比重大疾病发生率存在更大的不确定性，给护理保险产品定价带来困难。二是被保险人的寿命延长风险。人们寿命的延长不仅会导致养老金业务经营风险，也会对长期护理保险产生较大的经营风险：随着居民预期寿命的延长，护理保险金支付频率和额度不断上涨，如果定价不足，将面临产品亏损。

（二）产品设计风险

护理保险的给付标准，或者说保险合同对护理条件的定义，长期广受争议，这是护理保险最显著的产品设计风险。由于中国尚未实施政府主导的社会护理保障制度，中国保险行业协会也未能出台类似重大疾病、伤残表的行业标准，各保险公司对护理标准的定义存在差异，主要有两种定义：第一种是用国际通用的生活自理能力评量表（ADL）进行定义，当被保险人被鉴定不能独立完成六项基本日常生活活动中的三项或三项以上，且该状态已持续 180 天以上时，可认定为达到护理条件。第二种是将被保险人的认知功能作为护理判定标准。以上两种护理标准均存在一定理赔操作障碍，如严格执行可能会与客户发生较多纠纷，如果通融赔付则可能导致产品赔付升高。

除此之外，护理保险金是向满足护理条件的被保险人支付保险金，如果在给付护理保险金期间被保险人身体状况有所好转，不再符合给付护理保险金条件，则保险公司应终止给付。但保险公司产品定价缺乏相关数据，比如符合护理条件与不符合护理条件相互转化的概率等，而且即使有一定的经验数据，产品管理也由于过于复杂而缺乏可操作性。因此，定价反映护理状态之间互相转化的简化处理，也是产品设计主要风险来源之一。

（三）逆向选择

相对于疾病保险和医疗保险，护理保险中被保险人的逆向选择风险具有更强的隐蔽性，而且风险释放的周期更长。引发长期护理保险事故的主要原因是各种慢性疾病。这些疾病的形成与发展是一个漫长的过程，但是慢性病最终的结果往往是明确的，参保人在年轻时可以根据自身已患的慢性疾病情况选择性投保护理保险，而保险公司对早期参保人的逆向选择风险很难防范。

（四）道德风险

护理保险中被保险人的道德风险与失能收入损失保险相似，但是比失能收入损失保险管理难度更大。从被保险人的角度，由于护理标准有一定主观性，这些护理状态标准无法像重大疾病或是失能程度一样通过病理报告确诊，被保险人有可能在进行鉴定时对身体失能状态有意地夸大，无论是保险公司核赔部门，还是医疗机构，对参保人夸大失能状态往往难以进行有效的核查。除此之外，参保人康复之后，一般不会主动通知保险公司终止领取护理保险金，保险公司亦难以对参保人的健康状况定期核查。从医院或鉴定机构角度，护理标准本身存在主观判断特点：如果患者给予鉴定医生一些利益，部分贪婪的鉴定医生极易按照患者要求出具有利于获得保险金的鉴定报告，而保险公司很难识别出这种不实的鉴定报告。

五、个人健康保险的风险来源

个人健康保险的主要风险来源是逆向选择和道德风险。虽然保险公司可以通过体检和调查问卷等方式获取被保险人投保前的健康信息，但很难获得实时、客观、相互印证的数据，被保险人依然可以通过故意隐瞒疾病等方式让保险公司在承保前无法完全掌握被保险人的风险程度。

当成功地投保商业健康保险后，被保险人考虑到如果发生医疗服务，产生的费用由保险公司全部或部分承担，也容易放松对自身健康状况的关注和警惕，由此可能导致其疾病发生率的提高和保险公司运营风险的增加。

六、团体健康保险的风险来源

团体健康保险的逆向选择风险相比个人业务更复杂，主要体现在以下几个方面。

1. 团体医疗保险主要作为一揽子员工福利计划的组成部分，相对个人医疗保险承保时采用的格式条款，团体投保人对保障内容往往有个性化需求，因此通常根据双方谈判情况以协议方式承保，而这些个性化需求通常对投保人更为有利。

2. 投保团体一般包含较多被保险人,对于人数较多的团体,其保险事故发生率、损失分布等具有稳定性,而投保人对该信息的了解程度胜过保险公司。

3. 团体保险的核保方式与个人保险不同,个人保险的核保相对精细,而团体保险因为被保险人数众多,不可能逐一进行针对性的医学核保,而是通过参考相关经验数据进行费率测算,以及配合健康声明的方式。

4. 团体医疗保险作为一揽子员工福利计划,可能包含部分患病人群,或者年龄较高、健康状况比较差的个体,保险公司对于这些高风险人群往往不能拒保。

5. 团体保险市场竞争更为激烈,投保方普遍采取招标方式,即投保人会尽可能压低承保费率。

6. 团体险销售人员可能存在较大的逆向选择倾向。由于团体医疗保险重要的核保信息来自于团体既往的赔付数据,团体销售人员为了获取业务,可能会隐瞒或虚报团体的既往不良赔付信息,使保险公司报价偏低。

7. 与个人医疗保险主要采取附加险承保方式不同,团体医疗保险通常以主险方式承保,投保人可单独投保,也可以依据自身的风险特点有针对性地选择保险责任,因此可能增加逆向选择风险。

无论个人健康保险还是团体健康保险,均涉及被保险人职业,而不同职业也会带来不同的潜在风险。不同职业的人群,因为职业风险不同,在购买相同的保险产品时,会面临不同的保费水平,有些高危的职业人群甚至可能会被拒保。而投保时未能如实告知准确的职业信息,也可能会给理赔结果带来影响。

每家保险公司都会有职业类别表,具体划分为 70 个行业,500 余个不同职业。根据不同职业的风险等级,将职业分为六个类别:一级到四级、专案及拒保。一到四级的职业风险逐渐增高,保费也相应提升。而所谓"专案",是指针对一些有着特殊风险的职业,保险公司通过考察个案具体的风险情况,来确定职业风险等级。比如,对于船员投保健康保险,保险公司一般会根据被保险人在船舶上所从事的工作、船舶的类型、通常所运输货物的种类和航行的水域等,来评估职业风险等级。

本章主要针对纯粹风险和逆向选择风险的识别与评估,为健康保险核保和定价提供支持。产品设计风险和道德风险将在本书第三章产品设计和定价及第四章风险控制中研究。

第二节　健康保险纯粹风险的识别与评估

风险识别(Risk Identification)是指认识和发现所面临的风险,描述风险的特征,系统分析风险发生的原因、风险的驱动因素和条件等。

风险评估(Risk Assessment)是指在风险事件发生之前或之后,量化评估该事件给人们的生活、生命、财产等各个方面造成的影响和损失的可能性。风险评估就是量化测评某一事件或事物带来的影响或损失的可能程度。

对健康保险中所存在的风险进行准确识别和评估，可以为产品设计、定价、核保、理赔等各个方面提供重要参考。

无论是疾病保险、医疗保险、失能收入损失保险还是护理保险，其纯粹风险都来源于疾病或意外事故发生的不确定性。保险行业对这种客观风险所采取的控制办法是先进行数据采集，再基于现有数据对未来疾病发生率进行合理预测。然而，相对于寿险产品定价采用的死亡率，保险业疾病发生率数据还很缺乏。因此，扩大健康保险数据采集范围、扩充核保因子并采用先进的大数据处理技术成为风险识别与评估的发展方向。

一、健康保险纯粹风险识别与评估的传统方法

健康风险识别与评估是用于识别和估计某一个体未来发生某种特定疾病，或因为罹患某种特定疾病导致未来发生某种特定疾病，或因为某种特定疾病导致死亡的影响因素和可能性。这种分析过程目的在于估计特定事件发生的可能性，而不在于做出明确诊断。其基本原理是基于评价个人，以问卷方式搜集个人生活方式及健康危险因素信息，完成风险识别与评估。其针对个人由于某一种或几种特定原因造成的死亡或患病风险给予定量的预测或评价。

（一）健康保险纯粹风险评点手册的编制现状

健康保险纯粹风险来源分为健康风险因素和非健康风险因素两种。健康风险因素即为被保险人健康状态、既往病史等方面的信息，非健康风险因素主要包括被保险人的财务、职业、工作环境和生活环境、业余爱好等方面的信息。通过对二者的识别和评估，将其编写成核保手册，作为核保人员核保时风险筛查的标准。目前，中国健康保险的核保手册大多来源于几家大型再保险公司所编写的评点手册，如瑞士再保险公司、科隆再保险公司以及慕尼黑再保险公司等。

（二）重大疾病经验发生率表的编制现状

重大疾病经验发生率，是指按照保险合同约定的诊断标准而确认罹患重疾的概率，通常会区分年龄、性别及其他影响发生率水平的因素，主要用于产品定价和准备金评估。制定重大疾病经验发生率表的主要目的是根据历史经验数据来分析重大疾病的病因、发生率、体检及产品特点等因素对索赔经验的影响。目前，南非、英国、澳大利亚、加拿大、中国台湾等国家和地区的精算师协会都定期编制本国（地区）的重大疾病经验发生率表。

科隆再保险公司从 1990 年开始，每 3~4 年公布一次重大疾病的国际调查结果，共收集了包括英国、南非、澳大利亚、中国等 10 个国家的 95 个保险公司，超过 7 000 万份样本数据及 75 万件理赔记录，比较全面地反映全球重疾产品的发展情况。

2011年,中国精算师协会启动了重疾表项目,总共收集到7 500多万份样本数据及85万件理赔记录。2013年11月,中国保监会发布了"中国人身保险业重大疾病经验发生率表(2006~2010)",其中包括6个必保病种经验发生率男性表和女性表、25个病种经验发生率男性表和女性表。"中国重大疾病经验发生率表(2006~2010)"从投保年龄、受保类型、性别、体检、保单年度、重疾保额、地区和索赔原因等维度进行了分析。

(三) 疾病风险评估方法

目前,疾病风险评估方法主要有单因素加权法、多因素模型法和数理查定法三种。

1. 单因素加权法

单因素加权法是建立在单一危险因素与发病率关系上的单因素加权法,即以相对危险性表示这些单一因素与发病率的关系的强度,得出的各相关因素的加权分数即为患病的危险性。由于这种方法简单实用,不需要大量的数据分析,故成为健康管理发展早期的主要危险性评价方法。这种方法的典型代表是哈佛癌症风险指数。

2. 多因素模型法

多因素模型法是建立在多因素数理分析基础上的多因素模型法,即采用概率理论的思想得出患病危险性与危险因素之间的关系模型。所采用的数理方法,除常见的多元回归外,还有人工神经网络方法等。这类方法的典型代表是Framingham冠心病模型,它是在前瞻性队列研究的基础上建立的。很多国家以Framingham模型为基础构建其他模型,并由此演化出适合自己国家、地区的评价模型。

3. 数理查定法

数理查定法是对承保风险进行衡量并确定承保条件。数理查定法可以量化风险,通过对各种不同的影响死亡率的要素加以评估,综合给出被保险人的评点数,再将此评点数转换成相对应的加费数额,从而确定承保条件。

在健康保险实务中,按照模型识别和评估出的具体风险,如血压、身高、体重、各种疾病等将其转换成点数表,记载形成风险评点手册,以供健康保险核保人员查定。如果某一因素对死亡风险的影响是有利因素则减点,如果为不利因素则加点。健康保险精算人员根据额外死亡率与具体险种情况计算出相应风险程度的加费额度。这样,健康保险核保人员只要根据核保资料提供的信息,利用评点手册结合数理查定来确定每一个被保险人的综合评点数,再依据对应的加费标准而得到被保险人的合理费率。数理查定使得健康保险核保变得较为方便、快捷、实用,已被多家保险公司广泛使用。

例如,表2.1是根据瑞士再保险公司评点指引(2009)给出部分核保的风险指标评点表。可以看出,该表对被保险人身体状况划分得非常细致,这样有助于使初级核保师在核保中减少对医生的依赖。

表 2.1　　　　　　　年龄小于 40 岁的被保险人高血压评点表

舒张压(mmHg)	收缩压（mmHg）							
	90~135	136~140	141~145	146~150	151~155	156~160	161~165	166~170
<60	标准	标准	标准	+10	+25	+45	+60	+85
60~87	标准	标准	标准	标准	+10	+25	+45	+60
88~92	标准	标准	+10	+20	+30	+45	+65	+85
93~97	+25	+25	+30	+40	+50	+60	+80	+100
98~102	专案	+55	+60	+65	+75	+85	+100	+115
103~107	专案	+85	+90	+105	+110	+120	+130	+145
108~112	专案	+110	+140	+150	+170	+175	+180	+195
113~117	专案	专案	专案	+180	+210	+260	+260	+265
118~122	专案	专案	专案	专案	专案	专案	+285	+285
>122	专案	拒保	拒保	拒保	拒保	拒保	拒保	拒保

·资料来源：瑞士再保险公司评点指引（2009）。

表 2.2 是肥胖人群评点表，表 2.3 是吸烟风险评点表，表 2.4 是某人评点结果的具体案例。

表 2.2　　　　　　　　　　肥胖人群评点表

风险分类	体格指数（表A）	体格指数（表B）	重疾险
年龄≤34	≤15 岁	≤14 岁	专案
	16~17 岁	15~16 岁	标准
	18~29 岁	17~27 岁	标准
	30~32 岁	28~30 岁	标准
	33~35 岁	31~32 岁	标准
	36~37 岁	33~34 岁	标准
	38~39 岁	35~36 岁	1.5 倍
	40 岁	37 岁	2 倍
	41~42 岁	38~39 岁	2 倍
	43~44 岁	40~41 岁	拒保
	45~46 岁	42~43 岁	拒保
	≥47 岁	≥44 岁	拒保

第二章 健康保险的风险识别与评估

续表

风险分类	体格指数（表 A）	体格指数（表 B）	重疾险
年龄 35~54	≤15 岁	≤14 岁	专案
	16~17 岁	15~16 岁	标准
	18~31 岁	17~28 岁	标准
	32~36 岁	29~33 岁	标准
	37~39 岁	34~36 岁	标准
	40~41 岁	37~38 岁	标准
	42 岁	39 岁	1.5 倍
	43~44 岁	40~41 岁	2 倍
	45~46 岁	42~43 岁	2 倍
	≥47 岁	≥44 岁	拒保

资料来源：瑞士再保险公司评点指引（2009）。

表 2.3　　　　　　　　　　　　吸烟风险评点表

吸烟	用量	重疾险
香烟	≤20 根/天	+25
	>20 根/天	+50
烟斗/雪茄		+25

资料来源：瑞士再保险公司评点指引（2009）。

表 2.4　　　　　　　　　　　　王某某评点结果

王某某	点数
男性，38 岁，已婚	0
无既往病史	0
父母健在	0
身高 170 厘米，体重 65 千克	0
胸围 105 厘米，腹围 94 厘米	0
血压 160/90 毫米汞柱	+45
心跳 78 次/分，规律	0
心电图，胸透未见异常	-5
尿液检查未见异常	-5
眼底视网膜未见异常	-5
职业：教师	0
嗜好：不饮酒，偶尔吸烟，每天不超过 10 根	+25
总计点数	+55

大多数公司的评点范围是从 0 到最高 500 或更高。数值低于 125 的被视为优质或标准风险，高于标准数值的被归为次标准体或拒保体。标准风险代表身体健康、财务稳健且有保险需求的人。这里王某某总计点数 +55，所以他是一个标准体，如王某某要购买重疾险，则按照标准保险价格计费。

健康核保流程是从填写投保单到送达保单正本的整个过程，根据其不同的风险程度各自赋予适当的承保条件，以维护保险计划的公平合理性。期间需要对被保险个体或团体依其风险程度进行分类、筛选。通过风险评估并与精算师假定的标准体相比较，就可以做出相应的核保决定。

一份保险契约的订立，通常需要经过风险选择的多次过程。第一次风险选择，即销售人员的选择；第二次风险选择，即体检医师的选择；第三次风险选择，即核保人员的选择；第四次风险选择，即契约调查或生存调查。而纯粹风险的识别和评估是所有风险选择的基础。

（四）传统的纯粹风险识别与评估方法存在的问题

现有的健康保险风险识别与评估方法存在两个问题，一个是精算所需的各类基础数据相对较少。精算数据既包括来自保险公司内部的数据，也包括来自保险公司外部的数据。现阶段各保险公司内部数据缺乏的主要原因是内部数据在录入、分析等方面缺乏专业的技术和人员。而外部数据虽然越来越丰富，也越来越容易获取，但仍缺乏有效利用的方法。

另一个是对疾病发生风险的模型假设和拟合研究。衡量疾病发生风险的指标是发病率。疾病发病频数为离散型分布，它的分布形式主要有二项分布、泊松分布、负二项分布三种形式。在大多数场合，这几种形式对于住院次数统计分布规律的拟合程度都很高。而对于以某些特殊疾病为对象的险种，这些特殊疾病的发病规律用这三种方式分布拟合效果均很差，致使通常的具有单一参数的分布模型已不能满足实际的需要。对于重大疾病，疾病发生与住院医疗直接一致，而对于一般性疾病则不存在这种一致性，表现为绝大部分人在门诊即可解决，只有小部分人需要住院。因此，现有模型很难找出疾病发生与入院治疗之间的关系，也限制了医疗保险在非重大疾病方面的商业化市场。因此，需要分别针对特殊疾病以及一般疾病开发能够适应现有大数据环境下的风险模型。这就需要大幅扩大健康保险数据的采集范围，增加新的核保因子，以及采取相应的大数据技术，对健康保险的纯粹风险进行识别和评估，为编制中国的健康保险评点手册和产品定价提供客观依据和技术支持。

二、大数据技术在纯粹风险识别与评估中的应用

（一）扩大数据范围

大数据时代，对健康保险纯粹风险识别的方法已不再仅借助具有很大滞后性的重大疾病发生率表进行分析预测，也不应只是针对核保过程中所遇到的风险查找相对应的评点手册信息，而应该向两方面发展：第一个方面是扩大已有疾病发生率的数据采集方式。现有的重大疾病发生率表每隔多年才能编写出一份，具有极大的滞后性，对疾病做出短期或长期发病率的预测就成了大数据环境下发展的目标。谷歌的"谷歌流感趋势（Google Flu Trends，GFT）"就是一个案例。GFT 是谷歌于 2008 年推出的一款预测流感的产品。谷歌利用自身搜索引擎的优势，发现某些搜索关键词似乎可以很好地标示流感疫情的现状，GFT 会根据汇总的 Google 搜索数据，近乎实时地对全球当前的流感疫情进行估测。谷歌为验证 GFT 预警系统的正确性，多次把测试结果与美国疾病预防控制中心（Centers for Disease Control and Prevention，CDC）的监测报告相比对，证实两者结论存在很大相关性。虽然后期的研究发现由于算法变化以及"大数据傲慢"的原因，在大部分时间内 GFT 的流感样病例门诊数都超过了 CDC 根据全美各实验室监测报告得出的预测结果，其应用前景并不明朗，但这是一次将大数据技术应用到疾病预测方面的大胆尝试，获得了大量关注的同时也激发了相关研究的发展。

第二个方面是找到其他风险因素与疾病发生的相关性，扩大数据规模。在海量数据基础上分析客户各类风险因素与疾病发生的相关性，进而对出险的可能性给出全面客观评价。这些数据当然会包括传统核保过程中所列出的风险指标，但与传统的风险定价模型的显著区别在于：与风险相关的数据越来越丰富，各保险公司积累的保单数据、客户数据、赔付数据等深度数据正逐步实现共享，形成保险行业级数据；搜索、社交与电商平台、可穿戴设备等外部来源提供了更多有用的数据。

（二）扩充核保因子

一般来说，核保因子越多，核保结论的可信度越高。为了提高核保结论的可信度，可以在现有的核保因子基础上引入新的核保因子。美国律商联讯风险信息公司（Lexis Nexis Risk Solutions）借助从全球超过 1 万多个数据源中采集的上百亿条消费者和企业记录，将消费者的居住地址、电话号码、水电煤气记录、职业证书、教育历史、破产、抵押、判决和驱逐等非传统数据引入赔付率预测模型，使得保险赔付率预测模型的效能提升，高达 30%。因此，对于健康保险来说，为了能够更精准地识别和评估纯粹风险，可以在现有的核保因子中加入以下新的因子。

1. 信用记录

良好的信用记录往往代表良好的教育水平和收入水平，而 Anastasiadis. S 的研究表明人的健康水平与其所拥有的财富成正相关。将信用记录纳入核保因子，可以研究其与某些疾病发生率的关系，可以更加准确地识别出相应风险。中国已在信用保证保险、国内贸易信用保险等领域使用央行征信中心的信用记录进行风险评估，今后可将信用记录用于健康保险的风险评估中。

2. 生活消费方式

保险公司可以通过可穿戴设备采集人体健康数据，也可以与电商合作，通过被保险人在网上的购买信息、关注信息、点击流等数据分析被保险人对健康产品的关注度，以计算其健康风险。通常，热爱运动并经常旅行的人也许会比更关注膨化食品和电子游戏的人拥有更高的健康水平，然而其意外风险也更高。

3. 地理位置信息

个人位置信息与被保人生活稳定性、行为可预测性等风险密切相关。在大数据技术的支持下，被保人的位置信息可通过手机等设备准确、快速、低成本地记录、传输、分析与使用。

4. 基因信息

现在，基因检测技术已经得到了长足的发展。在美国，通过基因检测和遗传分析，家族遗传性大肠癌发病率下降90%，乳腺癌发病率下降70%，卵巢癌5年生存率高达80%~90%；肝癌5年生存率由0提高到46.4%；96%以上的乳腺癌可以治疗；70%以上重大慢病可以得到有效控制。通过测定基因序列的方法可以将个人的基因详尽测定出来，从而获得独立的遗传基因信息。随着基因工程的成熟，将基因信息作为新的核保因子用于健康保险中有助于更加精准地评估被保险人的疾病发生风险。

上述数据大多来源于专业的大数据服务商，如IBM、汤森路透、阿里云等数据平台，通过高效的异构数据采集引擎，一方面可以连通不同厂家、不同种类数据，避免数据孤岛的情况出现；另一方面，比起自建团队采集数据，从大数据服务商处获取数据也能规避相应的法律风险。

（三）大数据技术的应用

大数据时代，对健康保险风险评估的过程不仅是简单地查找重大疾病发生率表，或是一成不变的根据各大再保险公司的评点指引进行风险程度评估，还可以运用相关新数据技术，在海量数据基础上分析出客户各类风险因素与出险记录的相关性，进而对出险的可能性给出全面客观评价，即先识别新的风险因素，再对这些新风险因素进行合理评估。

下面介绍DBNs算法和关联规则挖掘算法。

1. DBNs算法

（1）算法介绍。在深度学习中，深度信念网络（Deep Belief Networks, DBNs）的研究和应用比较广泛。DBNs于2006年由Hinton G. E提出，基于深度学习DBNs算法的风险识别模型的思想是使用有限随机数据进行训练，通过多层神经网络受限玻尔兹曼机（Restricted Boltzmann Machine, RBM）的迭代来进行多维度、多层次的学习，快速的增加特征数量。这种通过RBM叠加进行贪婪逐层学习的方法在很多领域都取得了很好的效果。

RBM由多伦多大学教授Hinton G. E首先提出，他从热力学能量函数的角度，基于热力平衡的原理将玻尔兹曼机进行参数修剪，使之能够运用于有监督和无监督学习，通过大量实例的学习提取数据的特征。

RBM 由两个部分组成：可见层和隐藏层，一般将可见层作为输入层，隐藏层作为输出层（又称特征提取层）。层间节点两两相连，每条连接都有相应的权值。

RBM 结构的主要特点是可见层和隐藏层可以相互表示，是一个特征提取结构。而多个 RBM 的叠加则是数据特征由具体到抽象的过程。DBNs 采用多个 RBM 逐层提取数据特征，降低了数据维数，减少了 BP 层反向误差修正的计算量，弥补了多层 BP 收敛慢、计算复杂的缺点。

作为一种随机网络模型，RBM 中包含了能量函数，能量函数是整个系统状态的测度。网络越是有序，概率分布越是集中，能量就越小；网络越是杂乱，概率分布越不集中，则能量越大。当网络趋于稳定时，能量函数取得最小值。能量函数的定义如下：

$$E(v,h|\theta) = -\sum_{i=1}^{n} a_i v_i - \sum_{j=1}^{m} b_j h_j - \sum_{i=1}^{n}\sum_{j=1}^{m} v_i W_{ij} h_j \tag{2.1}$$

式中，$\theta = \{W_{ij}, a_i, b_j\}$，是 RBM 参数，$m$ 为可视层节点数，n 为隐藏层节点数，向量 v 为可视节点状态，向量 h 为隐藏节点状态，a_i 为隐藏节点 i 的偏置，b_j 为可视节点 j 的偏置，W_{ij} 为可视节点 i 与隐藏节点 j 之间的连接权重。当参数 θ 确定时，该能量函数可以得到 (v, h) 的联合概率分布：

$$P(v, h|\theta) = \frac{e^{-E(v,h)}}{Z(\theta)} \tag{2.2}$$

$$Z(\theta) = \sum_{v,h} e^{-E(v,h|\theta)} \tag{2.3}$$

其中，$P(v, h|\theta)$ 是分布函数，$Z(\theta)$ 是归一化常数。

对于实际问题，我们关心的是可视节点 v 的概率分布 $P(v|\theta)$：

$$P(v|\theta) = \frac{\sum_h e^{-E(v,h)}}{\sum_{v,h} e^{-E(v,h)}} \tag{2.4}$$

由于 RBM 的特殊结构，当给定可见层节点的状态时，各隐藏层节点之间的状态是条件独立的，故第 j 个隐藏层节点的激活概率为：

$$P(h_j = 1|v,\theta) = \sigma(b_j + \sum_i v_i w_{ij}) \tag{2.5}$$

$$\sigma(x) = \frac{1}{1 + exp(-x)} \tag{2.6}$$

其中，$\sigma(x)$ 为 Sigmoid 激活函数。

同理，当给定隐藏层节点的状态时，各可见层节点之间的激活状态条件分布也是相互独立的。第 i 个可见层节点的激活概率为：

$$P(v_i = 1|h,\theta) = \sigma(a_i + \sum_j h_i w_{ij}) \tag{2.7}$$

随后，Hinton G. E. 于 2002 年提出了训练 RBM 的快速学习算法：对比散度 (Contrastive Divergence, CD) 准则，提出权值向量参数 θ (w, a, b) 的更新公式为：

$$\theta_{i+1} = \theta_i + u \frac{\partial log_p(v,h)}{\partial \theta} \theta_i \qquad (2.8)$$

参照 CD 准则，RBM 的批训练算法如下：

①利用随机函数，初始化 w、a、b，设定迭代次数 a、批次大小（Batch Size）和动量 u；

②以 RBM 输入为向量 v_0，带入式（2.5）和式（2.7）计算向量 h_0、v_1、h_1；

③按批次求得 $SUM\left(\frac{\partial log_p(v,h)}{\partial \theta}\right)$，并除以批次大小，按式（2.7）更新权值向量 θ；

④判定迭代次数，若迭代次数 $x < a$，则转至（2.5），若 $x = a$ 则算法停止。

DBNs 的训练包含预训练（Pre – Training）和微调（Fine – Tuning）两个步骤，预训练阶段采用逐层（Layer Wise）训练的方式对各层中的 RBM 进行训练，低一层 RBM 的隐含层输出作为上一层的 RBM 的可见层输入。微调阶段采用有监督的学习方式对最后一层的 BP 网络进行训练，并将实际输出与预期输出的误差逐层向后传播，对整个 DBNs 网络的权值进行微调。RBM 网络的训练过程实际上可看成是对深层 BP 网络权值的初始化，使 DBNs 克服了 BP 网络因随机初始化权值参数而导致的训练时间长和容易陷入局部最优解的缺点。

一个经典的 DBNs 神经网络如图 2.1。DBNs 相比于传统的机器学习算法如 SVM、聚类算法、决策树等，有一个更加智能的优势，就是 DBNs 可以自主地在训练过程中发现样本数据之间的关联关系和规律，并会通过调节自身的权重值来将发现的关联关系和规律持久化。在一定程度上克服了传统神经网络在深度结构增加时训练时间长、易陷入局部最优、大数据处理慢的弊端。

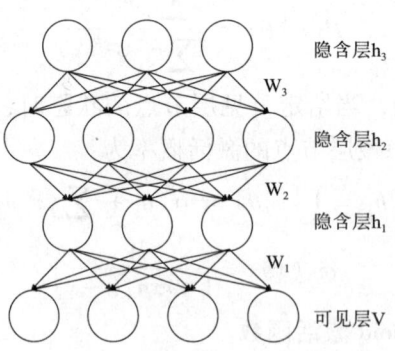

图 2.1　DBN 拓扑结构

（2）应用方式。

①建立数据库。为了实现使用 DBNs 对健康保险风险进行预测和识别，可以利用保险公司现有保单信息，比如保额、被保险人年龄、健康状况、出险情况，建立起一个相对完备的用户数据库（见表 2.5）。

表 2.5　　　　　　　　　　　影响因子表 I

序号	因子名称		描述
1	基本信息	性别	男性为1，其他为0
2		年龄	购买健康保险时的年龄
3		住址	对应邮政编码
4		保额	购买的健康保险保额
5		出险情况	出险为1，未出险为0
6	内分泌系统疾病	血压评点	根据瑞再评点表查得加点情况
7		糖尿病	根据瑞再评点表查得加点情况
8		痛风	根据瑞再评点表查得加点情况
9		甲状腺功能亢进	根据瑞再评点表查得加点情况
10	血液及心血管系统疾病	体格指数评点	根据瑞再评点表查得加点情况
11		地中海贫血	根据瑞再评点表查得加点情况
12		冠心病	根据瑞再评点表查得加点情况
13		心脏早搏	根据瑞再评点表查得加点情况
14		川崎病	根据瑞再评点表查得加点情况
15		先天性心脏病	根据瑞再评点表查得加点情况
16	呼吸系统疾病	哮喘	根据瑞再评点表查得加点情况
17		肺炎	根据瑞再评点表查得加点情况
18		慢性扁桃体炎和腺样体肥大	根据瑞再评点表查得加点情况
19	消化系统疾病	肝炎	根据瑞再评点表查得加点情况
20		脂肪肝	根据瑞再评点表查得加点情况
21		疝气	根据瑞再评点表查得加点情况
22		消化性溃疡	根据瑞再评点表查得加点情况
23	泌尿系统疾病	血尿症	根据瑞再评点表查得加点情况
24		蛋白尿	根据瑞再评点表查得加点情况
25		泌尿系统结石	根据瑞再评点表查得加点情况
26	神经系统疾病	癫痫	根据瑞再评点表查得加点情况
27	妇产科疾病	子宫内膜异位症	根据瑞再评点表查得加点情况
28		乳腺增生症	根据瑞再评点表查得加点情况
29		乳房肿物	根据瑞再评点表查得加点情况
30	其他疾病	双眼失明	根据瑞再评点表查得加点情况
31		单眼失明	根据瑞再评点表查得加点情况
32		全聋	根据瑞再评点表查得加点情况
33		小儿麻痹症所致跛行	根据瑞再评点表查得加点情况
34		外伤所致四肢残疾	根据瑞再评点表查得加点情况
35		精神病	根据瑞再评点表查得加点情况
36		脑瘫、痴呆	根据瑞再评点表查得加点情况

②数据预处理。因为涉及多个来源不同的数据库,该数据库有可能并不规则,所以第一步需要对该数据库进行规则化。具体做法是,每条样本包含被保险人身份信息及出险情况,将出险情况分为两类,即出险为 1,未出险为 0;身份信息中的年龄和保额可以采用数值变量,地址用邮政编码代替;疾病类信息则用瑞再评点表中的加点数据进行记录。使用一半的现有保险公司关于核保因子和出险情况的数据作为训练集,将另一半现有保险公司关于核保因子和出险情况的数据作为测试集,以检测 DBNs 的性能。

③模型训练。在进行模型训练之前,需要对模型各参数进行初始化。DBNs 的主要可调参数有 RBM 参数、动量项、RBM 初始权重与偏置、RBM 小批量数据容量、RBM 重构迭代次数、DBNs 微调次数以及每一层神经单元数目。

RBM 参数包括连接权重参数 W_{ij}、可见层偏置参数 b_j 以及隐含层偏置参数 a_i。参数设定过大,将导致重构误差急剧增加,权重会变得很大,所以上述参数一般取在 0.005 ~ 0.200 之间。为了弥补学习率过大或过小带来的问题,需要引入动量项。该项可使本次参数更新的方向不完全由当前的梯度方向决定,还结合了上一次参数的更新方向,在某些情况下,可以避免算法在早期陷入局部极值。更新公式见式(2.8)。

一般连接权重可初始化为正态分布 $N(0, 0.1)$ 上的随机数,可见层单元偏置 b_i 和隐含层单元偏置 b_j 初始化为 0。

RBM 使用 CD 准则进行权重与偏置的更新,若每次基于全部训练样本进行,则整体计算量很大。将训练集和测试集事先分为若干个"小份",采用分块的方式来学习可加快计算速度,现将训练集和测试集设为 50 个样本,每份进行分块计算。RBM 进行 1 次权值更新即迭代 1 次,设置每层 RBM 迭代的次数为 100 次。RBM 权值更新完毕后,DBNs 进入微调学习阶段,微调是一种监督学习的过程,是利用反向传播算法对整个网络的权值进行更新。这样在每一次迭代中,网络中所有的权重值都可被进一步优化,并且用交叉熵来衡量输入和输出概率分布的相似性,交叉熵的定义为:

$$H(p,q) = -\sum_{i=1}^{n} p_i lg\, q_i - \sum_{i=1}^{n} (1-p_i) lg\,(1-p_i) \qquad (2.9)$$

式中,p,q 分别为输入和重构样本的概率分布,$H(p,q)$ 为交叉熵。

由式(2.9)可知,交叉熵的值越小,重构的概率分布越接近输入的概率分布,则隐含层提取的特征越近似原始输入数据的特征。由于每一层神经元的数目在 DBNs 建模时已确定,之后可在设置好的参数下对 DBNs 进行训练。

④分析结果。利用上述建立好的深度信念网络模型对样本数据库中的测试数据进行鉴别得到预测结果。因此,用该模型可以对医院医疗信息或可穿戴设备收集的人体健康数据对出险概率进行预测。该模型的优势是可以减少传统核保中对体检环节的依赖,增加效率,对目标客户风险状况有更加精确的监控。

2. 关联规则挖掘算法

（1）算法介绍。在大数据环境下，数据来源十分丰富，但如何剔除无关数据，找到真正含有健康保险风险信息的数据，可用关联规则方法。通过关联规则计算不同来源的数据相互之间的支持度，一方面可以找出与出险情况支持度高的数据，筛选掉支持度低的数据；另一方面也可以用获取难度低的数据在一定程度上替代获取难度高的数据。

关联规则是一种无监督学习方法，与聚类方法不同的是，关联规则不涉及寻找特征。这种方法适用于海量数据，可以说数据量越大，可信度越高。关联关系反映一个事物与其他事物之间的相互依存性和关联性，如果两个或多个事物之间存在一定的关联关系，那么，其中一个事物就能通过其他事物预测到。比如人们平时逛淘宝时看到的"浏览了该商品的用户还浏览了"的相关推荐、网易云音乐的"猜你喜欢"板块，都是关联分析的应用。

从本质上来说，关联规则挖掘，是从大量的数据或对象中挖掘出关联性，进而揭示数据或对象间的关联关系的挖掘算法。根据所挖掘出的关联关系，可以从某一对象的信息推断出另一对象的信息。Apriori 算法是众多关联规则算法中比较著名的算法，是一种重要的频繁模式挖掘算法，它在提取事物关联性方面有着比较成功的案例。该算法是 1993 年由 IBM Almaden 研究中心的 Rakesh Agrawal、Tomasz Imielinski 和 Arun Swami 联合提出，通过计算事物之间的关联性，从海量数据中提取出可信的、新颖的、有效的并能够被理解的模式的非平凡过程。目前，Apriori 算法已被广泛应用于各种关联规则的挖掘当中，且被证明具有重要的辅助决策作用，如著名的沃尔玛"购物篮分析"的案例。

Apriori 算法主要包含两个步骤：首先，找出数据集中所有的频繁项集，这些项集出现的频繁性要大于或等于最小支持度阈值；然后，根据频繁项集产生强关联规则。这些规则必须满足最小支持度和最小置信度。其中，支持度和置信度的形式化定义为：

$$支持度(X \rightarrow Y) = \frac{同时包含 X 和 Y 的记录数}{数据集记录总数} \quad (2.10)$$

$$置信度(X \rightarrow Y) = \frac{同时包含 X 和 Y 的记录数}{数据集中包含 X 的记录数} \quad (2.11)$$

具体而言，该方法使用逐层搜索的迭代方法，首先根据最小支持度阈值的要求，挑选出频繁 1 项集的集合，记作 L_1。L_1 用于寻找频繁 2 项集集合，记作 L_2，而根据 L_2 再去寻找 L_3，如此循环下去，直到不能找到更大的频繁 k 项集 L_k。这里从 1 项集到 k 项集的产生，需要通过连接和剪枝来实现。

①连接。要找出频繁 k 项集，首先要将所有的频繁 $k-1$ 项集 L_{k-1} 与自身连接产生候选 k 项集，记作 C_k。设 I_m 和 I_n 是 L_{k-1} 中的成员。记 $I_i[j]$，表示 I_i 中的第 j 项。若数据集及所有项集中的项都按照字母顺序排序，则对于 $(k-1)$ 项集的任意项 I_i，都满足：

$$I_i[1] < I_i[2] < \cdots < I_i[k]$$

将L_{k-1}与自身连接，如果满足：

$$(I_m[1]=I_n[1])\&\&(I_m[2]=I_n[2])\&\&\cdots$$
$$\cdots\&\&(I_m[k-1]=I_n[k-1])\&\&(I_m[k]=I_n[k])$$

那么认为I_m和I_n是可连接的。连接I_m和I_n产生的结果是：

$$\{I_m[1],I_m[2],\cdots,I_m[k-1],I_m[k-1]\}$$

②剪枝。C_k是L_k的超集，C_k的项可能不是频繁项。遍历数据集，计算C_k中每个候选项出现的次数，若小于最小支持度阈值，则确定该候选项不是频繁项，将其剪掉。即任一频繁项集的所有非空子集也必须是频繁的；反之，如果某个候选的非空子集不是频繁的，那么该候选项肯定不是频繁的。通过这条性质，可以将那些不频繁的候选项从C_k中剪掉。

算法具体步骤如下所述：

第一步，扫描数据集，获取候选集C_k的支持度，并通过与最小支持度阈值进行比较生成频繁k项集L_k；

第二步，用频繁k项集自连接生成$k+1$项候选集C_{k+1}。

第三步，算出每个候选项的支持度，若其大于等于最小支持度，则加入频繁$(k+1)$项集，其中，频繁$(k+1)$项集的初始状态为空集。

第四步，若频繁$(k+1)$项集为空集，则频繁k项集为最大频繁项集，跳转到生成关联规则的步骤；否则跳转第二步继续循环执行。

（2）应用方式。使用Apriori算法对诸如信用记录、生活消费信息、地理位置信息以及基因信息等特征数据与传统核保因子进行关联研究，挖掘未被包含在现有核保因子内的影响健康保险赔付的新因素。

①建立数据库。可以采用上述DBNs模型所使用的表2.5影响因子表Ⅰ，加上收集到的相关被保险人信用记录、消费信息、位置信息、基因信息等外部数据，为随机森林算法进行风险预测，建立起相对完备的用户数据库（见表2.6）。

表2.6　　　　　　　　　　　影响因子表Ⅱ

序号	因子名称		描述
1	基本信息	性别	男性为1，其他为0
2		年龄	购买健康保险时的年龄
3		住址	对应邮政编码
4		保额	购买的健康保险保额
5		出险情况	出险为1，未出险为0
6	内分泌系统疾病	血压评点	根据瑞再评点表查得加点情况
7		糖尿病	根据瑞再评点表查得加点情况
8		痛风	根据瑞再评点表查得加点情况
9		甲状腺功能亢进	根据瑞再评点表查得加点情况

续表

序号	因子名称		描述
10	血液及心血管系统疾病	体格指数评点	根据瑞再评点表查得加点情况
11		地中海贫血	根据瑞再评点表查得加点情况
12		冠心病	根据瑞再评点表查得加点情况
13		心脏早搏	根据瑞再评点表查得加点情况
14		川崎病	根据瑞再评点表查得加点情况
15		先天性心脏病	根据瑞再评点表查得加点情况
16	呼吸系统疾病	哮喘	根据瑞再评点表查得加点情况
17		肺炎	根据瑞再评点表查得加点情况
18		慢性扁桃体炎和腺样体肥大	根据瑞再评点表查得加点情况
19	消化系统疾病	肝炎	根据瑞再评点表查得加点情况
20		脂肪肝	根据瑞再评点表查得加点情况
21		疝气	根据瑞再评点表查得加点情况
22		消化性溃疡	根据瑞再评点表查得加点情况
23	泌尿系统疾病	血尿症	根据瑞再评点表查得加点情况
24		蛋白尿	根据瑞再评点表查得加点情况
25		泌尿系统结石	根据瑞再评点表查得加点情况
26	神经系统疾病	癫痫	根据瑞再评点表查得加点情况
27	妇产科疾病	子宫内膜异位症	根据瑞再评点表查得加点情况
28		乳腺增生症	根据瑞再评点表查得加点情况
29		乳房肿物	根据瑞再评点表查得加点情况
30	其他疾病	双眼失明	根据瑞再评点表查得加点情况
31		单眼失明	根据瑞再评点表查得加点情况
32		全聋	根据瑞再评点表查得加点情况
33		小儿麻痹症所致跛行	根据瑞再评点表查得加点情况
34		外伤所致四肢残疾	根据瑞再评点表查得加点情况
35		精神病	根据瑞再评点表查得加点情况
36		脑瘫、痴呆	根据瑞再评点表查得加点情况
37		职业类别	依据健康保险职业分类表划分等级，对应1，2，3，4，5
38		信用等级	正常类、瑕疵、次级、禁入分别对应0，1，2，3
39		财务状况	银行个人资产

续表

序号	因子名称		描述
40	消费信息	在线购买内分泌系统类医疗用品	购买过为1，其他为0
41		在线购买血液及心血管系统类医疗用品	购买过为1，其他为0
42		在线购买呼吸系统疾病类医疗用品	购买过为1，其他为0
43		在线购买消化系统类医疗用品	购买过为1，其他为0
44		在线购买泌尿系统类医疗用品	购买过为1，其他为0
45		在线购买神经系统疾病类医疗用品	购买过为1，其他为0
46		在线购买妇产科疾病类医疗用品	购买过为1，其他为0
47		在线购买其他疾病类医疗用品	购买过为1，其他为0
48	基因信息	存在内分泌系统类基因缺陷	存在为1，不存在为0
49		存在购买血液及心血管系统类基因缺陷	存在为1，不存在为0
50		存在购买呼吸系统疾病类基因缺陷	存在为1，不存在为0
51		存在购买消化系统类基因缺陷	存在为1，不存在为0
52		存在购买泌尿系统类基因缺陷	存在为1，不存在为0
53		存在购买神经系统疾病类基因缺陷	存在为1，不存在为0
54		存在购买妇产科疾病类基因缺陷	存在为1，不存在为0
55		存在购买其他疾病类基因缺陷	存在为1，不存在为0
56	其他信息	其他信息1	
57		其他信息2	
58		其他信息3	
……		……	

②数据预处理。因为上述数据来自不同的数据库，采集数据格式有可能并不统一，所以第一步需要对该数据库进行规则化。具体做法是，每条样本包含被保险人身份信息及出险情况，将出险情况分为两类，即出险为1，未出险为0；疾病类信息、消费类信息以及基因信息存在则为1，不存在则为0。

③算法实现。当数据的筛选准备工作结束后，主要针对最小可信度和最小支持度进行设定。可以根据经验法，设定最小支持度和最小置信度，然后将数据矩阵输入模型。

④结果分析。最后，可以得到大于最小支持度的数据组合，得出某两个或多个风险因子是高度相关的。

利用Apriori算法处理大量不同来源的数据，一方面可以识别出一部分相互关联的风险因子，用新识别出的风险因子扩展传统核保因子，做到了大数据下的健康保险风险识别；另一方面，可以得到每组高度相关风险因子的支持度，即可说明该组风险因子互相替换的准确性程度，在一定程度做到了大数据下的健康保险风险评估，为健康保险核保和定价提供新的参考标准。

同时，用获取到的大数据因子部分替代不易获取的意向用户身体状况等传统核保因子，减少风险，大大简化了核保过程，预先知晓意向用户的保险风险，并且增加核保的精确度。保险公司还需要及时追踪医学技术的前沿成果，如基因技术将最有希望被保险公司利用作为风险识别的诊断技术。如果成熟而降低成本的基因诊断技术能够在医疗领域大规模应用，保险公司对个体的健康风险识别技术将面临革命性进步。

第三节　健康保险逆向选择的识别与评估

Arrow 在 1963 年首次提出保险业存在逆向选择，商业医疗保险市场上高风险投保人群驱逐低风险投保人群，严重的甚至会导致医疗保险市场的失败。健康保险市场也存在逆向选择：高风险者即健康状况较差的投保人，和低风险者即健康状况良好的投保人，在投保时都是趋利的，期望以较低的保费来获得较高的保险金额。在完全信息市场下，保险公司根据不同风险收取不同保费，而现实中信息是不完全的。被保险人的风险程度对于保险人来说是未知的，所以以平均水平对保险进行定价，这样的局面下，高风险者将愿意购买保险，而低风险者将不愿意购买保险。这样将逐渐导致低风险投保者会退出保险市场，保险市场上剩下大量高风险者。因此，如何识别并评估投保人购买保险前所存在的逆向选择问题，将被保险人的风险与保费相匹配，成为维护保险市场健康稳定运行的基础。

一、传统的逆向选择识别与评估

健康保险市场存在较严重的逆向选择是不争的事实。

（一）逆向选择的成因分析

在健康保险中，信息不对称现象十分普遍。投保人、被保险人十分清楚自身的状况，他们知道自己是否具有家族病史，是否具有较强的抵抗力，是否有良好的生活习惯，而保险人则无法完全、准确地获得这些信息。

如果保险公司能够通过大数据技术掌握潜在客户的风险信息，了解他们的健康状况与生活习惯，阻止投保人的逆向选择行为当然不成问题。然而，保险公司在签订保险合同之前并不知道投保人的风险状况，而且对各个被保险人的风险进行区分将产生巨大的成本。这样，高风险的投保人不愿向保险人真实地告知他已存在的风险状况，甚至制造虚假的信息进行隐瞒，试图以正常的保险价格获得保险合同，而保险人由于信息劣势而处于不利的位置上，不得不为这类投保人的行为承担额外的风险。

（二）逆向选择对健康保险的危害
1. 次品驱逐良品

健康风险低的客户会被健康风险高的客户排挤出健康保险市场，形成典型的"柠檬"市场，这是逆向选择的最直接表现。保险人无法将高风险和低风险的投保人完全区分开，对所有的投保人收取同样的平均保费，这实际上是低风险人群对高风险人群的补贴。在这种情况下，高风险人群更倾向于投保，而理智的低风险人会选择拒绝投保，形成"次品驱逐良品"现象。

这种情形下，投保人的实际发病率会高于理论计算得到的疾病发生率，健康保险公司的实际理赔金额也会远大于理论上的赔付额，使得保险公司亏损。而为了弥补亏损，保险公司只能提高保费，然而上调保费费率的结果是使得那些身体健康，在原定费率下愿意投保的优质客户流失，使得承保质量进一步下降，保险公司只能继续提高保险费率，形成恶性循环。最后的结果是保险公司希望承保的优质低风险人群完全退出了健康保险市场，而留在市场的投保人则是高风险、低质量的，健康保险市场将不断萎缩直到完全崩溃。不仅保险公司无利可图，投保人也难以选到称心如意的保险产品。

2. 增加了商业健康保险保费费率厘定的难度

保险费率的厘定就相当于一般有形商品的定价，都应该遵循公平合理的原则。但是保险的对象是风险，其自身的不确定性就决定着定价过程比有形商品要复杂得多。健康保险与人寿保险产品的定价原理大致相同，但影响健康保险产品定价的因素相对较多。除死亡率、生命周期等厘定保费费率中常见因素外，健康保险还需要考虑疾病发生率和疾病发生后的平均给付额度。逆向选择的发生使得这两项的实际值与理论预期值发生偏差，偏差的程度与逆向选择发生的可能性相关，使得健康保险纯费率的准确厘定产生困难。

同时，由于逆向选择而产生的给付频率的增加，也会在一定程度上影响保险公司核保、理赔等费用，对保险公司的运营成本产生影响，这些也都是保费费率厘定时的影响因素。

3. 增大保险公司核保理赔费用，降低运营效率

在保险经营的过程中，投保人和保险人都应当遵循最大诚信原则，依法向对方提供影响对方做出是否缔约及缔约条件的全部实质性重要事实。然而，逆向选择的存在使得投保人为了较少支付保费而获得较高的保险金保障，会在合同订立的过程中尽力隐瞒自己的风险状况。保险公司为了正确地识别所有被保险人的风险状况，会对投保人的健康状况进行更加周密的调查，对所有保单进行详细的核保，这无疑会增加保险公司的成本。同时，由于投保人隐瞒自己的真实风险，会使得真实的理赔给付金额远大于理论计算金额。

（三）逆向选择识别与评估的方法与依据

健康保险中识别与评估逆向选择的方法被称为风险选择，指保险人按照一定标准，在承保的全过程对被保险人或投保人的风险进行识别与评估，以排除不合格的投保人，防止不可保风险的介入，将风险控制在保险人预定的范围之内的全过程。目

前，中国健康保险逆向选择风险的识别与评估的主要依据是核保手册。通过翔实制定核保工作流程，辅以严格的监督工作来规避投保人逆向选择问题。

（四）传统的逆向选择识别与评估存在的问题

健康保险逆向选择识别与评估遇到的最大问题，首先是信息数据不完善。保险公司与被保险人之间的信息不对称，保险公司与医疗机构间的信息不对称，保险公司之间的信息隔离，健康保险公司内部数据未能完全实现信息化，外部数据采集更是刚刚起步。

其次，数据来源单一。健康保险公司对被保险人的风险进行识别与评估时所采信的数据，最主要的是来自于体检医师给出的体检报告。这种单一来源的数据极易造成被保险人与体检医师串谋，隐瞒真实信息。被保险人的其他个人信息，如职业信息、收入信息等更是难以被核实。

最后，核保的四次风险选择（营销人员的第一次选择；体检医师的第二次选择；核保人员的第三次选择；必要时的生存调查即第四次选择）在保险交易过程中弹性很大，其中个别环节还会被忽略，没有严格的规程和监督。

健康保险公司需要在核保效率与效果之间找到最佳平衡点，才能将风险控制在合理的范围，而大数据技术能够在保证效果的前提下提高核保效率。

二、大数据技术在健康保险逆向选择识别与评估中的应用

（一）扩大健康保险数据范围

1. 保险全行业累计风险保额

核保的一个很大的风险盲点就是保险公司只能计算被保险人在本公司的累计风险保额，但无法知悉其在其他保险公司的风险保额。保险行业数据共享之后，保险公司可以获取被保险人在全保险行业的累计风险保额，为健康保险公司风险识别与评估、产品定价、风险控制提供更加精准的依据。

2. 保险全行业黑名单

从企业级数据扩展至行业级数据，将内部数据从行业层面共享，根据整个保险行业数据制定行业级黑名单，为健康保险公司谨慎核保提供了更多支撑。

3. 跨行业数据连接

在大数据时代，可以做到跨行业数据连接。通过海量数据，挖掘出被保险人真实的健康状况、财务状况以及其他个人信息，并进行相互印证，精确识别被保险人与风险相关的个人信息。完善保险业的信息市场，使得被保险人的保费与其实际风险相匹配，尽可能减少信息不对称。

（二）扩充核保因子

1. 扩充征信数据核验个人信息

职业、婚姻状况、年龄等个人信息都是重要的核保因素。被保险人的职业与其发

病率、意外发生率关系很大，健康保险公司也会根据被保险人不同职业类别设定不同保费，以符合其风险水平。然而，职业信息是造假的重灾区，核查成本也很高。为降低个人信息的逆向选择风险，可使用央行征信中心或其他征信公司提供的征信数据，对被保险人职业信息进行可靠、快速、低成本的核查。如年龄、婚姻状况、教育程度等其他个人基本信息也可以用征信数据进行核查。

2. 扩充保险相关资产核验财务证明

针对高额保单，保险公司一般需要被保险人提供财务资料，包括个人收入证明、个人资产证明（银行存款、房屋产权、有效汽车行驶证、有价证券）等客观文件和资料。而被保险人为使个人利益最大化，财务证明有可能存在造假现象。保险行业内部积累了大量与财产相关的数据，可在一定程度上替代上述财务证明。比如，通过车险数据可获得被保险人名下的车辆资产信息；通过家庭财产险数据可获得其名下的不动产信息；通过万能险等投资型保险产品数据可获得被保险人有价证券等信息。而与跨行业如银行、电商平台等第三方合作，会有更多的指标（如信用卡额度、电商平台消费额）来核验被保人的经济状况。

3. 扩充医疗数据了解既往病史

医院记录了被保险人的历次就诊情况及费用，是被保险人既往病史的全面记录，也是评估被保险人当前健康状况的最佳数据之一，在很大程度上可核验体检数据。此外，如能获取被保险人基因信息，将更加精确地识别出被保险人罹患疾病的概率，为规避逆选择风险提供帮助。

保险公司作为医疗服务机构和投保人的中间机构及医疗费用承担方，需要与医疗机构实现临床医疗数据和医疗行为信息的实时共享，才能进行投保人风险评估与保险理赔审核。然而，处于起步阶段的我国商业健康险市场，保险机构、医疗服务机构和投保人之间的信息不对称现象普遍，保险公司作为信息弱势方，出现了产品设计成本难以控制、客户满意度难以提高、保险理赔审核机制滞后等诸多弊端。

实现保险公司和医疗服务机构之间信息的互联共享，是突破商业健康险发展现状的基础。但是因为医院信息化之初是以解决某项具体功能为出发点，缺乏顶层设计，医院内部各类设备往往有数十家供应商，导致数据系统也多达几十个，医疗数据集成受困于无数系统之间的数据接口对接，大型集成商对此也爱莫能助。

因此，通过大数据服务商，采集软件底层数据交换和网络流量包，可以高效、准确地获取不同医疗系统供应商的相关数据，形成保险公司与医疗服务机构之间的信息共享，为健康保险风险识别与评估提供数据基础。

（三）大数据技术在健康保险逆向选择识别和评估中的应用

同健康保险纯粹风险识别与评估类似，为了将获取的数据合理应用，需要将新挖掘的核保因子与传统核保因子连接，找出二者的替代关系。下面介绍一种广泛运用的大数据技术算法——随机森林。

1. 算法介绍

随机森林（Random Forest），Leo Breiman 于 2001 年提出了一个可处理高维度和非线性样本的分类器组合模型。它是一种综合性的分类方法，分类的正确率很高，可以并行运用并且适用于大数据中存在大量未知特征的数据量，在医学、建筑学、经济管理学等众多领域都有广泛运用。

RF 指由多个类似树状结构的分类器 $\{h(x,\Theta k),k=1,\ldots\}$ 组成的一个大型分类器，及多个独立决策树集合。其中，集合 $\{\Theta k\}$ 指的是一组独立同分布的随机向量，X 是每棵树对应的作为测试集的样本，那么 $\{h(x,\Theta k),k=1,\ldots\}$ 则是表示森林中的所有树。在 RF 的实际操作中，最终数据的分类情况是通过 RF 中的所有树的分类，每棵树木都会对同一个样本得到一个类别，RF 将数据归为票数最多的那一类。

一个完整的 RF 算法步骤如下：

（1）采用自主抽样法（Bootstrap）重复抽取 n 个样本，将其作为一个训练集。

（2）建立 CART 决策树。在随机森林中，需要建立 n 棵决策树，在树木的每个节点处随机选取少于维度个数的维度向量参与这个节点决策，使用基尼指数（Gini Index）作为节点分裂评估，最终直接形成完整的不需要剪枝的树。

（3）将测试集的测试结果采用简单投票方式——多数投票法（Majority Voting），得票最多的类别就是测试集在随机森林中得到的分类结果（见图 2.2）。

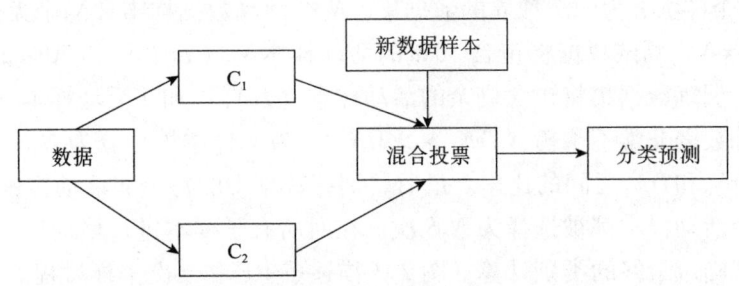

图 2.2　随机森林分类算法示意图

2. 应用方式

Khalilia 利用美国全国住院病患样本（National Inpatient Sample，NIS）数据库比较了 RF、支持向量机（Support Vector Machine，SVM）、Bagging 以及 Boosting 四种方式对 8 种疾病类别发病风险进行预测的效果，并得出随机森林效果最佳。可以参考这种做法，将诸如信用记录、生活消费信息、位置信息、基因信息等未知特征数据集合起来建立一个数据库，用随机森林算法建立这些信息与已知核保因子以及出险的记录之间的联系，进而找到可用的非医疗数据，提高风险识别的维度，精确防范逆选择风险，提高免体检保额，增强客户体验与核保效率。

①建立数据库。可以采用上述 Apriori 算法所使用的影响因子表Ⅱ，建立起一个相对完备的用户数据库。

②数据预处理。由于涉及多个来源不同的数据库，该数据库有可能并不规则，故第一步需要对该数据库进行规则化，使之成为一个可以使用的数据库。

③特征选择。提取所有类别作为特征，每条记录都包含多维特征向量。基因信息和消费信息包含"存在"或者"不存在"两种情况；健康信息则通过瑞士再保险公司评点表查得加点情况，将加点情况记录下来；出险情况分为两类，即出险为1，未出险为0；身份信息中的年龄和保额可以采用数值变量，地址用邮政编码代替。

④重复随机二次采样。如果一个类包含的样本比另一个类多，则该数据集是类不平衡的。对于许多信息类别，不平衡率范围可能比较小（即活动组占到数据样本的百分比）。这种情况下创建适当的测试和训练数据集是很困难的，因为大多数分类器都是以样本与训练数据相同分布的假设为基础的。为解决这个问题，需要进行重复随机二次采样。

重复随机二次采样可以非常有效地处理高度不平衡的数据集。因为大多数分类算法都假设数据集中的类分布是一致的，所以在处理医疗数据时要注意类分布。该方法将数据集划分为活动和非活动样本，从中生成训练和测试数据集。训练数据被划分成子样本，除了最后一个子样本外，每个子样本包含来自每个类的相等数量的实例。分类模型重复适用于每个子样本，最终结果是对所有子样本进行多数投票。

使用以下重复的随机子抽样方法。对于每个目标因子，从原始数据集中随机选择N个样本。N个样本分为两个独立的数据集，N_1个活动数据样本和N_0个无效数据样本，其中$N_1 + N_0 = N$。测试数据将包含30%的活动样本N_1（TsN_1）和70%的N_0（TsN_0）非活动样品。训练数据集将包含剩余的活动样本（TrN_1）和非活动样本（TrN_0）。

由于训练数据非常不平衡（$TrN_1 >> TrN_0$），TrN_0样本被划分为N_0S训练子样本，其中N_0S是TrN_0和TrN_1之间的比率。最后，训练数据中的每个非活动样本都被选择了一次，而每个活动样本都被选择为N_0S次。在对所有子样本进行培训后，需要采用多数投票方式来确定最终的类别计算。图2.3描述了RF和二次采样过程。

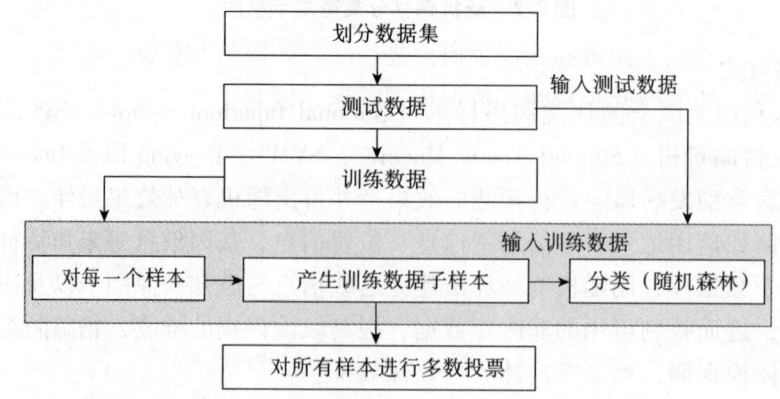

图2.3　随机森林和二次采样过程图

⑤变量重要性。RF最重要的特征之一是变量重要性的输出,即变量重要性评分。变量重要性评分用于测量给定变量与分类结果之间的关联程度,其分数越高,说明该变量越有能力影响分类结果。RF通常有四种变量重要性评分:0级的原始重要性得分、1级的原始重要性得分、平均精度下降以及基尼指数。为了估计变量的重要性,需要先将袋外数据(Out of Bag,OOB)样本传递给树,并记录预测误差。然后在OOB样本中对这些变量的值进行随机变换,形成新的OOB,再利用新的OOB进行验证。随着RF的构建,这些计算以树形结构进行。对于该变量来说,其重要性评分就是变换后的预测误差与原预测误差相比的差的均值。

⑥结果。从原有的数据集中随机选取了N个数据点。预测出险情况、内分泌系统疾病、血液及心血管系统、呼吸系统疾病、消化系统疾病、泌尿系统疾病、神经系统疾病、妇产科疾病、其他疾病总共九大类32小类的风险。在RF模型的建立过程中,RF方法能够给出模型中每个变量的重要性评分,并用该评分将变量进行排序。

可见,采用这种方法,将诸如信用记录、生活消费信息、位置信息、基因信息等未知特征数据与出险情况以及已知的核保因子(健康状况等)建立联系,通过随机森林分类判断各指标对出险情况的影响程度大小,即可实现在一定程度上用这些新型的、大量的数据扩充原有需要依靠体检或是详细核保才能获取的健康状况等传统核保数据,实现了对现有大数据进行风险识别和评估。为核保环节快速准确甄别逆向选择提供基础依据,完善健康保险核保标准与操作流程。

本章小结

本章主要对健康保险中纯粹风险和逆向选择进行了风险识别和评估。对疾病和医疗保险中的纯粹风险和逆向选择进行了识别和评估,可以为健康保险产品的设计、定价及核保乃至理赔,提供基础依据。

重大疾病经验发生率表和核保手册,是传统保险定价和核保的重要依据。由于中国商业健康保险的发展起步较晚,数据积累缺乏,限制了传统方法对风险识别和评估的效率。

针对目前纯粹风险的识别与评估存在的问题,本章运用大数据思维,扩大已有疾病发生率的采集,并找到其他风险因素来扩大数据范围;增加了包括信用记录、生活消费方式、位置信息以及基因信息等新的核保因子,使用新的大数据技术如DBNs算法和Apriori算法,对健康保险中的疾病风险和医疗风险进行了识别和评估。

传统的核保标准可以在一定程度下识别和评估逆向选择,但存在信息不完善、数据来源单一、核保过程不严格等问题。利用大数据技术,通过共享全行业、连接跨行业的方式扩大数据范围,采用征信数据、保险相关资产以及医疗数据等扩充新的核保因子，可以有效核验容易造假的信息；通过随机森林算法，可以在一定程度上实现这种核验方式，为健康保险核保工作建立新的标准与操作流程提供方法支持。

由于中国的健康保险市场尚属起步阶段，对风险的识别与评估技术不够完善，虽然发展前景广阔，但前进道路比较坎坷，急需升级转型。通过多元数据的补充及对大数据技术的妥善应用，可以很好地弥补中国健康保险数据基础薄弱的问题。

思考题

1. 健康保险的风险来源都有哪些？
2. 逆向选择对健康保险有哪些危害？
3. 传统风险识别依靠哪种方式？
4. 传统风险评估有哪些方式？
5. 随机森林的重要性评分是如何得到的？
6. Apriori 算法的支持度和置信度各自代表了什么意义？

专业术语

1. 纯粹风险（Pure Risk）：纯粹风险是指只有损失机会而无获利可能的风险。
2. 设计风险（Design Risk）：设计风险是指保险产品研发过程中，保险责任设计不合理以及条款中关键术语不清晰导致的加重保险赔付的风险。
3. 道德风险（Moral Hazard）：道德风险是指参与合同的一方所面临的对方可能改变行为而损害到本方利益的风险。
4. 医疗保险（Medical Insurance）：医疗保险是指以约定的医疗费用为给付保险金条件的保险。
5. 失能收入损失保险（Disability Income Insurance）：失能收入损失保险是指以因保险合同约定的疾病或者意外伤害导致工作能力丧失为给付保险金条件，为被保险人在一定时期内收入减少或者中断提供保障的保险。
6. 护理保险（Care Insurance）：护理保险是指以因保险合同约定的日常生活能力障碍引发护理需要为给付保险金条件，为被保险人的护理支出提供保障的保险。
7. 疾病发生率（Incidence Rate）：疾病发生率是指在一定期间内，一定人群中某病新发生的病例出现的频率，是反映疾病对人群健康影响和描述疾病分布状态的一项测量指标。
8. 个人健康保险（Private Health Insurance）：个人健康保险是指以单个自然人为

投保对象的健康保险。

9. 团体健康保险（Group Health Insurance）：团体健康保险是指以各种社会团体为投保人，以其所属员工为被保险人（包含团体中的退休员工），当被保险人因疾病或分娩住院时，由保险人负责对其住院期间的治疗费用、住院费用、看护费用，以及在被保险人由于疾病或分娩致残疾时，由保险人负责给付残疾保险金的一种团体保险。

10. 风险转移（Transfer Of Risk）：风险转移是指通过合同或非合同的方式将风险转嫁给另一个人或单位的一种风险处理方式。

11. 风险识别（Risk Identification）：风险识别是指公司认识和发现在经营活动中所面临的风险的过程。公司应该通过风险识别描述风险的特征，系统分析风险发生的原因、风险的驱动因素和条件等。

12. 风险评估（Risk Assessment）：风险评估是指在风险事件发生之前或之后（但还没有结束），该事件给人们的生活、生命、财产等各个方面造成的影响和损失的可能性进行量化评估的工作。风险评估就是量化测评某一事件或事物带来的影响或损失的可能程度。

13. 健康风险评估系统（Health Risk Appraisal）：健康风险评估系统是采用生物电感应技术，结合人体电阻抗测量技术，应用计时电流统计分析法，对人体组织器官进行3D重建，直观地看到全身脏器变化趋向，判断早期疾病，从而对人体健康状况做出评估。

14. 核保（Underwriting）：核保是指保险人对投保申请进行审核，决定是否接受承保这一风险，并在接受承保风险的情况下，确定承保条件的过程。

15. 重大疾病经验发生率（The Incidence of Critical Illness）：重大疾病经验发生率是指按照保险合同约定的诊断标准而确认罹患重疾的概率，通常会区分年龄、性别及其他影响发生率水平的因素，主要用于产品定价和准备金评估。

16. 数理查定（Mathematical Evaluation）：数理查定是指通过各种不同的影响死亡率的因素赋值，最后加总得出终值，并以此来确定费率。

17. 竞合（Co‑opetition）：竞合是基于合作与竞争结合的经营战略，由商业竞争者合作工作能够受益的思想衍生而来。竞合的经营战略是一种正和游戏的理论，所有游戏者获得的收益总和大于游戏者投入游戏的总和。

18. 累计风险保额（Cumulated Risk Coverage）：累计风险保额是指被保险人所有已生效的及正在投保的寿险、意外险和重大疾病险保险合同中，保险公司可能给付的累计最高金额。

19. 信用记录（Credit Record）：信用记录是指信用评级机构依托来自某一渠道或社会各方、能够判断经济主体信用状况的信息，按一定标准和指标进行评价之后，用一定符号或文字表示的关于经济主体信用的说明。

20. 可穿戴设备（Wearable Device）：可穿戴设备是指直接穿在身上，或是整合到用户的衣服或配件的一种便携式设备。

21. 位置信息（Positional Information）：即绝对地理位置，是对地理事物的特殊性或者唯一性进行定量刻画。这一相对精确性的地理位置刻画方法以整个地球表面为坐标系，用经纬度为度量标准，来具体刻画每一个地理事物的经纬度值。

22. 深度信念网络（Deep Belief Networks，DBNs）：深度信念网络是指一种无监督学习下的机器学习模型。其主要思想是使用有限随机数据进行训练，通过多层神经网络受限玻尔兹曼机（Restricted Boltzmann Machine）的迭代来进行多维度、多层次的学习，快速地增加特征数量。

23. 受限玻尔兹曼机（Restricted Boltzmann Machine）：受限玻尔兹曼机是指一种特殊拓扑结构，由可见层和隐含层两部分组成。可见层作为输入层，隐含层作为输出层，层间节点两两相连，每条连接都有相应的权值。

24. 自主抽样法（Bootstrap）：自主抽样法是指非参数统计中一种重要的估计统计量方差，进而进行区间估计的统计方法。

25. 基尼指数（Gini Index）：基尼指数是指一种针对数据不纯度的度量方法。其定义为 $Gini(D) = 1 - \sum_{i=1}^{m} p_i^2$，其中 m 表示数据集 D 中类别 C 的个数，$P_i$ 表示 D 中任意一个记录属于 C_i 的概率。

26. 关联规则（Association Rule）：关联规则是指数据中一种简单但很实用的规则，形如 X→Y 的蕴涵式，其中，X 和 Y 分别称为关联规则的先导（Left Hand Side，LHS）和后继（Right Hand Side）。其中，关联规则 XY，存在支持度和信任度。

27. Apriori 算法（Apriori Algorithm）：Apriori 算法是指一种挖掘布尔（Boolean）[①] 类型关联规则频繁项集的算法，其核心是基于两阶段频集思想的递推算法。

28. 随机森林（Random Forest）：随机森林指的是利用多棵树对样本进行训练并预测的一种分类器。

---

① 布尔类型是有两种逻辑状态的变量，它包含两个值：真和假。

第三章

健康保险产品设计与定价

保险产品设计指根据特定的需要对保单表格、产品条款与定价、红利结构、赔款给付、佣金结构以及核保与签发规格等内容进行基本的设定,而保险产品定价则侧重于精算定价环节。

由于保险产品本身的条款限定以及价格水平是绝大多数消费者在购买保险时关注的重点,如何在这两方面满足客户需求,同时保证保险公司的稳健经营,是健康保险产品设计和定价的目标。

在大数据背景下,传统的保险产品设计与定价方法存在效率低、针对性差和过分依赖于历史出险概率等缺陷,导致中国健康保险产品市场存在险种结构失衡、产品单一等问题。

本章希望通过大数据方法优化传统健康保险产品设计与定价存在的问题。

第一节介绍了健康保险产品设计与定价的传统方法;第二节介绍了传统健康保险产品设计与定价存在的问题;第三节介绍了大数据在健康保险产品设计和定价中的应用:一种基于网络平台的产品设计主题挖掘技术、基于人工神经网络的个人保险差别定价技术和一种基于模糊C均值算法的团体保险定价策略。

随着大数据思想与方法逐渐深入健康保险产业,如何利用网络平台对保险主题进行提取;如何创新低成本、低风险的保险模式;如何利用现有分析方法改进定价中的部分参数等,对保险设计与定价优化有着积极的意义。

第一节 健康保险产品设计与定价的传统方法

一、健康保险需求分析

近几年,中国健康保险行业发展迅速,主营业务收入不断增加,迎来了一个新的发展机遇。新医改①中提到了"在确保基金安全和有效监管的前提下，积极提倡以政府购买医疗保障服务的方式，探索委托具有资质的商业保险机构经办各类医疗保障管理服务"的政策，商业健康保险公司在为社会医疗提供服务的同时可以发现商业健康保险新的需求。同时，随着中国老龄化现象的不断突显，人们对健康保险的需求也在不断增长，需要寻找新的技术和方法挖掘客户需求，开发新产品。

理论上，利用大数据技术，可以更加准确地识别消费者的需求，并针对不同消费群体的需求进行分类和定位，设计出更加贴合消费者需求的差别性产品。接下来，从传统的健康保险设计流程和定价方法入手，寻找其中需要创新改进的部分。

二、健康保险的设计流程

大部分健康保险设计包括了产品创意、产品形态设计、精算定价、产品定型等主要步骤。

（一）产品创意

保险产品的创意来源于客户的需求，再根据创意设计保险产品推销给客户，这一相互反馈的过程，是公司和客户之间的纽带。保险公司可以通过现场调研、发放调查问卷、召开座谈会等调研方式，对现存客户及潜在客户群体进行信息意见搜集，向大家询问最近感兴趣的可保险方向，以及在某种产品的设计过程中比较看重的地方，如价位、保障期限、保障额度等。在此基础上，可以把全部搜集的有效信息交由产品市场部整理分析，并形成客观的结论。这些客观的结论便可以成为一些新的设计创意。

（二）产品形态设计

在确定了设计方向之后，就需要给出产品基础的设计形态，包括具体保险疾病种类、是否设计终身保险、具体保障期限、允许投保年龄等。这些保单中基础的因素都要根据调研结果进行一个初期的设定。

产品初期形态确定之后，保险公司还需要对设定的保险产品形态进行测试。在测试阶段，保险公司可以通过愿意购买比例或是对应的市场接受度进行访问，访问对象包括保险代理人、经纪公司、银行等机构或是个人。在这样的重复调研过程中，还需要继续对客户以及各机构的意见进行整合，整合后再评估意见的有效性，并在初期的产品上进行一些调整，使其更符合市场的接受标准。

（三）精算定价

保险公司精算部，专门负责保险产品的精算估价工作，计算能够使保险公司"收支平衡"的均衡保费水平。在健康保险产品的精算定价过程中，主要的三大决定性因素分别是疾病发生率、预定利率和公司经营管理费用。

---

① 《中共中央国务院关于深化医药卫生体制改革的意见》。

保险公司需要根据不同疾病从不患病至患病的各年龄段独立发生率，以及这些疾病以往的发病数量、地区分布、年龄分布等，利用数学方法对风险成本的折现进行计算，并通过设定预定利率来确定保险公司提供给消费者的回报，最后加上公司的营运成本以及一定程度的利润要求。这样计算出的保费总和就代表了某一张保单最终的保费水平。

（四）产品定型

一款新的保险产品诞生，会对核保、理赔、客服、财务、信息系统等内部运营体系提出新的要求，相关部门会在不同阶段给予配套支持，比如业务管理规则和业务流程的制定、新产品相关的 IT 系统开发等。

在完成所有产品创意、产品形态设计、精算定价以及产品定型的工作流程之后，保险公司还会要求公司的总精算师、法律负责人对产品进行审核确认，保证各项保单条款或定价计算方面没有失误，并最终向中国保监会备案，再进行上市销售。

三、健康保险的定价方法及原则

（一）保险定价方法

传统的保险定价方法有三种，分别是净保费加成法、资产份额法定价以及宏观定价法。

1. 净保费加成法

净保费加成法将总保费分为净保费和附加保费两部分。净保费指保险人提供风险保障的成本，一般在计算时只考虑不同年龄的死亡率或发病率，并使用合适的利率水平折现；附加保险费指除去净保费外的其他成本，一般包括附加费用和利润。其中，附加费用主要用于支付保险公司管理保单、支付佣金和手续费的人力、物力成本。

在精算现值相等的原则要求下，净保费加成法需要建立净保费和风险保障成本之间的等式，然后在维持精算现值相等的原则下，把附加费用和预期利润也纳入公式中进行计算，可得到总保费和风险保障成本、附加费用、预期利润之间的等式关系。将总保费根据缴费年数进行分配，制定相对合理的一系列缴费水平，就是投保人应当缴纳的毛保费。

2. 资产份额定价法

资产份额定价法是在影响总保费的若干因素中，挑选几个基本因素，进行保费的实验性研究，通过利润测试进行检验，验证该保费水平能否达到公司的利润目标设定。若结果差强人意，可以逐步更改保费水平，进行新的测试，使其接近设定利润目标。

一般情况下，每单位保额保单的年末资产份额可以表达为：

年末资产份额 ＝ [（年初资产份额 ＋ 当年总保费 － 起初费用）×（1 ＋ 利率）－ 保险

给付额－期末费用］÷（1－本年度内死亡概率－本年度内退保概率）

3. 宏观定价法

宏观定价法试图从销售方面寻找切入点，针对不同的销售水平制定不同的价格，使公司利润最大化。

首先，需要根据特定产品，分析其参与市场竞争时的特点，并至少确定设定四种不同的价格体系，其中，第一种应该与业务部门的期望相同，第二种与市场上已有的类似产品价格体系相同，第三种比业务部门期望的价格高，第四种比业务部门期望的价格低。其次，也需要确定四种不同的佣金制度体系，一种和市场上已有的产品类似，另外三种分别高于、低于和等于业务部门期望的体系。然后，保险公司相关测试部门需要预测将来的业务进展情况，合理地对年龄分布情况和销售量做出假设。最后，可以通过预测模型的建立，利用排列组合的知识，计算每一种"产品价格－销售量－佣金"组合下的总利润水平，并根据需要对组合进行筛选。

（二）保险定价机理

保险的存在就是基于大数定理，个体的患病概率是不确定的，但是群体的患病总概率却服从一定的概率分布。从保险机理来解释保险定价，就是将风险及其损失在所有保险投保人之间进行分摊。依据大数定理，在保险公司某一保险中拥有足够多的被保险人的基础上，就可以对该保险产品的总体损失或是赔付进行较为准确的预测。另外，保险公司也需要得到确定的预测水平来计算分摊到每一个被保险人身上的保费水平，也就是对保险进行定价。因此，对某种保险产品发生的损失进行赔付，也就等同于将损失分散到一个大的群体中的每一个个体上，试图实现风险共担。

在这种情况下，保险公司对保险产品保费水平定价的依据主要转移到对整个投保人群体损失的预测上，保险公司对期望索赔成本的计算很大程度上决定了保费核算的基础，以保险精算为核心的产品定价模式就慢慢发展起来了。

基于客户群体的保险定价模式具有明显的卖方市场特性。可是，随着保险市场竞争的加剧，顺应市场供需变化，进行个性化定价，无论是对于保险公司还是消费者，不仅是合理的，更是必需的。与其他一般的消费商品相比，由于商业健康保险无法对未来的情形进行预计，投保人愿意支付的价格取决于未来风险可能造成的损失。但是，对于不同的险种、不同的保单，只要投保人不同、个体的保险风险水平不同，每个保险消费者对于其对应保单的价值就会有不一样的认同值。一旦这个心理价位和保险公司保单提供的确定价格不一致，就会在市场上表现出不同的需求弹性。

（三）健康保险定价原则

1. 统一费率法

统一费率法是指在被保险人的年龄对赔付没有多大影响的情况下，对于某种保险在一个广大的年龄组的基础上确定其平均保险金成本，如20岁至49岁为一个年龄组，根据这一年龄组的平均保险金成本确定适当的统一费率。

2. 阶梯费率法

阶梯费率法对年龄组的划分要更细致一些，如以 5 年或 10 年为一个年龄组划分，并对同一个年龄组中的被保险人使用统一费率，当进入一个更高的年龄组时，则增加相应的费率。

3. 一年定期法

一年定期法一般应用在赔付随着被保险人的年龄增加而增加的情况下，如医疗费用保险。这种费率厘定方法按被保险人的年龄区分费率，每隔一年都要提高费率。

4. 均衡保险费法

均衡保险费法与人寿保险费率厘定中使用的均衡保险费法相似，需要提存准备金，把保险前期多缴付的保险费累积用来抵消保险后期增加的平均年净赔付成本①。

（四）健康保险定价的主要决定因素

一般来说，在保险定价方面，保费由纯保费（Level Premium）和附加保费（Insurance Expenses）构成。其中的纯保费即根据与精算现值相等的基本公式而来，纯保费即风险成本，而附加保费则包括了保险公司的营业成本及适当的盈利。

纯保费的收取应等于赔付金额的现值，因此，一方面要考虑出险概率（发病率和致残率等评价指标），另一方面要考虑折现使用的利率水平。附加保费主要是佣金、管理费用以及利润水平。保单失效率和费用率等也是保险公司需要考虑的主要因素。

在健康保险领域影响定价的主要因素中，医疗保险包括发病率、疾病持续时间等；疾病保险主要涉及发病率、致残率等；收入保障保险涉及发病率、保障水平以及被保险人因患病影响收入的持续时间；长期护理保险则主要受到疾病持续时间、发病率以及护理水平等因素影响。其中影响较大的决定因素包括发病率、致残率、利率、失效率以及费用率。

1. 发病率

发病率表示在一定期间内，一定人群中某病新发生的病例出现的频率，是反映疾病对人群健康影响和描述疾病分布状态的一项测量指标。发病率可用来反映疾病对人群健康的影响，发病率高说明疾病对健康影响大，发病率低说明疾病对健康影响较小。利用发病率，可以描述出相关疾病的发生分布情况。在健康保险中，尤其是医疗保险，疾病发生率是精算部门定价时的主要考虑因素。医疗保险主要通过结合不同疾病的独立发病率，以及这些疾病在历史数据中的发病情况，利用精算方法对风险成本进行计算。

2. 致残率

致残率表示由于患有某种疾病而导致残疾的概率，一般指一定期间内，一定人群中新患有某种疾病并最终由于该疾病的自身病症、并发症等原因导致的患者被确认为

---

① 互动百科"个人健康保险"词条：http://www.baike.com/wiki/个人健康保险。

残疾的事件发生频率。致残率也是反映疾病对患者身体机能影响程度的一个重要指标。由于在很多健康保险合同中会以是否致残作为发生保险事故的评价标准之一，该指标的测量在健康保险中有着重要意义。

3. 利率

利率既可以看作保单持有人未来的收益率，也可以在计算均衡保费时作为折现率进行计算。在传统的寿险中，有不少含有储蓄成分的产品，在健康保险中也不乏相似的设计，因此对利率水平的谨慎估计对保险公司而言非常重要。不少保险公司常常采用较为保守的态度，尽量选择偏低水平的定价利率。

4. 失效率

保险公司精算部门在进行定价时，必须考虑到一些使保单不能正常持续的情况，包括：客户主动退保，客户未正常缴费而导致保单终止等情形。上述情形会导致保单不再拥有原有的保险效益，即保单失效率（Failure Rate）。一般而言，各个保险公司的失效率差别较大，一些旧险种的失效率主要基于公司的历史数据，一些新险种的失效率则一般依靠精算人员的主观估计，需要进行严格的测试，否则可能对公司的正常经营产生不良影响。

5. 费用率

保险的费用率一般指产品设计销售过程中产生的人工费用，保险产品类型不同，费用率水平大多不同，且各公司间差异很大。在确定费用率时，公司需要确定总的费用率水平，再通过一定的固定程序将总费用分摊到每一张保单上。每张保单定价中使用的费用率均为单位费用率，通常可能的分摊方式有固定金额、保额的一定比例、保费的一定比例、管理费的一定比例、理赔金额的一定比例、每次退保或理赔时的一个固定金额、每张到期保单的一个固定金额等。

第二节　传统健康保险产品设计与定价存在的问题

从现有的行业数据来看，健康保险公司的保费收入大部分集中在重大疾病保险和医疗保险，而长期护理保险和失能损伤保险则刚刚起步。现有健康保险产品设计直接仿照、套用国外设计概念，缺乏适合中国市场需求的创新产品。

健康保险产品的定价公式和因子，较普通寿险或是财险来说，更为繁杂和特殊。健康保险的定价主要受疾病发生率和医疗费用支出因子的影响，波动幅度很大且变化不规律，大部分保险公司不愿冒风险进行产品研发。

少数的健康保险创新设计缺乏法律保护。如果想要研发出能为市场快速接受的高质量健康保险产品，必须付出很高的研发成本。但只要产品开始在市场上销售，与产品相关的条款等内容相当于在整个市场上公开，其他公司马上推出相似的产品，而不需要付出巨大的研发代价。由于中国法律缺乏对产品专利的保护，极大地损害了产品创新开发者的切身利益和创新热情。

一、疾病保险

在保障范围方面，现有市场上疾病保险产品种类不多，而且各公司的大部分可保病种重叠，狭窄的保障范围与实际上在不断变化和增加的重大疾病种类相比极不匹配；在保险责任方面，所有健康保险产品的保险责任都划分成了三个部分：在保险期间内身故或是患上某种疾病的身故保险金、等待期内给付的保险金以及期满后生存或是没有患上某种疾病而给付的首次保险金，且相似产品的保费和保额非常接近；在给付方式方面，大多保险公司在设计这类保险产品时选择了定额给付的方式，也就是说，出险后，只要保险事故判定符合原保单的设定，保险公司就会根据合同约定的保额全额给付，而不是根据具体疾病治疗所发生的费用进行赔付，这种全额给付的保险方式一方面容易引发道德风险，另一方面，又不容易满足特大疾病的医疗费用需求。

二、医疗保险

从保险期限来看，现有市面上的医疗保险大多是一年期的短期险种，不能满足各年龄段的医疗保障需要；从产品品种来看，一般医疗保险产品仅对被保险人的住院治疗费用提供补偿，门诊费用补偿医疗保险产品屈指可数。

三、长期护理保险

从承保年龄范围来看，大部分长期护理保险产品保单中会要求被保险人的年龄低于70周岁，但那些大于70周岁的老年人群体才是最需要长期护理的；从保险费水平来看，长期护理保险都将高端消费人群定位为其目标客户人群，产品定价过高，而适合大众消费水平的中低端市场缺乏产品供给。

四、失能收入损失保险

在保险种类方面，传统工伤保险对商业失能收入损失保险存在一定的"挤出效应"（Crowding Out），造成失能收入损失保险产品相较其他健康保险产品而言产品种类稀少；在产品定价方面，缺乏长期累积数据，增加了定价的不确定性因素；由于专业理赔鉴定等原因，这类保险产品的理赔成本也普遍偏高，需要专业的理赔鉴定人员和失能康复能力鉴定机构参与，具有很强的主观性，极易引发道德风险。

目前，传统的保险产品设计方法，需要通过市场调研等缺乏时效性和针对性的繁杂流程；传统的定价方法也过分依赖于历史出险数据；健康保险产品结构失衡、产品单一等问题仍然存在。因此，希望探索合理的大数据方法来解决健康保险设计与定价领域的难点和缺陷。

第三节　大数据在健康保险产品设计和定价中的应用

一、采用基于网络平台的主题挖掘技术设计健康保险产品

近年来，随着科技水平的不断发展，以前很多只能人工处理的问题，现在部分可以通过大数据的方法，将其转换为可以由计算机直接处理的数据形式，并设计相关的程序算法，把这些计算、审查或是筛选一类的工作交由计算机来处理，一方面提高了速度和精度，另一方面减少了相关人员的聘请，节约开支。

在产品设计方面，传统的设计流程中涉及调查访问的步骤才能获得大众关注的产品设计方向，但是在调查的过程中可能存在各种误差，且费时费力。运用大数据方法和技术，可以更加准确、更加快速地获取公众在健康保险领域关注的重点，才能以此为设计方向开始后续的产品设计工作。

从互联网这个平台上，人们不仅可以根据微博、微信等平台上的近期热搜或关键词来了解人们对于健康方面关注的重点，也可以应用相关的文字分析技术来具体研究人们的主要偏好，以此来确定某方面的保险是否有研发的必要或是在研发过程中需要注意哪些问题。基于网络平台的主题挖掘技术就是通过一种文本聚类的文本挖掘技术，技术人员可以对网络平台上的非结构化数据进行数字化处理，以得到保险公司产品研发部门想要的研究主题及方向。根据选取的信息源的不同，有文本挖掘、Web数据挖掘、空间群数据挖掘以及多媒体数据挖掘等多种类型。

下面选取并介绍一种以文本型信息源作为分析对象，利用定量计算和定性分析的方法，从中寻找信息结构、模型、模式等各种隐含关系的文本挖掘技术。

（一）文本挖掘技术

文本挖掘是以文本信息为对象，从中探索信息的模式、结构、模型等隐含的、具有潜在价值知识的过程，主要包括文本表示、特征选择、文本分类、文本聚类、信息检索等技术。

文本挖掘（Text Mining）可以从社交媒体上的发言或是其他公开信息，确定大众近期的关注重点。这里的"数据"是文字或是表情之类的表示方法，并不全是数字，因此，这些数据最大特点就是非结构化。由于网络平台的开放性、动态性与异构性等特点，如果要从这些分散异构的数据中快速准确地获取信息，也会遇到很多难点。

如果是从网络上截取需要的信息，可以选取主题挖掘算法对网络上的热点进行捕捉。主题挖掘算法针对不同的目的和对象，主要有三种形式：利用向量空间模式（Vector Space Model，VSM），将文本里的所有数字、图像等非结构化数据一一映射到向量空间中的点，之后再使用传统的聚类算法实现的一种传统文本聚类方法；借助奇异值分解的方法（Singular Value Decomposition，SVD），对文字的语义结构进行降维和分析，在经过降维操作之后的低维语义空间内查询潜在语义分析，并对语义之间的相关性进行研究的一种潜在语义分析主题挖掘算法（Latent Semantic Analysis，LSA）；使用概率的产生式模型来挖掘文本主题的挖掘算法。

前两种文本挖掘的算法是文本挖掘中基础的聚类方法，通常依赖于计算文本之间的距离，一旦文本的数量变多或是变复杂，海量文本中各文本之间的距离就会变得很难定义和衡量，也就难以提供语义上的具体分析，不利于人们产生直观的理解。因此，这里以微博主题挖掘为例，描述方法应用及过程。

1. 基于概率模型的主题挖掘算法

主题模型（Topic Model）是基于概率的产生式模型来挖掘文本主题的方法。模型中假设从一开始就根据一定的规则及概率为一个主题生成不同的文本单词，即该主题按一定概率生成一组单词，其他主题也可以以一定概率生成与之有交叉的一组单词，主题和单词均为多对多的关系。反过来，在已知文本单词的情况下，自然就可以通过概率集合反推出现有文本单词的未知主题分布情况。

概率潜在语义分析（Probability Latent Semantic Analysis，PLSA）和文档主题生成模式（Latent Dirichlet Allocation，LDA）是最具代表性和实用性的方法。

PLSA 模型主要提出了基于最大似然法和产生式模型的概率模型，继续沿用了 LSA 模型中降维的思想。在日常常用的文本单词表达形式下，文本是一种由无数单词排列组合而成的非结构化数据，对应着高维度的数据空间。同时，文本对应的主题数量却是有限的，对应着低维度的语义空间。主题挖掘技术，就是通过"降维"的方法，将文档从高维的文本空间投影到低维的语义空间，使得文档中的单词可以分类对应到相应的主题中间去，当输入一段文字时，可以直观地输出对应的关键词和分类主题语义信息。

在 PLSA 模型的基础上，LDA 模型又进行了一定的改进。由于 PLSA 模型在文本对应主题的概率计算上并没有规定使用统一的概率模型，不同概率模型的选择不仅会对分类结果产生影响，还有可能会因为参数过多而出现过渡拟合现象的发生。因此，在改进的 LDA 模型中，其创始者就加入了狄利克雷（Dirichlet）先验分布，另外还在 LDA 模型中引入了超参数，形成了一个"文档—主题—单词"3 层的贝叶斯模型，然后通过运用概率方法对模型进行推导，来寻找文本集的语义结构，挖掘文本的主题。

2. LDA 文本生成模型

在 PLSA 模型中，经常会出现由于概率模型中待估参数随着语料库的大小呈线性增长，而参数过多，甚至会多于主题数，就很容易出现过度拟合的现象，于是 LDA 模型的创始人就引入了狄利克雷（Dirichlet）先验分布以扩展文档层的概率。

LDA 主题模型的核心思想概述如下：将每篇独立的文档文本都表示为一系列由潜在主题组成的混合分布，记为 $p(z)$；每个主题又可以记为词汇表中所有单词的一

个条件概率分布,记为 $p(w|z)$。两者相乘可以推导出某个独立文档文本中每个词汇表中单词的概率分布。公式为:

$$p(w_i) = \sum_{j=1}^{T} p(w_i | z_i = j) \cdot p(z_i = j) \qquad (3.1)$$

LDA 模型首先从超参数为 β 的 Dirichlet 分布中抽取主题与对应词汇表中单词的关系,记为 φ。其次,当 LDA 模型中接收到一个文档文本输入时,先从另一个超参数为 α 的 Dirichlet 分布中计算出该文本 d 与各个主题之间的关系,记为 θ_d,再从参数为 θ_d 的多项式分布中计算出当前单词所属的主题 Z_{d_n}。最后,再从参数为 $\varphi_{Z_{d_n}}$ 的多项式分布中抽取出具体单词 w_{d_n},这样一步步向后逆推,就可以得到一个文档文本中所有单词与其所属主题的联合概率分布:

$$p(w,z|\alpha,\beta) = p(w|z,\beta) \cdot p(z|\alpha) \cdot$$
$$\int p(z|\theta)p(\theta|\alpha)d\theta \cdot \int p(w|z,\varphi)p(\varphi|\beta)d\varphi \qquad (3.2)$$

这样的条件概率分布也就代表了 LDA 模型在各主题上对单词的抽样形式,如图 3.1 所示,LDA 模型可以产生一个关于文档文本的三层贝叶斯网络图。

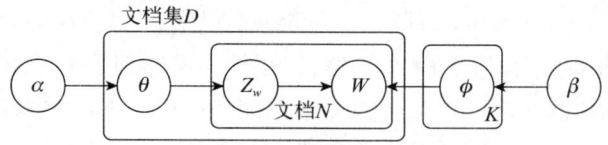

图 3.1　LDA 模型的贝叶斯网络图

在 LDA 模型中,由于文档文本中的单词是可观测到的数据,而文本的各项主题却是隐式变量,根据文本的生成规则和已知数据,LDA 模型就可以通过概率推导求得文本的主题结构。这里的概率推导常用方法就包括:变分贝叶斯、吉布斯抽样以及希望值传播等。

3. Labeled LDA 文本生成模型

此外,还有学者对 LDA 模型做了一定的改进,提出了受监督的主题模型(Labeled LDA),D. Ramage 等人提出建立并使用 Labeled LDA 模型,希望通过标签信息来提高主题可解释性。Labeled LDA 模型中认为,通过学习得来的主题应该是直接与每个标签对应关联的,为了准确地找出与标签密切关联的词汇,可以适当地改变 LDA 模型的对称先验分布,就解决了 LDA 模型在各个隐含主题分量上平等分配的问题。

这里可以模拟一个 Labeled LDA 模型,假定其单词表的范围为 $\{1,2,\cdots,V\}$,文档文本 d 是由 N 个词 $w = \{w_1, w_2, \cdots, w_{N_d}\}$ 组成的序列,w_{N_d} 是文档 d 的第 N 个词,语料 D 是 M 篇文档集合 $D = \{w_1, w_2, \cdots, w_M\}$,标签信息转换成文档 d 的主题向量 $\Lambda^{(d)} = \{l_1, l_2, \cdots, l_k\}$,其中 $l_k \in \{0,1\}$。

首先,通过伯努利分布可以产生一个文档文本标签集 $\Lambda^{(d)}$,定义文档文本标签向

量为 $\lambda_1^{(d)} = \{k \mid \Lambda_k^{(d)} = 1\}$。其次，可以将 Dirichlet 主题先验分布中的超参数 $\alpha = (\alpha_1, \cdots, \alpha_k)^T$ 降维成向量 $\alpha^{(d)} = L^{(d)} \cdot \alpha = (\alpha_{\lambda_1}, \cdots, \alpha_{\lambda_d})$。由于这里依据了不同的标签信息，得到的向量 $\alpha^{(d)}$ 在不同主题上的权重也不尽相同。

假设一个语料库中共有 6 个类别的标签，其中一个文档文本 d 含有三个类别标签，那么 $\Lambda^{(d)} = \{0, 1, 0, 1, 0, 1\}$ 表示文档 d 对应 2、4、6 主题的文档文本标签。当 $\Lambda_j = 0$、$\alpha_j = 0$ 时，文档 d 中的词分配更倾向于 2、4、6 主题标签。由此，Labeled LDA 利用向量 $\Lambda^{(d)}$ 将类别与主题一一映射产生文本的贝叶斯网络图（见图 3.2）。

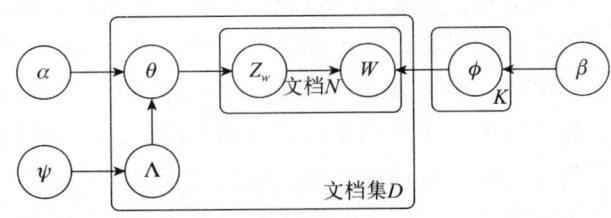

图 3.2　Labeled LDA 模型的贝叶斯网络图

（二）应用过程

从 LDA 模型发展到 Labeled LDA 模型，其实就是在计算概率分布的过程中增加了一个文档文本标签的变量，可以帮助单词进行反推主题的工作。因此，在实践中，可以考虑运用微博、百度等网络平台，不仅文本文档数据容易获取，而且有的信息还自带标签数据，可以帮助文本挖掘的有效进行。

其中，微博是一个很好的搜集信息的网络平台。微博是网络文本，部分数据已经被贴上了可帮助主题挖掘的信息资源分类标签。在 Labeled LDA 的基础上，微博区别于一般文本文档的特点是，微博可以由用户随意公开评论或转发，这些评论在很大程度上和微博本身有着相同的主题。虽然在使用 Labeled LDA 模型对微博数据进行训练时会出现一定的词频相等或非主题词频略高的情况，但是合理利用微博评论与转发之间的隐含关联信息，可以引导改进模型在监督过程中产生较为准确的主题频率。

微博作为一种时下流行的社交平台，每天都会有众多的新微博发布，也会产生更多的转发和评论数据，所有人可以在某一条微博下平等地发布自己对于该微博设计内容的看法和建议，因此也就成为一个实时更新的"文字数据库"。

保险公司就可以利用微博的这一特性，利用微博这一网络平台，以公司官方微博的名义，发出一条微博，公开向大家征求在某一健康保险保单条款的设计过程中，更倾向于了解或是关注某一方面的内容，如保费设定、偿付条件、最高保额等，并通过搜集这条微博下的各方评论及转发文本数据，加以分析，得出关键词、主题聚类等保险公司关注的话题，并在相应健康保险设计时加以注意。

首先，在文本挖掘开始之前，需要选择合适的数据集。最好选取评论和转发数量都比较适当的保险官方微博，并运用爬虫软件，将与其相关的评论和转发都以段落文字的方式保存，形成最为原始数据集。

其次，还需要对原始数据进行预处理。由于微博平台上所有用户发布的微博文本中经常会含有表情、图片及小视频等非文本的数据内容，而这里所提到的文本挖掘技术却只针对具体文本内容展开主题分类与挖掘工作，对于得到的初始多元数据，应该依据停用词（Stop Words）字典的相关规则，去除指示代词、语气助词和停用词等出现频率很高却没有实际意义的词汇，才能开始下面的分词步骤。

之后，需要将去除无意义词汇后的段落进行文本分词，分词效果的好坏有的时候可以决定后期主题结果的展示。若是分词过粗，可能没有把语义无关的词组分开，倒使语义相关性错判；若是分词过细，有可能将原本理应组合的单词分为单个的字，忽略了单词本身的含义对文本文档主题的贡献度。在实践中，大多可以采用中科院的 ICTCLAS 分词系统，将大段的文本文档输入该分词系统后，分词结果会将微博文本转换为一系列的词语，每个词语都有词性标注，如名词、动词、形容词、副词等。由于中文语言的独特性，不同词性的词语有时可能对主题的贡献程度存在不小的差距。若分词后数据还是过多，可以考虑过滤掉其他词性的词语，只留下名词和动词，公认名词和动词在所有词性中具有最高的主题辨识度。

通过对以上文本数据进行预处理，可以将分词文本数据带入相关的 Labeled LDA 文本生成模型软件或是代码，进行主题挖掘步骤。

在对系数的选取方面，可以根据自己的文本挖掘需要自行选取。此外，由于这里选用了微博的原文、评论和转发文本作为初始数据，在选取评论与转发对于微博原文的主题相关系数时，还应该考虑如下几点：一般来说，微博原文底下的评论一般多于转发的次数，因此可以适当提高转发与微博原文主题的相关系数；转发原微博的微博也应该存在评论，可以依次递推，把所有相关的评论和转发均考虑在内，并且所赋系数随转发次数递减；随着距离微博原文发出的时间越来越远，此条微博的热度应该逐渐减少，因此应该在评论相关系数中加入时间衰减系数，相关程度随时间降低等。

最后，通过这样的模型设定，可以得到聚类后的主题信息，而这样的主题并没有自动命名，而是由语义上相似、相近或是存在隐含关系的关键词聚类而成的，可以通过提取每个主题的前几名的关键词，对这一主题内容进行观察，并自行总结命名。

二、人工神经网络在健康保险个性化产品定价中的应用

健康保险中市场占有率最高、最受关注的是疾病保险，这里主要针对疾病保险的相关定价方法提出了一些改进措施，希望在现有的定价基本方法中对主要参数的预测进行修改，提高定价的准确性。

疾病的主要危险因素是保险定价确定价格的基础，在为某一种疾病保险定价的过程中，首先需要确定此类疾病与人体的哪些生命体征或是生活习惯相关联，在这些危险因素确定的基础上才能根据以往的数据研究对应不同风险水平的发病率及死亡率,并在顾客投保时,根据生产模型中的模型代入客户的具体信息,进行风险分析,以匹配不同风险水平的保费。

在疾病保险的产品设计中,大多是关于慢性疾病的,而根据2008年第四次国家卫生服务总调查结果显示,中国居民慢性病患病率高达20.0%,在1998年至2008年中,平均每年新增慢性病病例1 000万例。国家卫生计生委2011年也有统计,慢性病死亡率达85%以上,是主要疾病负担。《中国心血管病报告(2016)》显示,中国心血管病患病率处于持续上升阶段,2015年城市、农村心血管病分别占死因的42.61%和45.01%,其中高血压和糖尿病是心血管疾病的主要危险因素。通过构建慢性病预测模型有效识别高危人群,并进行针对性干预,不仅有助于疾病治疗,而且同时可避免不必要的过度治疗,提高医疗资源的利用率。因此如何探索到特定疾病的致病因素,在保险费测算时,对于发病率或死亡率的计算,起着至关重要的作用。

(一) 人工神经网络

1. 人工神经网络应用简介

人工神经网络(Artificial Neural Network,ANN),作为20世纪80年代以来人工智能领域兴起的研究热点,试图通过信息处理来模拟人脑神经元网络,建立起简单的模型,以不同的连接方式组成不同的网络形态。神经网络从本质上说是一种运算模型,由大量代表特定输出函数的节点(或称神经元)相互连接而成,也可称为激励函数。在两个不同节点之间的连接都表示对于通过该信号的一个加权值,可称之为权重。整个神经网络的输出也会根据网络的连接方式、激励函数和权重的不同而不同。

目前,对于大多数复杂性状疾病如慢性病、恶性肿瘤而言,确定高危个体的主要手段是利用体检、家族病史等数据进行筛查。然而,现有的许多筛查方法都存在成本过高、效率过低的缺陷,再加上这些传统的筛查方法无论是从灵敏度还是准确性的角度来说都差强人意。不少研究者希望找到一种能够提高筛查效率、降低筛查成本的慢性病预测方案。而ANN由于自身优势,可以采用新的网络拓扑法、自适应算法,具有逼近性、稳定性和坚韧性等优点,成为当前具有智能模式识别能力的工具之一,能有效地描述和辨识非线性系统。其中,个体疾病预测及辅助诊断是ANN医学应用中的一个相对活跃的领域。

2. 人工神经网络机理

根据国际著名神经网络研究专家Hecht Nielsen的观点,神经网络的定义是:人工神经网络是由人工建立的、以有向图为拓扑结构的动态系统,它通过对连续或断续的输入做状态响应而进行信息处理。综合其本身的特点和作用,神经网络可简单地表述为一种旨在模仿人脑结构及其功能的信息处理系统。

人工神经网络的基本模型如图3.3所示。它主要包括了三个组成部分:

(1) 一组连接:连接对应者生物神经元上的突触,连接上标注的权重就代表了连接强度,权重为正表示激活,权重为负表示抑制。

(2) 一个求和单元:在输入信号之后,用于求取各输入信号的加权线性组合结果。

(3) 一个非线性激活函数:非线性映射将节点的输出幅度限制在一定范围之内 [一般限制在 [0,1] 或 [-1,1] 之间,此外还有一个偏置 b_k (或阈值 $\theta_k = -bk$)]。

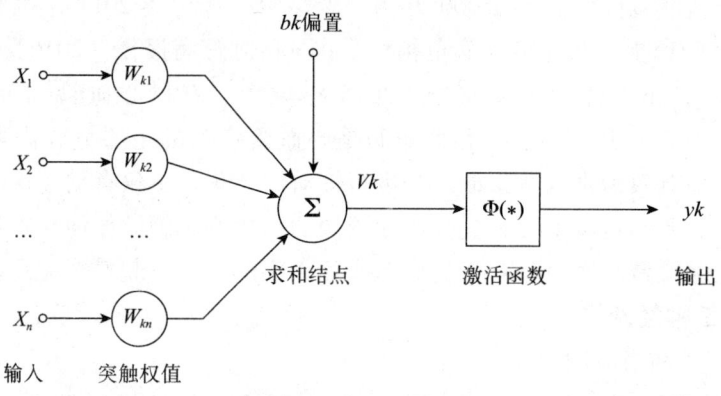

图 3.3 人工神经网络模型

网络的拓扑结构正是神经网络的一个重要特征,从连接方式来说有两种。

(1) 前馈型网络(见图 3.4):总存在从前至后的传输,而不存在反向传输。各神经元只能接受前一层的输入,并输出给下一层。其中,第 i 层的输入只与第 $i+1$ 层输出相连,输入和输出节点与外界相连,而其他中间层则称为隐层。

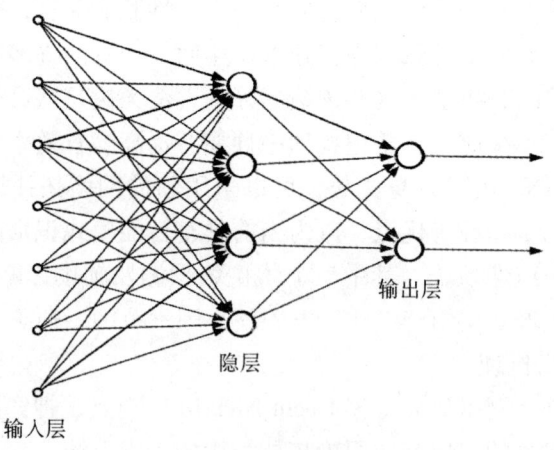

图 3.4 前馈网络模型

(2) 反馈型网络:不同于前馈型网络,所有的节点都可作为计算单元,同时作为输入和输出的神经元节点。若总单元数为 n,则每一个节点都有 $n-1$ 个输入和一个输出。

神经网络的工作过程主要分为两个阶段：第一个阶段是学习期，各计算单元状态不变，各连线上的权值可通过对输入变量的学习来不断修改至误差限制范围内；第二阶段是工作期，此时各连接上的权重已经通过学习固定，可以根据输入的新数据来得到预测的结果。

从作用效果看，前馈网络主要是函数映射，可用于模式识别和函数逼近。反馈型网络按对能量函数的极小点的利用分类有两种：第一类是能量函数的所有极小点都起作用，这一类主要用作各种联想存储器；第二类只利用了全局极小点，主要用于求解最优化问题。

（二）应用过程

人工神经网络由于其自身的适应性算法，可以挖掘出数据的隐含非线性关系，就好像一个黑盒子，将数据输入，便可以在黑盒子中自运算出其中的关联信息，并在输入新数据时，利用原有的经验关系求出其预测值。

在传统的健康保险产品的定价过程中，会使用经验出险率以及经验赔付水平，并通过均衡保费原则，求出纯保费后再加上一定比例的保险公司附加费率，并将其总和的现值作为保费水平。而后来附加的费率一般与保险公司人员的操作处理费用以及利润水平等相关联，可以认定是一些定量，所以需要更加精确的出险率来明确纯保费的确定，才能帮助保险公司在尽量不亏本的前提下，达到应有的利润水平。因此，关注点就放在了如何利用人工神经网络的技术来明确个人的出险率。以前运用经验费率延续计算的时候往往将所有的投保人作为一个大群体，没有充分顾及不同群体或是具体到每一个体的不同出险率。运用人工神经网络技术，就可以利用历史上不同个体的身体条件以及对应的某种疾病出险率来仔细地描绘出这中间的"黑箱子"，并将新数据带入其中，自动求解出每个人的"个性化"出险率，做到真正的个性化定价。

首先，在数据搜集方面，需要拿到医院或是其他医疗机构的不同病人体检单据，以及其三年或是五年内是否患上某种疾病的结果。由于在原始数据中存在大量的不同变量，可能包括性别、血压、激素水平等，虽然有可能都与其最后是否得病相关，但是在真正的保险售卖阶段，保险公司只能对被保险人进行基本的指标体检，需要筛选一定的变量。Voss 等在对冠心病发病率的相关研究中就对变量进行了筛选工作，可以使用 Logistic 回归以及反向消除法等方式缩小因素范围，便于实践测量。

另外，在因变量是否患病方面，患病可记为 1，未患病记为 0，最后得出预测结果则为 $(0,1)$ 之间的患病概率。

在变量处理完毕之后，需要选择使用神经网络技术中具有一个隐层的感知网络（MLP）或是概率神经网络的多层感知网络（PNN）。由于两者都是用于预测和分类问题的监督网络，这里以 MLP 为例，进行说明。

将处理后的数据分为 N 个不同的集合。其中（N-1）个集合合并用于训练，剩下的第 N 个集合用于测试"未知"数据的神经网络模型性能。对于每个可能的训练和测试组合,重复该交叉验证过程。由于 MLP 的训练是迭代自适应任务,上述用于训练的数据集中的每一个随机部分应当包括一半的内部训练集以及一部分的验证集。然后,MLP 通过多次迭代的方式进行训练。在每次迭代过程中,整个训练集逐个呈现给了网络。计算其中产生的偏差并用于调整网络中的权重,其性能根据验证数据集进行测试,可以使用这种交叉验证作为早期停止条件,以防止过度拟合。

在完成训练之后,可以不断增加训练集或是增减相关变量进行调整,确认其准确性满足要求之后,就可以在保单签订前,根据个体投保人自身的体检报告结果带入该模型,会自动给出投保人的患病概率,以此作为客户个性化定价的基准。

可以以每三年或是五年为一个时间间隔(具体时间间隔可以根据保险疾病的相关特征及保险公司的具体要求决定),用以往的医院或者保险公司自身数据,算出在每五年间的这样一个发病率模型,并以这个期望发病率为基础,计算不同发病率下的期望保费,可以简单表示为:保费水平=期望发病率×治疗费用+附加保费。

三、采用模糊 C 均值聚类优化团体保险定价

目前,团体保费计算过程中,运用生命表或经验数据进行定价,可以减少较多的经营成本和时间。但是,由于使用经验数据,团体保险经常出现保费水平与出险总金额不符的情况,给保险公司带来较大的损失。

(一)基于个性化定价决定团体保费水平

基于人工神经网络的个性化定价技术,保险公司可以对其进行修改,再应用到团体保险方面,使得定价更加精准可行。保险公司可以把团体保险的保单根据人数区分为小团体和大团体,并分别采取不同的定价策略。

对于小团体来说,由于人数不是很多,还具有一定的可操作性,可以在每人个性化定价基础上取总和,作为当年的团体保费。在此基础上计算出当年的人均保费水平,当同一团体续保或是类似团体投保时,可以根据人数乘以上年的人均保费水平作为新的团体保费,若与保险公司期望收益出现偏差,可再进行适当的调整。

而对于大团体来说,由于人数超过了一定的限制,若保险公司还是依据原方法逐个进行个性化定价,为避免效率降低,可以先针对保险品种,对该团体内所有客户先进行聚类分析,依据不同的风险水平分类后,每类中取一定百分比的个体分别进行个性化定价,之后取平均值作为这一类别的平均保费,再将每一类的总保费水平相加,就得到类似的团体总保费。

接下来介绍一种聚类算法,在对人数较多的大团体定价前,依据个人不同风险水平,将整个团体分为不同的种类,简化保费核算过程。

(二)模糊 C 均值聚类算法

1. 模糊 C 均值算法简介

模糊 C 均值聚类(Fuzzy C – Means Algorithm,FCM),是一种以隶属度来确定每

个数据点属于某个聚类程度的算法,是传统硬聚类算法的改进。FCM 算法的主要思想是使得被划分到同一簇的对象之间相似度最大,而不同簇之间的相似度最小。

模糊聚类分析作为无监督机器学习的主要技术之一,是用模糊理论对重要数据分析和建模的方法,建立了样本类属的不确定性描述,能比较客观地反映现实世界,它已经有效地应用在大规模数据分析、数据挖掘、矢量量化、图像分割、模式识别等领域,具有重要的理论与实际应用价值,随着应用的深入发展,模糊聚类算法的研究不断丰富。

2. 模糊 C 均值聚类算法计算步骤

第一,将数据根据 n 不同观测样本个体及每个观测样本对应 s 个不同的特征信息,处理为矩阵形式,记为 $X = \{x_1, x_2, \cdots x_n\} \subset R^s$,作为模式空间中 n 个样本的有限观测样本集,其中 $x_k = (x_{k1}, x_{k2}, \cdots, x_{ks})^T \subset R^s$ 为观测样本 x_k 的特征参数,x_{kj} 为特征矢量 x_k 的第 j 维特征上的赋值。模糊 C 均值聚类算法就是希望将 x_k 进行分类,根据需要共划分为 c 个部分。

利用模糊集合中的知识,可以用隶属函数 $\mu_{ik} = \mu_{X_i}(x_k)$ 表示样本 X_k 与子集 X_i($1 \leqslant i \leqslant c$)之间的隶属关系,则 X 的模糊 c 划分空间可表示为

$$M_{fc} = \{U \in R^{cn} \mid \mu_{ik} \in [0,1], \forall i,k;$$
$$\sum_{i=1}^{c} \mu_{ik} = 1, \forall k; 0 < \sum_{k=1}^{c} \mu_{ik} < n, \forall i\} \quad (3.3)$$

第二,需要确立一个合理划分类别情况的聚类准则,常使用的聚类准则是最小平方差之和。假设 $U = [\mu_{ik}]_{c \times n}$ 为划分矩阵,再用 p_i($i=1, 2, \cdots, c$)表示第 i 类的代表矢量或聚类原型矢量,$p_i = (p_{i1}, p_{i2}, \cdots, p_{is}) \in R^s$。定义聚类分析的目标函数可以写为:

$$\begin{cases} J(U,P) = \sum_{i=1}^{c} \left[\sum_{x_k \in X_i} (d_{ik})^2 \right] \\ s.t. \quad U \in M_{fc} \end{cases} \quad (3.4)$$

式(3.4)中,d_{ik} 可以理解为第 i 类中的样本 x_k 与第 i 类的典型样本 p_i 之间的距离,也代表两个样本之间的失真度水平。$J_1(U, P)$ 表示各类样本与其典型样本的误差平方和。利用 μ_{ik},并将其转换为更为普遍的形式,$J_1(U, P)$ 也可以表示为:

$$\begin{cases} J_m(U,P) = \sum_{k=1}^{n} \sum_{i=1}^{c} (\mu_{ik})^m (d_{ik})^2, m \in [1, \infty) \\ s.t. \quad U \in M_{fc} \end{cases} \quad (3.5)$$

其中,m 称为加权指数,又称作平滑参数。

第三,由于聚类的准则为取 $J_m(U, P)$ 的极小值,可以通过独立性原则、极值约束条件以及拉格朗日乘数法求得:

$$\mu_{jt} = \frac{1}{\sum_{l=1}^{c} \left[\frac{d_{jt}}{d_{lt}}\right]^{\frac{2}{m-1}}} \quad (3.6)$$

需要考虑到分母中的 d_{ik} 是否为 0，可以分为两种情况进行讨论。

$\forall k$，可分别定义集合 I_k 和 $\bar{I}_k$：

$$I_k = \{i \mid 1 \leq i \leq c, d_{ik} = 0\}$$

$$\bar{I}_k = \{1, 2, \cdots, c\} - I_k \quad (3.7)$$

这样，就能将使得 $J_m(U, V)$ 最小的 μ_{ik} 值改写为分段形式：

$$\mu_{ik} = \begin{cases} \dfrac{1}{\sum_{j=1}^{c} \left[\frac{d_{it}}{d_{jt}}\right]^{\frac{2}{m-1}}}, & \text{当 } I_k = \emptyset \\ 0, \forall i \in \bar{I}_k, \sum_{i \in I_k} \mu_{ik} = 1, & \text{当 } I_k \neq \emptyset \end{cases} \quad (3.8)$$

同理，可求出当 $J_m(U, V)$ 最小的 p_i 取值为：

$$p_i = \frac{\sum_{k=1}^{n} (\mu_{ik})^m x_k}{\sum_{k=1}^{n} (\mu_{ik})^m} \quad (3.9)$$

第四，需要设置相关参数，正式开始迭代计算。在数据个数为 n 的条件下，需要给定聚类的类比数 c（$2 \leq c \leq n$），并设定迭代停止阀值 ε，初始化聚类原型模型记为 $P^{(0)}$，重置迭代计算器 $b = 0$。

用式（3.10）计算或者更新划分矩阵 $U^{(b)}$：

$$\mu_{ik}^{(b)} = \frac{1}{\sum_{j=1}^{c} \left[\left(\frac{d_{ik}^{(b)}}{d_{jk}^{(b)}}\right)^{\frac{2}{(m-1)}}\right]} \quad (3.10)$$

如果任取 i、r，使得 $d_{ir} = 0$，则有 $\mu_{ir}^{(b)} = 1$，且对于 $j \neq i$，有 $u_{ij}^{(b)} = 0$。

用式（3.11）更新聚类原型模式矩阵 $P^{(b+1)}$：

$$P_i^{(b+1)} = \frac{\sum_{k=1}^{n} (\mu_{ik}^{(b)})^m x_k}{\sum_{k=1}^{n} (\mu_{ik}^{(b)})^m}, i = 1, 2, \cdots, c \quad (3.11)$$

如果 $\| P^{(b)} - P^{(b+1)} \| < \varepsilon$，则停止计算并输出此时的划分矩阵 U 和聚类原型 P，否则就令 $b = b + 1$，重复上述操作，直至满足精度为止。

由以上的算法不难看出，整个计算过程就是反复修改聚类中心和分类矩阵的过程，因此常称此类方法为动态聚类或者逐步聚类法。该算法的收敛性已经得以证明，FCM 算法能从任意给定初始点开始沿一个迭代子序列收敛到其目标函数 $J_m(U, P)$

的局部极小点或鞍点。对于满足下列条件的集合 Ω，FCM 算法可以收敛到局部最优解，这样的 Ω 被称作模糊聚类的解集：

$$\forall U \in M_{fc}, J_m(U^*, P^*) \leq J_m(U, P^*)$$
$$\forall P \in R_{sc}, J_m(U^*, P^*) \leq J_m(U^*, P) \quad (3.12)$$

作为一种现在比较流行的模糊聚类算法，FCM 聚类算法存在如下优势：第一，模糊 C 均值的理论基础是由硬 C 均值发展而来的，而硬 C 均值的推广和实际应用都已经比较完善，提供了良好的理论和实践基础；第二，从理论数学的角度，J_m 与 R^s 的希尔伯特空间结构有十分紧密的关联，作为一种泛函，J_m 会比其他泛函有着更加牢固的数学基础；第三，FCM 聚类算法除了在不少实际领域取得了重大突破之外，还在此基础上衍生出不少同类型的算法，如模糊 C 线、模糊 C 面、模糊 C 壳等聚类算法，分别可以实现对线状、超平面状以及"薄壳"状结构模式子集的检测。

（三）应用过程

在对某一种疾病保险定价时，需要根据不同客户不同相关因素，对不同风险水平类型的客户进行区分定价。在这样的聚类区分过程中，首先，需要确定此类疾病保险的相关因素及特征指标，并对每一个客户的特征指标进行度量和打分，将不同类型的指标规范化处理；其次，进行初始化聚类原型的确定，并根据给定的步骤方法进行一步步迭代，建立新的聚类中心；最后，当所有客户被分进不同聚类组别完成迭代，得到最后的聚类结果。

保险公司在对群体保单进行定价的时候，如果要一个个进行个性化定价，在现实操作中会过于麻烦，效率低下。而利用 FCM 的聚类技术，则可提高效率。

这里使用的数据还是在上一个人工神经网络算法模型中处理过的历史上的体检数据及对应的是否患上某种疾病的系列数据。假设特征数据集为 $Q_{n \times p}$，表示一共有 n 个个体的历史数据，而每个风险个体有 p 个风险因素可能和是否患病相关，列入分类的考虑范围。

第一，为了消除量纲对距离的影响，需要对数据进行标准化处理，使得通过标准化处理后的数据都处于 [0, 1] 区间，可以使用标准化数据矩阵进行转换。由于特征指标集 $Q = \{Q_1, Q_2, \cdots, Q_p\}$ 中有些指标可能是效益型指标（即指标越大越好），或者是成本型指标（即指标越小越好），需要采用"比重变换法"，将样本集指标规范化处理：

当 Q_j 为效益型指标时，$x_{kj} = \dfrac{x_{kj}'}{\sum\limits_{k=1}^{n} x_{kj}'}$

当 Q_j 为成本型指标时，$x_{kj} = \dfrac{\dfrac{1}{x_{kj}}}{\sum\limits_{k=1}^{n} \dfrac{1}{x_{kj}}}$ \quad (3.13)

第二，需要设定一个分类类别数 c（$2 \leq c \leq n$）、最大循环次数 m 以及计算精度，也就是迭代停止阈值 ε。可以给出初始化聚类原型模型 $P^{(0)}$，重置迭代计算器 $b=0$。

第三，根据式（3.8）、式（3.9）求出当 J_m（U，V）最小时 μ_{ik} 和 p_i 的取值公式，可以求出相应的取值，用 μ_{ik} 组合成划分矩阵 $U^{(b)}$，并用 p_i 组成更新后的聚类原型矩阵 $P^{(b+1)}$。

第四，若 $\| P^{(b)} - P^{(b+1)} \| < \varepsilon$，则判断满足迭代要求，停止计算，输出划分矩阵和聚类原型，即每一个类别包含了哪些风险个体。否则，重复迭代步骤，直至满足阈值要求为止。

一般在实践过程中，这样的过程都可以利用 MATLAB 等编程软件来实现。通过这样的程序，测试模型时还可以不断更改要求聚类的类别数目，并调整最小阈值、最大循环次数、模糊加权指数等参数，最终模型会直接输出每一类所对应的客户序列。

在得到聚类结果之后，定价可以在每类中随机抽取一定比例的个体进行分别个性化定价，之后取平均值作为这一类别的平均保费，再根据人数计算团体保单的总保费水平。这样在团体人数经常发生变化的情况下，也不用一个个通过个性化定价来制定保费水平，可以对应到相应风险分类中去，利用已有的平均保费水平进行计算，省时省力。

本章小结

本章在保险产品设计的传统理论方法和精算定价的理论实践基础上，应用大数据的相关方法对原有方法和技术进行拓展和部分改进。

在传统的保险设计中，需要经过市场调研等方式了解市场现有产品的信息及市场变动趋势等情况，耗时耗力且缺乏一定的市场覆盖率和时效性。同样，在传统的保险定价方法中，主要是基础定理和历史数据相结合，忽略了大部分保险产品的独特时代特征，太过依赖于过去保险经营中获得的出险概率，在对新产品进行定价时容易陷入困境。

本章通过一些大数据方法的合理运用对保险产品设计加以改进。

首先，针对产品设计单一、条款限定不合理等问题，提出了一种基于网络平台的主题挖掘技术：一方面可以通过对微博等网络平台的相关文本信息分析得到人们关注的产品设计方向；另一方面可以对平台中围绕某一保险设计的文本信息进行爬虫、主题挖掘等操作，得到相关保险产品设计过程中的注意要点。

其次，针对创新型产品定价困难的问题，主要以疾病保险为例，给出了一种基于人工神经网络个人保险差别定价技术：通过某种疾病发病率与体检数据的模拟计算得出隐藏关联，投保时就可以根据被保险人的体检数据模拟出其疾病发病率，做到差别定价，最小化定价环节可能产生的误差。

最后，由于团体健康保险可能成为未来的发展趋势，提出了一种基于模糊 C 均值算法的团体保险定价策略：根据团体被保险人的相关体检数据进行分类，并在每一类中选取一部分个体进行上述的差别定价过程，作为该类被保险人的平均发病率水平，再基于每一类的人数占比加权计算得出最终的团体保费水平。

通过上述大数据方法的应用，希望能够对健康保险产品设计与定价过程有所改进。

思考题

1. 对于健康保险公司而言，为什么要在有可能面临巨大损失的前提下开发新产品？
2. 在中国健康保险产品设计的发展过程中，还存在哪些问题需要解决？对这些长久以来积攒的问题，有哪些相对应的解决方案？
3. 简述基于 Labeled LDA 算法提取保险设计主题的主要流程，还能想到其他的方法提取设计主题吗？
4. 传统健康保险定价方法有哪些？它们各自有哪些优缺点？
5. 健康保险定价的决定因素主要有哪些？
6. 如果把健康保险分为个人保险和团体保险，在定价方面是如何转换的？
7. 在个性化定价方面，除了文中提到的方法，还有其他的方法对风险因素进行统计建模吗？

专业术语

1. 挤出效应（Crowding Out）：一个相对平衡的市场上，由于供应、需求有新的增加，导致部分资金从原来的预支中挤出，而流入新的商品中。
2. 文本挖掘（Text Mining）：以文本为对象，从中探索信息的模式、结构、模型等隐含的、具有潜在价值知识的过程。
3. 向量空间模式（Vector Space Model）：把对文本内容的处理简化为向量空间中的向量运算，并且它以空间上的相似度表达语义的相似度，直观易懂。
4. 奇异值分解（Singular Value Decomposition）：在线性代数中，奇异值分解是实矩阵或复矩阵的一种因式分解。它是一种通过极分解的方法来推广半正定正规矩阵的特征分解的方法。它在信号处理和统计学中有较多应用。

5. 潜在语义分析（Latent Semantic Analysis）：是一种新的信息检索代数模型，是用于知识获取和展示的计算理论和方法，它使用统计计算的方法对大量的文本集进行分析，从而提取出词与词之间潜在的语义结构，并用这种潜在的语义结构，来表示词和文本，达到消除词之间的相关性和简化文本向量实现降维的目的。

6. 概率潜在语义分析（Probabilistic Latent Semantic Analysis）：是处理自然语言和文本处理这类问题的著名统计学技术，其主要思想就是映射高维向量到潜在语义空间，使其降维。

7. 文档主题生成模型（Latent Dirichlet Allocation）：是一种文档主题生成模型，也称为一个三层贝叶斯概率模型，包含词、主题和文档三层结构。认为一篇文章的每个词都是通过"以一定概率选择了某个主题，并从这个主题中以一定概率选择某个词语"这样一个过程得到的。

8. 停用词（Stop Words）：在信息检索中，为节省存储空间和提高搜索效率，在处理自然语言数据（或文本）之前或之后会自动过滤掉某些字或词。对于一个给定的目的，任何一类的词语都可以被选作停用词。

9. 纯保费（Level Premium）：用于弥补其对被保险人的赔偿或给付的那部分保费。

10. 附加保费（Insurance Expenses）：用于各种业务及管理费用支出的资金的来源，它是根据预订费用率计算出来的。

11. 失效率（Failure Rate）：工作到某时刻尚未失效的产品，在该时刻后单位时间内发生失效的概率。

12. 人工神经网络（Artificial Neural Networks）：从信息处理角度对人脑神经元网络进行抽象，建立某种简单模型，按不同的连接方式组成不同的网络。

13. 模糊C均值算法（Fuzzy C - Means Algorithm）：通过优化目标函数得到每个样本点对所有类中心的隶属度，从而决定样本点的类属以达到自动对样本数据进行分类的目的。

第四章

大数据与健康保险道德风险控制

本章探讨健康保险公司如何运用大数据技术控制投保人和被保险人的道德风险。

第一节介绍了道德风险的定义及其表现形式,将健康保险的道德风险分为病前的非骗赔型道德风险与病后的骗赔型道德风险。

第二节介绍了健康管理的发展策略和主要形式,分析了目前阶段健康保险公司健康管理现状,并根据其业务需求提出了健康管理与大数据方法的结合模式。

第三节介绍了如何控制健康保险的欺诈风险,描述了如何将大数据运用到健康保险的欺诈检测中来,举例介绍了 BP 神经网络、支持向量机以及朴素贝叶斯分类器的应用。

第四节对本章进行了总结。

第一节 健康保险的道德风险界定

一、道德风险的定义

道德风险(Moral Hazard)研究源于 Arrow 在 1963 年发表的《不确定性和医疗保健经济学》一文。Arrow 对道德风险定义是:保险单背离了它本身的激励方向,从而改变了保险公司所依赖的保险事故发生概率。也就是说,道德风险是指从事经济活动的人,在最大限度地增加自身效用的同时,做出不利于他人的行为。健康保险的道德风险,是发生在投保人或被保险人购买健康保险之后的机会主义行为。

二、健康保险道德风险表现

一方面,道德风险表现为非骗赔型道德风险,又称心理风险,因为健康保险公司不能监督和控制投保人或被保险人的行为。一个人发生疾病的概率与其生活习惯、饮食习惯等息息相关，在购买了健康保险之后，被保险人认为自己购买了健康保险，已经实现了风险的转移，于是预防疾病的积极性大大降低。而生活习惯与饮食作息的改变会影响疾病的发病率，最终可能导致保险公司对理赔额的预测出现偏差，造成损失。如果被保险人在购买保险之前并无吸烟习惯，但是购买了医疗保险之后认为已实现风险的转移，自己对于自身健康情况的自制力减弱，开始吸烟，增大了患病的概率，最终可能对健康保险公司造成损失。

另一方面，道德风险还表现为骗赔型道德风险，也称保险欺诈，这是健康保险道德风险的重要组成部分。投保人或被保险人为获取额外收益，诈取保险金，故意夸大甚至伪造索赔材料。在健康保险中，保险欺诈具体表现在被保险人的欺诈索赔行为上，比如过度消费——疾病发生后被保险人的医疗消费超出他的需求，以及医疗服务提供方对保险公司的欺诈行为，主要表现为诱导需求。诱导需求指由于医疗服务提供方具有信息优势，诱导患者接受超出应有的医疗服务范围，医疗服务提供方利用患者对疾病的恐惧心理进行诱导，已购买健康医疗保险的患者在缺乏医疗专业知识的情形下经过医疗服务提供方的劝说，往往会"小题大做"。

第二节　非骗赔型道德风险控制：健康管理

随着生活水平的逐渐提高，人们对健康的关注度也日益上升。据统计，大健康产业已经成为全球规模最大的新兴产业。在"健康中国"战略落地后，"十三五"规划期间，围绕着健康、卫生和医学的健康服务产业的市场规模有望突破10万亿元。这预示着整个大健康产业已经处于产业升级的入口，迎接它的是加速发展的黄金阶段。人们对健康的重视，将会增加对健康管理和健康保险的需求，降低健康风险成本。

健康管理是健康保险公司控制风险的重要手段，通过健康管理，保险人可以对被保险人的健康状况进行监测，及时对可能发病的被保险人提供健康服务。通过降低被保险人群的发病率，减少理赔额。

非骗赔型的道德风险发生在被保险人疾病发生之前。被保险人在购买保险之后，可能会在一定程度上降低对自身健康状况的关注，导致疾病发病率的升高，而健康管理是解决非骗赔型道德风险的重要环节。

本节从健康管理的定义出发，结合健康保险行业的业务需求，介绍健康管理的不同策略模式，阐述健康保险与健康管理的关系，并分析目前国内健康保险在健康管理方面的发展现状和提升空间。重点探讨大数据与健康管理的结合，包括大数据对健康管理模式的创新、数据挖掘为管理模式提供的新功能，及大数据方法在家庭健康状况监护、慢性病管理与心血管疾病预测方面的应用。

第四章
大数据与健康保险道德风险控制

一、健康管理概述

（一）健康管理的必要性

非传染性慢性疾病在世界范围内普遍流行开来，加之医疗费用不断上升，给低收入患者群体带来了沉重的经济负担，医生从单纯的诊断疾病发展到对人群的健康状况进行管理，现代医学服务模式出现了阶段性的转变。与单纯的疾病诊断不同，健康管理的对象是具有潜在疾病的高危人群，而非已经患病的患者。与后者相比，易患病高危人群目前所能享受到的医疗卫生资源利用率仍然较低，对这类人群进行有效地健康状况控制将有利于医疗卫生资源的合理分配，进而有效地控制疾病发生。

健康管理是对个体或群体的健康进行全面监测分析、评估，提供健康咨询和指导，以及对健康危险因素进行干预的全过程。宗旨是调动个体、群体及整个社会的积极性，有效地利用有限的资源来达到最佳的健康效果。具体做法就是为个体和群体提供有针对性的科学健康信息，并创造条件采取行动来改善健康状况的过程。

（二）医疗行业健康管理分类

1. 保健需求管理

保健需求管理包括自我保健服务、人群就诊分流服务，以帮助人们更好地使用医疗服务和管理自身健康状况。其目的在于帮助个体选择合适的医疗方式来解决日常生活中的健康问题，控制费用，更有效地利用医疗服务。

保健需求管理围绕个人保健需求而展开，主要采取两种形式。

（1）以问卷为基础的健康评估：以健康和疾病风险评估为代表，通过综合性的问卷和特定的评估技术，预测在未来一定时间内个人的患病风险，以及谁将是卫生服务的主要消耗者。

（2）以医疗卫生花费为基础的评估：通过分析已发生的医疗卫生费用，预测未来的医疗花费。

2. 群体健康管理

群体健康管理，通过协调基本的健康管理策略来对人群中的个体提供更为全面的健康和福利管理。健康管理实践中大多考虑采取群体健康管理模式（见图4.1）。

3. 慢性病管理

慢性病管理指为患有特定疾病（慢性非传染性疾病）的人提供所需的医疗保健服务，主要是在整个医疗服务系统中为病人协调医疗资源。慢性病管理强调病人自我保健的重要性，实质上是病人的自我管理。病人必须监督自己疾病的进展，在各个方面改善自身行为，如坚持服药、饮食和症状监控等。病人必须经常和健康管理人员交流自己的疾病状态。慢性病患者在接受如何管理自己疾病的指导教育后，可以降低看病的频率。

典型的慢性病管理有高血压及糖尿病的管理，对心脑血管急危重症，如急性心肌

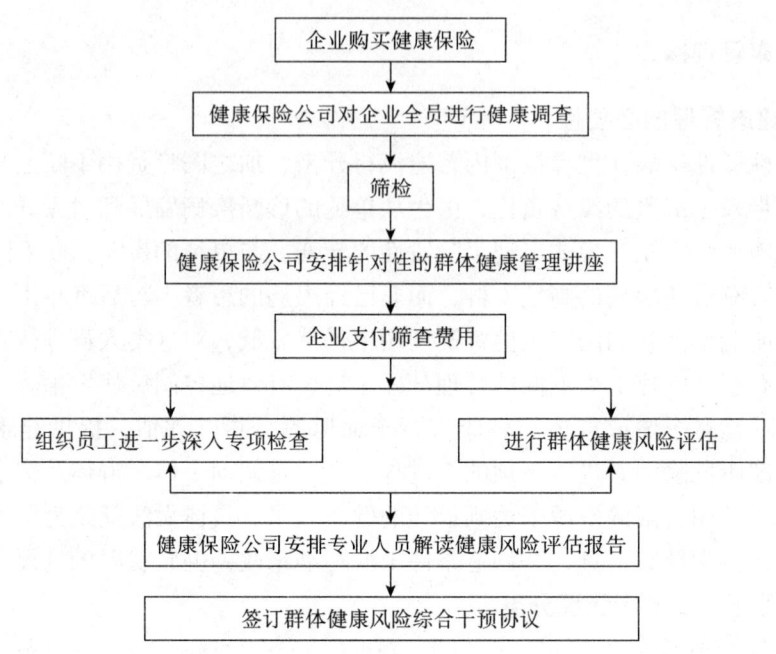

图 4.1　综合人群健康管理模式

梗死、脑出血等的管理，可以降低疾病发生威胁生命的可能性和保险赔付的风险。另外还有肿瘤的筛查管理，实现早期发现肿瘤，提高生命质量，降低癌症危及生命所造成的赔付风险。

4. 灾难性病伤管理

灾难性病伤管理是疾病管理的一个特殊类型，它关注的是"灾难性"的疾病或伤害。这里的"灾难性"可以指对健康的危害十分严重，也可以指其造成的医疗卫生花费巨大，常见于肿瘤、肾衰、严重外伤等情形。灾难性病伤是十分严重的病伤，尤其需要复杂的管理，经常需要多种服务和治疗地点的转移。

健康保险公司通过健康管理服务，可协调医疗活动和管理多维化的治疗方案。灾难性病伤管理可以减少花费和改善结果。健康保险公司通过综合利用对病人和家属的教育、病人自我保健选择和多学科小组的管理，使医疗上需求复杂的病人能在临床、经济和心理上获得最优的结果。健康保险公司的灾难性病伤管理，通过专业化的灾难性重大疾病管理服务，可以在一定程度上解决医疗问题和高价问题。

二、健康保险的健康管理

在健康保险行业，健康管理的概念及分类与医疗行业略有不同。健康保险的健康管理是保险公司在为被保险人提供医疗服务保障和医疗费用补偿的过程中，利用医疗服务资源或与医疗、保健服务提供者合作，所进行的健康指导和诊疗干预管理活动。

健康指导类主要包括不与诊疗直接相关，而与其他健康行为相关的健康指导活动，以预防医学为主要技术，通过降低疾病的发生率来降低赔付风险。它包括两种类型：一是健康咨询，指从建立客户健康档案和提供专业性信息服务入手，通过家庭咨询医师或健康咨询热线实现个性化健康和诊疗咨询，可以实现对参保人员的健康和诊疗信息的采集，从而为风险分析和采取控制措施奠定基础。二是健康维护，指从为客户提供能够满足不同需求的健康体检、健康评估和健康指导等健康促进项目入手，实现更具便利性与及时性的疾病预防保健和护理服务。

诊疗干预类主要指参保人员在医疗机构享受诊疗服务时，针对服务选择、服务方式与服务过程等进行建议和管理的活动。可以通过引导参保人员的诊疗行为，降低诊疗过程中不合理的医疗费用支出。它包括两种类型：一是就诊服务，指依托合作医院网络的建立，为参保人员提供就诊指引、门诊或住院预约等绿色通道式的就诊服务，提高其就医的便捷性、及时性与合理性。二是诊疗保障，指依托合作医院网络与医师队伍的组建，为客户提供专家函诊、专家会诊和送医上门等全程式的诊疗管理，满足参保人员的诊疗需求。

（一）健康保险与健康管理的关系

健康管理与健康保险之间有着异常紧密的联系。健康保险的健康管理，通常是指健康保险公司对医疗费用索赔支出的控制。这种费用控制主要是指健康保险公司通过健康管理手段改善被保险人群的健康状况，降低被保险人群疾病的发生率，从而降低医疗费用索赔支出。

健康管理的概念最早出现在美国，而最先广泛应用健康管理服务的行业是健康保险。保险公司依据客户的健康状况进行分类，划分出一部分最有可能患上高血压、糖尿病等慢性疾病的人群，分别交给不同领域的健康管理服务机构，由专业机构运用健康管理的手段指导高危患者进行健康状况的提升，并对其进行日常后续的健康指标跟踪，以保证被保险人的健康状况，降低其可能发生的医疗费用。提供健康管理服务的机构，包括医疗机构、社区卫生服务站、疾病管理中心以及体检中心等。健康管理的引入，能够帮助化解医疗保险费用的控制问题，使医疗卫生的重点从医院转移到社区，从一定程度上缓解看病难、看病贵的现象。

广义的健康管理围绕着可能患病的个体展开，在疾病发生前、中、后实施不同的健康管理手段，最终目的是使人不生病、少生病、迟生病抑或是带病延年，提高个体生存质量，从而降低个体的疾病发病率、复发率，降低医疗费用。

若将健康管理视作一个链条，则链条的第一步是预知疾病发生的概率或可能性；接着是预防疾病，尽量避免个体患病；再是患病后，前往医院或其他医疗机构，对疾病进行治疗；最后是这个链条的最末端——健康保险。保险公司处于医疗链条中的末端，患者治疗结束之后才向保险公司理赔。保险公司为了化被动为主动，从末端被动接受扩展到前端主动接收，推出了一系列健康管理的干预措施。

（二）健康管理在健康保险的作用

健康管理所涉及的健康指导和诊疗干预管理活动可以有效预防疾病、降低医疗费用支出，促进商业健康保险业的发展，其积极作用具体表现在以下两个方面。

对被保险人而言，可以降低疾病的发生率，提高生命质量。在享受健康管理服务期间，相较于一年一度的常规体检，被保险人能够更加准确、及时地了解个人的健康状况，并通过自身不良行为的纠正或是生活习惯的改善，达到预防和抑制危险因素产生的目的，不再是出现疾病后才被动地关注自身健康，从而有效地减少疾病发生的概率和程度，改善自身健康状况，提高生命质量。这是一种低投入高收益的优质健康投资方案，目前得到了各国的普遍认可。

对保险公司而言，可以降低医疗费用索赔支出，提高核心竞争力。一方面，健康信息的收集和统一管理便于保险公司掌握被保险人第一手健康信息资料，并通过对被保险人的健康评估和后续的健康管理手段保证其健康状况，进而有效减少疾病危险因素，用较少的预防费用投入换取超额的健康状况改善，减少医疗费用的支出。另一方面，健康管理使健康保险公司的服务内容得以扩展，除去传统的疾病发生后的医疗费用赔付之外，还可以包括健康咨询、预防保健和诊疗等，更全面和更人性化的服务有利于提高健康保险公司核心竞争力，更好地吸引和发展客户。

（三）中国健康保险的健康管理现状

1. 健康管理的表现形式

目前国内的健康管理模式与大数据的结合十分有限，主要的经营模式为：保险公司通过与独立的第三方健康管理机构进行合作，以购买外包服务项目为主、自建服务项目为辅的方式，向客户提供健康管理服务，服务内容可以划分为三个种类。

（1）健康知识宣传，主要指一些健康短信服务或健康订阅服务，保险公司为被保险人提供各类健康知识，包括膳食营养类、运动指导类、养生保健类短信；与季节和节日有关的健康类短信，或向被保险人寄送以健康知识宣传和预防教育为主的健康电子期刊。

（2）健康咨询服务，一般由具有丰富临床经验的医学专家，依据被保险人健康信息，为被保险人提供日常健康咨询、就诊指导等电话咨询服务。保险公司网站也为被保险人提供一些健康自检的测试，方便被保险人及时了解自身健康情况。

（3）医院就诊预约、陪诊，协助提供保险公司合作医院、指定医院、指定科室、副主任及以上专家门诊预约挂号服务，并由专业陪诊人员为客户提供全程陪同服务。陪诊人员带领客户至专家所在楼层、诊室，陪同客户等候，代客户完成检查化验排队、划价、取药、缴费、取检查化验单、复印病历等事务，并提供相关健康信息。这类服务可以大大方便客户在医院问诊就医的过程。目前，国内的部分健康保险公司已经上线预约陪诊的服务。

就目前保险公司所提供的健康管理服务而言，主要还是为主线服务的营销工具，其对于医疗费用风险的控制作用尚不明显，难以核算健康管理对保险公司所带来的收益。如何将健康管理整合到保险公司的经营中，还没有切实可行的模式。

更重要的是，健康管理的运行方式还比较粗浅，难以称为真正意义上的健康管理策略。健康知识宣传属于主动型健康管理，但是对个人健康状况的改善效果难以保证；而健康咨询和预约就医类服务，大多仅是辅助型的被动管理模式，对健康风险的控制程度难以估计。

2. 健康管理发展的阻碍

目前，国内医疗服务市场竞争的不充分、健康保险信息系统的不完善、保险公司自身管理水平低下等，都影响了健康管理在商业保险领域的效用。

（1）医疗服务市场竞争不充分。目前，医疗服务市场上存在垄断竞争的局面，多数公立医院自身患者流量大，不需要保险公司为它们增加客源，医院缺乏与保险公司合作的动机，极大地影响了健康管理效用的发挥。主要表现在：患者事后付费的方式无法使保险公司在相对固定的保费基础上承担传送医疗服务的风险，让医生和医院承担起费用控制的职责也是无从谈起。保险公司在和医疗机构合作中没有话语权和主导权，对医疗服务机构诊疗行为的监督和制约能力微乎其微，无法进行诊疗干预。就目前的形势而言，健康管理的开展仍然只是保险公司单方面的行为，得不到医疗服务机构的配合与支持。

（2）健康保险信息系统不完善。健康保险信息系统是保险公司健康管理的技术基础，它来源于保险公司、医疗服务的需求方和医疗服务的供给者之间信息资源共享的实现，完善的信息系统有利于减少信息不对称现象，从而使保险公司在承保前了解被保险人的具体健康情况、风险程度，进而决定是否承保或以什么条件承保，有效地对被保险人健康状况进行监控评价，实时地介入客户的医疗管理过程，并提出健康改善措施，从而实现医疗费用的控制。但目前医疗信息资源尚未整合，保险公司和医疗服务机构的信息联网未实现，保险公司无法获取被保险人在医疗系统中的诊疗记录，使同时参加了基本社会医疗保险和商业健康保险的参保者，出现"一次看病、两次报销"或是"医院说报，保险公司不给报"等诸多实际问题。这不仅给患者进行医药费用结算带来了不便，影响了商业保险参保者的积极性，也不利于保险公司对医疗服务机构诊疗行为进行风险管控。

（3）保险公司健康管理水平有待提高。国内健康保险的健康管理服务尚处在起步阶段，和国外还存在较大的差距，管理费用开销较大，开展健康管理服务的成本较高。健康保险公司在数据收集、理赔调查和费用控制等各环节经验不足，导致最终被保险人的理赔率高，保费厘定不准确。另外，国内经营健康险业务的保险公司众多，市场陷于非理性价格竞争，大部分公司出于抢占市场的目的，仅仅关注短期利益，过于重视客户的开发与保费的收取，忽视了健康管理本身的目的，这也是大多数健康保险公司的健康管理得不到广大客户的认可和接受的原因。

三、健康管理与大数据结合的必要性①

只有做好大数据的收集，才能实现真正意义上的大数据支持。在凭借健康物联布局下各种传感器采集了大量的数据后，需要引入大数据处理技术，对数据进行智能化的处理，从而达到对个人健康信息的智能化数据管理目标。

（一）大数据支持下的健康管理

《"健康中国2020"战略研究报告》将"健康强国"作为一项基本国策，坚持以人为本，以社会需求为导向，把维护人民健康权益放在第一位。国务院《促进大数据发展行动纲要》指出，要构建医疗健康管理和服务大数据应用体系，从政策层面为医疗健康领域的大数据发展提供指引。

随着移动设备性能的快速提升、无线网络的广泛覆盖、穿戴设备技术的发展和移动应用的广泛推广，健康管理服务、移动通信技术和互联网技术正在逐步走向融合，健康物联产业应运而生。健康物联是健康服务、移动通信和互联网融合的产物，是电子健康和远程医疗的扩展，由生物传感器组成的健康物联设备是获取个体健康信息的基础设备，是健康管理数据采集的源头。健康物联设备可划分为健康采集终端、健康应用终端、复合健康终端和智能健康终端。健康物联设备主要由被测人佩戴或植入被测人体内，设备能够实时地采集身体重要的生命体征信号，传统心电图机的心电测试能够在被测人家中通过用户端实现信号采集。类似的，还可以通过电容传感器完成呼吸频率的监测，通过可穿戴式装置连续监测血压，利用摄像头或红外探测传感器实现生命体征参数监测等。这些体征信息通过技术处理被传送到健康管理后台服务中心，再由健康管理系统本身进行一些简单的健康状况判断之后，交由专业健康管理师跟进，从而实现对生命体征状况的远程感知并实施健康管理。被测人也能通过物联设备随时、随地、随身获取健康评估、健康咨询、运动状况、健康跟踪和慢性疾病管理等丰富的健康信息。

目前已有针对基于物联网技术的云健康监护及预警系统的研究，提出通过智能传感器实时监测人体周围环境参数、生命体征参数、运动状态、视频等信息。监控中心对采集到的信息进行相应的存储、分析和处理，并利用网络技术将数据上传云服务器，进行云存储、管理和共享，便于健康管理机构对个体进行远程管理及提供咨询和指导。另有资料显示，基于生命体征收集和分析的健康服务远程系统的大数据框架，可提供实时数据传输分析和实时卫生保健服务，并采用开放的标准平台，确保数据和不同设备之间的可操作性。

通过对体检数据分析和挖掘，可得出不同地区人群的健康差异，以此构建个性化、地区化的健康评估模型，制定科学的防病、治病方法以及预后标准。如果能提前

---

① 此部分阐述了大数据能够帮助中国健康保险行业转型发展的论点。

预测病情及发展趋势，就能尽早地对患者进行预防或治疗，能够在一定程度上降低某些疾病的突发概率。如阿尔茨海默病，科学家利用大数据技术建立起可有效预测该病的模型；又有医疗从业者提出一种集成机器学习的方法，用来解决中风的预测问题。美国心血管专家指出，通过无线医疗手段对个体的生命体征、心肺功能、生化指标、运动、睡眠、药物及外部环境等的监测，可以实现乳腺癌、慢性阻塞性肺病、阿兹海默病、哮喘、心梗、高血压、肥胖症、抑郁症、糖尿病和失眠10类疾病的检测和管理。

（二）大数据技术对健康管理的改进

大数据方法可以帮助保险人更深入地了解个体的健康状况，进而有针对性地、差别化地对被保险人的健康情况进行干预，进行深入的主动型健康管理。相比于传统的无针对性主动型健康宣传和被动型医疗辅助服务的提供，物联网模式、高风险人群识别等大数据应用可以大大增加健康管理的效率，降低医疗费用的承担风险。

1. 大数据技术更好地满足了健康管理个性化的特点

健康管理就是为个体和群体提供有针对性的科学健康信息，并创造条件、采取行动来改善健康状况。没有个体化就没有针对性，就不能充分地调动个体和群体的积极性，就达不到最佳的健康效果。其个性化定制的属性决定了每个个体每天产生的数据量都是极其巨大和复杂的，而且健康管理有时要面对的是群体产生的海量数据，传统的数据处理技术根本无法做到实时地收集、处理和反馈。在医患问题如此紧张的今天，一对一式的人工服务更是无法实现。

2. 大数据技术是健康管理服务实现规模经济的要求

规模经济又称规模利益，指在一定科技水平下生产能力的扩大，使长期平均成本下降，即长期费用曲线呈下降趋势。国内的健康管理还处于起步阶段，现在一线城市的少部分人已经享受到了健康管理服务，但价格相当昂贵。大数据技术可以用更低的成本处理海量的数据，达到规模经济的水平，进而满足普通公众对于健康管理服务的需求，实现健康管理服务的统一和标准化，使单位服务成本和产品价格下降，有利于管理人员和技术人员的专业化和精简化，保证服务的可信度和科学化，有利于新技术与新服务的开发和推广。

3. 大数据技术是健康管理服务实现系统化的必要手段

要保证所提供的健康信息科学、可靠、及时，没有一个强大的系统支持是不可能实现的。真正的健康管理服务一定是系统化且标准化的，其背后必定有一个高效、可靠、及时的健康信息支持系统。健康管理服务的标准化和系统化，是建立在循证医学和循证公共卫生的标准和学术界已经公认的预防和控制指南及规范上的。健康评估和干预的结果既要针对个体和群体的特征和健康需求，又要注重服务的可重复性和有效性，强调多平台合作提供服务。

四、基于大数据的健康管理改进场景

为了更好地进行健康管理,许多大数据方法已经被应用到了实际场景中,诸如识别跟踪慢性病的高风险病人等,有效地改善目标的健康状况。在传播知识和辅助医疗等传统被动方法基础上,利用大数据识别、感知和干预,可以更加高效地减少被保险人索赔的概率。

现阶段,国外健康行业在大数据在医疗领域被广泛应用:为了帮助医院提升治疗方案,Arkansas Data Network 公司整理了医院的电子病历数据库,将资源数据与现有的科学文献进行比对,进而决定最佳的治疗方案;Group Health Cooperative 从个人特征和具体病情等因素将患者分成若干类别,以此决定医疗资源的最优分配,也极大地降低了健康管理成本。在美国德州的 Seton Medical Center,数据挖掘方法被用作合理减少病人住院时间,避免临床并发症,判断最佳诊疗模式,提升诊疗效果,丰富医生信息来源等。Blue Cross 保险公司将大数据方法用于减少疾病管理的成本,他们运用急诊部记录、住院报销记录、配药记录以及医生的问诊记录来识别出潜在的哮喘患者并进行干预治疗。所有这些都是为了保持并提高健康管理的质量。

这里介绍三种基于大数据的健康管理改进场景,包括保障独居老人健康状况的健康管理系统、从日常饮食出发改善糖尿病人健康状况以及利用体检数据对心血管健康程度进行判别和预测。

(一)基于模糊逻辑的家庭物联网健康管理模式

2016年2月,中国老龄科学研究中心发布的数据显示,中国失能老年人口规模已经突破4 000万人。按照国际公认的3位失能老人配备1名护理人员的标准计算,目前国内需要的养老护理人员数量在1 000万人以上。而自2010年民政系统开展养老护理员职业技能鉴定以来,截至2015年9月底,仅有2.5万余人次参加了职业技能鉴定,其中仅两万余人获得了国家职业资格证书。随着人口老龄化问题的加重,目前健康管理领域基础设施的发展并不足以满足日益增长的护理需求。

在专业护理人员供不应求的背景下,健康管理监控系统的出现填补了这一需求缺口,它能够在一定程度上替代护理人员起到保证老年人健康安全的作用,使得护理效率大大提高。面对老人护理服务的巨大市场,配套护理资源已经成为促使消费者购买商业护理保险的重要因素,因而人工智能的健康管理系统将成为健康保险产品的一大卖点,而巨大市场带来的规模效应也能降低监控系统的成本。

识别日常人类活动(Activities of Daily Living,ADL)是建立一个健康管理监控系统的重要步骤,为了保证 ADL 识别的正确性,这里将使用针对不同传感器的数据融合技术。模糊逻辑是数据融合技术中比较常用的方法,在临床上的自动诊断、图像处理和模式识别领域都有良好的应用。这里介绍最新的基于模糊逻辑的 ADL 识别方法在健康管理监控领域的应用。

1. 模糊逻辑法

模糊逻辑法模拟了人脑基于不完整且非精确的数据进行推理的过程。与经典的二值逻辑不同，它并不使用截然不同的二值来表达所有命题，而是使用隶属度来表达，更适合描述实际生活中陈述的不精确性。经典二值逻辑中，通常用 1 表示"真"，用 0 表示"假"，一个命题非真即假。隶属度是对命题的模糊评价概念，用隶属度值表示一个命题为真的程度，是一种较客观的评价方法。隶属度的取值区间是 [0,1]，隶属度越大表示真的程度越高，隶属度越小表示真的程度越低。图 4.2 展示了 ADL 认知系统中模糊推理的主要步骤：

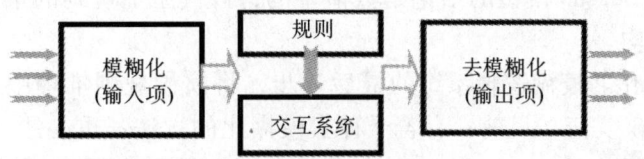

图 4.2　模糊推理主要步骤

（1）模糊化。模糊逻辑推理的第一步，将输入数据转换为一系列模糊变量，即根据隶属度函数从具体的输入得到对模糊集隶属度的过程。隶属度函数会以不同的形式呈现，如直线三角形隶属度函数：

$$f(x,a,b,c) = \begin{cases} 0, x \leq a \\ (x-a)/(b-a), a \leq x \leq b \\ (c-x)/(c-b), b \leq x \leq c \\ 0, x \geq c \end{cases} \quad (4.1)$$

梯形隶属度函数：

$$f(x,a,b,c) = \begin{cases} 0, x \leq a \\ (x-a)/(b-a), a \leq x \leq b \\ 1, b \leq x \leq c \\ (d-x)/(d-c), c \leq x \leq d \\ 0, x \geq d \end{cases} \quad (4.2)$$

利用参数 m 和 σ 控制函数中心和宽度的高斯隶属度函数：

$$G(x,m,\sigma) = e^{\frac{-(x-m)^2}{2\sigma^2}} \quad (4.3)$$

含有 a、b、c 三个参数的广义贝尔函数：

$$f(x,a,b,c) = \frac{1}{1+|(x-c)/a|^{2b}} \quad (4.4)$$

还有许多其他形式的隶属度函数，函数形式的选择会基于对数据类型和实验结果的考虑，通过迭代的方式确定。

（2）模糊规则与推理系统。模糊推理系统运用逻辑词 AND、OR 和 NOT 来建立模糊规则。推理引擎建立在 IF – THEN 结构的规则上,规则的 IF 部分被称作"前件",THEN 部分被称作"后件"。模糊规则有若干种不同的种类,以下为运用在本系统的两种:

Mamdani 规则:如果 x_1 为 A_1、x_2 为 A_2、x_3 为 A_3,…,x_p 为 A_P,则 y_1 为 C_1、y_2 为 C_2、y_3 为 C_3,…,y_p 为 C_p,这里的 A_i 和 C_i 都为模糊集。Mamdani 规则的结论是一个模糊集,分别运用代数乘积、T 范数 S 范数的最大值来得出结论,当然还有其他一些运算方法。

Takagi/Sugeno 规则:如果 x_1 为 A_1、x_2 为 A_2、x_3 为 A_3,…,x_p 为 A_P,则 $y = b_0 + b_1 x_1 + b_2 x_2 + \cdots + b_p x_p$。Sugeno 模型的结论是数值型的,该模型下规则的聚集事实上就是规则输出的加权平均。

(3)去模糊化。模糊逻辑系统的最后一步,将模糊规则推理中产生的模糊变量转化为有价值的确实值。目前,有若干种去模糊化的方法:重心法(Centroid of Area, COA)、面积平均法(Bisector of Area, BOA)、最大隶属度平均值法(Mean of Maximum, MOM)、最大隶属度最小值法(Smallest of Maximum, SOM)、最大隶属度最大值法(Largest of Maximum, LOM),以下等式阐释了这些方法:

$$Z_{COA} = \frac{\sum_{i=1}^{n} u_A(x_i) x_i}{\sum_{i=1}^{n} u_A(x_i)} \tag{4.5}$$

$$Z_{BOA} = x_M; \sum_{i=1}^{M} u_A(x_i) = \sum_{j=M+1}^{n} u_A(x_j) \tag{4.6}$$

$$Z_{MOM} = \frac{\sum_{i=1}^{N} x_i^*}{N} \tag{4.7}$$

$$Z_{SOM} = min(x_i^*); Z_{SOM} = max(x_i^*) \tag{4.8}$$

2. 基于模糊逻辑的活动监测方法

模糊逻辑方法的主要优势在于,其使用的方便性和处理大量数据的能力。例如,模糊集被用于监控和识别封闭环境中的人类活动,以提供安全、舒适、方便的生存环境。健康监控系统信息一般由位置和活动信息组成,某种活动的缺失或反常活动的出现往往预示着异常情况。表 4.1 列举了预期系统能够自动识别出的活动。

表 4.1　　　　ADL 识别系统可识别活动一览表(Hamid,2009)

设备可识别日常活动	日常活动中的人体运动
起床、如厕、洗澡、出门、进门、洗碗、洗衣服、休息、洗手、看电视、听广播、打扫房间、打电话、做饭……	睡觉、行走、站立、坐、躺、运动……

第四章
大数据与健康保险道德风险控制

首先,需要把每个传感器收集到的数据进行模糊化。接着,Ananson 声音子系统会产生三个输入项,包括声音类型编号,表4.2 显示了声音分类,以及两个话筒的声音数据。

表4.2　　　　　　　　声音输入分类模糊集(Hamid, 2009)

发出声音的主体	细分
人	鼾声、哈欠、喷嚏、咳嗽、哭声、尖叫、笑声……
多媒体	电视、收音机、电脑、音乐播放……
门	开门、敲门、摔门……
水	冲水声、盥洗池水流、咖啡机滤水……
铃	电话响、门铃响、闹钟响……
家具	桌、椅……
机器	咖啡机、洗衣机、电动剃须刀、微波炉、洗衣机、空调……

这些输入项都被分为三个模糊集。RFpat 穿戴设备子系统会产生 4 个输入项:心跳速率(正常、偏低、偏高)、活动情况(不变、休息、正常、焦虑不安)、姿势(站立、坐着、躺着)、是否摔倒(摔倒、未摔倒)。在本次应用中,只用到了姿势和活动项。每一个红外传感器 C_i 都关联了一个移动监测计数器,结果分为三个模糊集:低、中、高。时间输入同样被分为五类:上午、中午、下午、晚上、午夜。

图4.3 展示了家中传感器的布置方案。

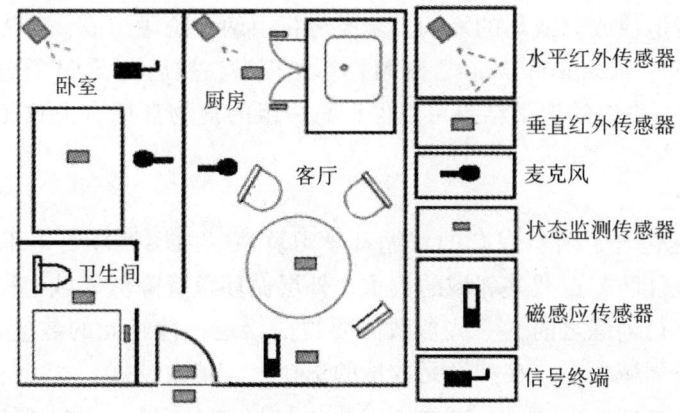

图4.3　装备系统设施的房间一览图

麦克风设备和红外探测设备都会在布置前进行校准。模糊逻辑方法接下来的一步,由模糊推理引擎进行逻辑判断。模糊规则的形式如下:

If (Anason is Machine sound) and (Activity is motion) and ($C_{Overall}$ is high) and (CB is high) and (C5 is high) and (S_{vaccum} is turn on)

Then（ADL is Cleaning）

成熟的 ADL 识别方法可以帮助建立家庭健康监测系统，任何异常情况都会被及时发送到老人的护理人或者具备专业知识的医师手中，从而实现对生命体征状况及日常活动情况的远程感知并实施健康管理，以帮助独居老人获得健康安全的生活环境。

（二）针对潜在糖尿病患者的饮食健康干预方案

中华医学会糖尿病学分会所发布的糖尿病流行病学调查结果显示，近 30 年来，中国糖尿病患者的增速瞩目，尤其是 2000 年后呈现加速增长趋势。1980 年至 2007 年间进行的 5 次全国性糖尿病流行病学调查显示，患病率从 1980 年的 0.67% 上升至 2007 年的 9.7%。而根据国际最新临床诊断标准调查显示，2010 年中国成人糖尿病患病率达到 11.6%，有 1.139 亿糖尿病患者。这巨大的潜在糖尿病人群医疗压力，无疑增加了健康保险公司的赔付负担。

如果能够对购买健康保险的人群开展合理的糖尿病预防工作，便可以大大降低对被保险人健康状况恶化所带来的赔付成本。许多中医书籍中都记载过糖尿病，其中"寓医于食"的道理始终贯穿其中，可见饮食对预防糖尿病的重要性。糖尿病说到底就是一种生活方式病，饮食习惯的好坏起着至关重要的作用。如果掌握了正确的饮食原则和方法，就可以远离糖尿病对健康造成的威胁。

本节用大数据方法为糖尿病高风险人群设计了一套食物推荐引擎，旨在从饮食的角度改善其健康状况。

首先，选取八种营养成分的含量来作为聚类的属性，包括碳水化合物、能量、脂肪、蛋白质、纤维量、维生素 E、维生素 B1、维生素 C，这些营养成分含量的摄入都会对糖尿病患者造成或好或坏的影响。聚类分析由两个阶段组成：首先是建立并训练自组织映射（Self-organizing Maps，SOM）算法模型，然后将 SOM 算法的结果用 K-Means 进行聚类。最终的聚类结果可以保证每一组的食物都拥有大致相同的营养成分含量。

1. SOM 算法

SOM 算法是包含了两层嵌套的双循环学习算法。内层循环负责不断将数据输入网络中并调整最佳匹配点及其邻域的权重，外层循环负责降低邻域半径和学习率。

在对数据进行训练之前，一些参数需要提前给定：神经元的数量、网格的维度、网格的形状以及邻域大小。在神经元数量的选择上，越大越好。

在食物推荐系统的设计中，设置了 $5\sqrt{n}$ 个神经元（n 为训练集数据数量）、二维的图形以及六角形的地图网格。算法按以下步骤展开（见图 4.4）。

（1）给每个节点随机附上一个初始值，这个随机值在 0~1 之间；
（2）从训练集数据中随机选定输入向量；
（3）按以下公式计算输入向量和每个节点的欧氏距离，找出最佳匹配点；

$$Dist = \sqrt{\sum_{i=0}^{n}(v_i - w_i)^2} \qquad (4.9)$$

v_i：第 i 维度上的输入向量；
w_i：第 i 维度上的权重向量。
（4）按下式更新最佳匹配点的权重向量和邻域：

$$W^{(j)}(t+1) = W^{(j)}(t) + h_{ci}(t)[s(t) - W^{(j)}(t)] \tag{4.10}$$

$W^{(j)}$：最佳匹配点的权重向量；
$j = 1, 2 \cdots k$：k 为节点的总数；

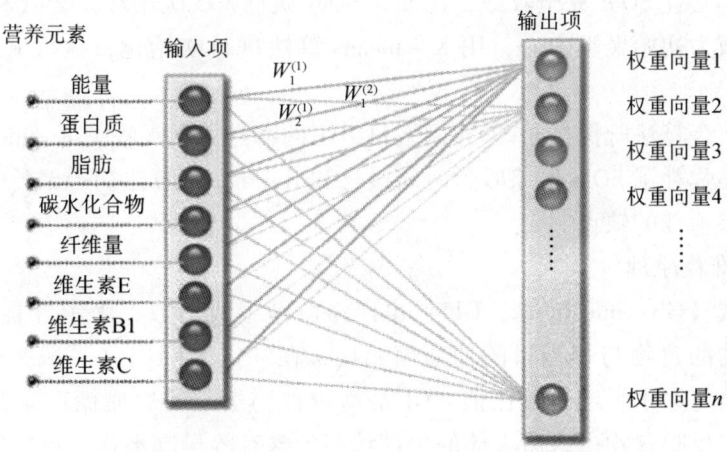

图 4.4　SOM 算法训练过程（Phanich，2010）

t：对全体样本进行一次训练轮次；
s：当前的输入向量；
$h_{ci}(t)$：高斯函数；

$$h_{ci}(t) = a(t)\exp\left(-\frac{dist^2}{2\sigma^2(t)}\right) \tag{4.11}$$

σ：邻域的半径的宽度；
$\alpha(t)$：学习率 $[0 < \alpha(t) < 1]$

$$\alpha(t) = \alpha_0 \left(\frac{\alpha_T}{\alpha_0}\right)^{\frac{t}{T}} \tag{4.12}$$

α_0：初始学习率；
α_T：最终学习率；
T：对全样本进行完整迭代的最大次数。
（5）重复（2）~（5）步直到收敛。

2. 基于 SOM 法的 K–means 聚类

当 SOM 算法中的节点数量过多时，为了提高运算效率，往往会将相似的节点合并到一起，需要用到 K–Mean 方法。

K–Means 法的步骤包含以下四点：

（1）随机放入 k 个位置点，作为初始的质心；
（2）把目标点分配给距离其最近的质心；
（3）将质心移动到所分配到的目标点的中心；
（4）重复（2）~（3）步直到质心不再移动。

SOM 和 K-means 结合的聚类算法步骤如下：①先执行 SOM 算法，把待聚类的数据对象输入 SOM 网络进行训练，经过网络训练输出一组权值。此阶段的训练次数可以减少，不必让 SOM 完全收敛，比如让 SOM 执行 300 次循环。②以 SOM 的聚类结果得到的权值为初始聚类中心，用 K-means 算法进行初始化，执行 K-means 算法进行聚类。

该聚类组合算法既保持了 SOM 网络自组织的特点，又吸收了 K-means 算法高效率的特点，还弥补了 SOM 网络收敛时间过长和 K-means 算法初始聚类中心选取不当造成聚类效果不佳的缺点。

3. 食物推荐原理

血糖指数（Glycemic Index，GI）：也译作血糖生成指数，表示含有 50 克有价值的碳水化合物的食物与相当量的葡萄糖相比，在一定时间内（一般为餐后 2 小时）引起体内血糖应答水平的百分比值。GI 是衡量食物引起餐后血糖反应的一项生理学参数，能准确反映食物摄入后人体的生理状态。含有等量碳水化合物的食物，其消化吸收率和引起的血糖反应是不同的：高 GI 食物进入胃肠道后消化快，吸收率高，葡萄糖入血快，引起的血糖峰值高；而低 GI 食物则相反。

根据食物 GI 值的不同，可以将食物分为三类：

（1）正常食物（GI≤55）：这类食物的碳水化合物含量很低，基本对糖尿病患者的血糖水平不产生影响；

（2）限制食物（55 < GI≤70）：这类食物的碳水化合物成分较高，但都为复合碳水化合物；

（3）忌口食物（GI > 70）：这类食物基本由碳水化合物组成且大多为单糖成分，会导致血糖明显升高。

食物推荐系统将会根据对食物进行聚类的结果为糖尿病患者连续地提供五种食物推荐方案，这五种方案按营养含量的多少排列。当患者选择正常食物时，系统将只会推荐其他一些正常食物。但当患者选择限制或是忌口食物时，系统则不会做出相同类别的食物推荐，而且，食物推荐系统绝不会向患者推荐忌口食物。

在向患者推荐食物时，系统都会选取有相似营养成分且食物类别相同（同为水果或者同为蔬菜）的若干个替代品。食物推荐系统的使用需要患者首先选择一类食物，比如患者选择了水果类，接着患者可以选择在水果类别下的某种食物。系统在确定被选定食物之后，将调取聚类图中的食物距离矩阵来判断推荐方案。在食物距离矩阵中，每个元素代表两种食物在聚类图中的距离，最终的五种推荐食物将按照与目标食物的距离由小到大排列。一般来说，排列在前置位的食物都是同类的食物（同属于水果），但如果同类的食物不足五个，则会寻找不同种类但是仍属于同一簇的食物。

如表 4.3 展示了馒头所在食物类别（主食类）中，部分其他食物与馒头之间的欧氏距离，后续的食物推荐便是基于这个距离所做出的。

表 4.3　　　　　　　　　　食物距离内容示例

目标食物	其他食物	距离
馒头（主食类）	花卷	0.69
	煎饼	2.83
	通心面	1.79
	玉米粥	1.92
	面包	0.97
	蛋糕	1.48
	……	…

因而按照食物之间距离的大小，在使用者选择馒头作为最初的选择之后，食物推荐系统会依次推荐与馒头距离最相近的食物。在本例所列示的食物中，即依次为花卷、面包、蛋糕等，系统也会自动剔除 GI 值高于 70 的忌口食物。

由于人们通常意义上遵循不变的饮食习惯和风格，这导致潜在的糖尿病患者最终患病的概率大大增加，但是如果在识别出高风险人群之后，将食物推荐引擎应用于日常生活，那么该系统将帮助高风险人群更加合理地、多样地选择食物，并控制潜在患者的血糖水平在健康范围内，降低患病风险。

（三）基于体检数据的心血管健康状态判别与预测[①]

2012 年全国居民心脑血管病死亡率为万分之二十七，是中国居民死亡的首要原因，且自 2002 年以来，心血管病的患病率逐年攀升，严重影响居民健康状况。但是值得关注的是，心血管病是各类疾病中，在预防上增加投入能够达到投入产出效益比最高的一类疾病。如果人们只重视病后治疗而忽视病前预防，那病只能越治越多。在心血管领域，由于健康管理和慢性病控制一定程度上可以降低保护心血管疾病发病风险，出于减少重大疾病保险等险种的理赔概率、节约赔偿费用的考虑，保险公司应在疾病干预领域开展必要的工作。

对于心血管健康类疾病，如果可以取得合作医院数据库中被保险人的体检信息，并基于过去医疗与体检数据合理预测人群血管健康状态等级，提早预防，就可以降低心血管病的患病概率。但是，每次体检中的检测指标众多，如何从大量信息中有效判

---

① 由于缺乏被试数据，此部分难以用实际案例的方式验证有效性。

断被测者患心血管疾病的风险,就需要借助大数据分析的方法。

在这里引入基于模糊 C 均值聚类算法(FCM)对心血管健康状态进行判断和预测。判别过程主要分为三步:第一步,借助从医院拿到的体检数据,通过结合封装和过滤的属性选择方法,选择出与心血管健康比较相关的属性,作为健康状态判别的输入变量;第二步,利用 FCM 算法将健康状态划分为三类,分别定义为理想健康状态(A)、一般健康状态(B)、较差健康状态(C);第三步,得到连续若干年的健康状况序列后,构建基于 RBF 神经网络预测模型实现健康状态等级的预测。

1. 筛选属性特征

这里采用结合了封装和过滤的特征选择方法,基于 Relief 方法首先过滤掉将降低分类效果的特征,得到可以促进分类的特征子集,基于这个得到的特征子集进行冗余性筛选,冗余性筛选使用序列后向选择策略作为搜索方法,基于分类效果逐步将冗余特征剔除。具体过程如图 4.5。

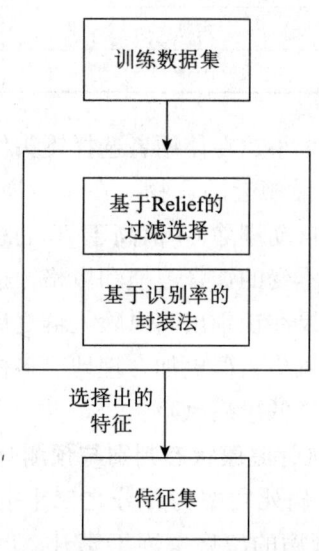

图 4.5　结合封装和过滤的特征选择流程图

算法步骤如下:

(1) 将特征权重子集 A 所有特征权重值设为 0。

(2) 针对每次抽样,循环执行以下操作,直到执行了 n 次,n 为设置的抽样次数。

①从样本数据中随机选一个样本 K;

②与样本 K 同类中选取它的最近邻样本 S,不同类选取最近邻样本 D;

③针对每个特征 $a_i \in A$,计算权重值,$i = 1, 2, 3, \cdots, p$,p 表示特征个数;

$$w(a_i) = w(a_i) - \frac{\text{dif}(K, S, a_i)}{n} + \frac{\text{dif}(K, D, a_i)}{n} \tag{4.13}$$

dif (K, S, a_i)：样本 K 和样本 S 两者之间的差异；

$w(a_i)$：位于特征集 A 中特征 α_i 的权重值。

（3）针对每个特征 $a_i \in A$，若 $w(a) < \delta$，$A = A - a$，δ 是提前设定的阈值。

（4）以筛选之后得到的特征集 A 开始，针对每一个特征 $b_i \in A$：

从 A 中剔除特征 b_i 得到特征集 B，即 $B = A - b_i$；如果基于 B 进行分类效果比基于 A 分类效果更好，说明 x 是冗余的，可以剔除，$A = B$，否则继续考虑考虑下一个特征即 $i = i + 1$，转到 4.1；

（5）最后特征子集 A 即为筛选得到的特征集。

2. 健康状况判断

在筛选得到部分属性特征之后，为了能够更加客观地描述事实，采用模糊聚类算法来针对不同的类别给出响应的隶属程度，模糊 C 均值聚类（FCM）算法是一种简单但是应用比较成功的非监督类型模糊聚类算法，它是硬均值聚类算法加上隶属度 μki 概念之后的模糊推广。

将若干年的健康检查结果组合成健康状态序列，体检连续进行，健康状态序列动态增长，序列图生成过程如图 4.6。

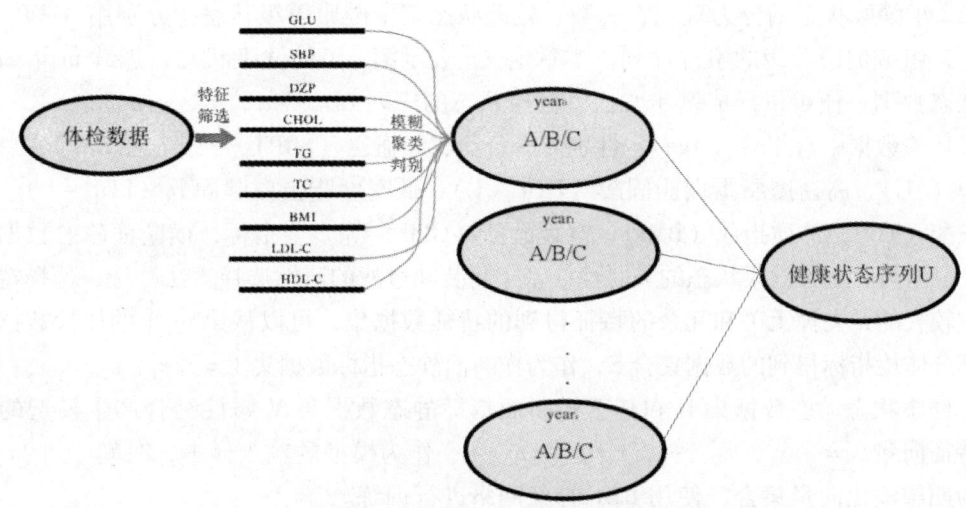

图 4.6 健康状态判别序列流程图

采用模糊 C 均值聚类算法进行健康状态判别归类，使用 num 表示要聚类的个数，len 表示体检时间队列长度，n 表示每年的样本数据量。算法步骤如下（$For\ i = 1$：len，即针对每一年的体检数据执行以下步骤）：

（1）初始化隶属矩阵 U，满足 $\sum_{k=1}^{num} \mu_{ki} = 1, i = 1, 2, \cdots n, k = 1, 2, \cdots, num$，$\mu_{ki}$ 用来表示第 i 个样本属于第 k 类的隶属度，为 0~1 之间的随机数；

（2）对于 num 个类别，分别计算每个类的中心：

$$v_k = \frac{\sum_{i}^{n} \mu_{ki}^{t} x_i}{\sum_{i}^{n} \mu_{ki}^{t}}, k = 1, 2, \cdots, num \tag{4.14}$$

计算评价函数 J 的函数值，若其值小于阈值，终止过程：

$$J = \sum_{i=1}^{n} \sum_{k=1}^{num} \mu_{ki}^{t} d_{ki}^{2} \tag{4.15}$$

（3）重新计算 μ_{ki}，$\mu_{ki} = \dfrac{1}{\sum_{r=1}^{num} \left(\dfrac{d_{ki}}{d_{kr}}\right)^{\frac{2}{t-1}}}$，转到步骤（2）。

基于模糊集合的最大隶属原则，在隶属矩阵中取该样本的隶属度值最大的类作为归属类，由此得到健康状态判别等级的时间序列。

3. 健康状况预测

在预测模型中，输入样本的数据集包括健康状态动态数据集 U 和基于横断面静态指标数据集 V 两部分。

健康状态动态数据集 U 是来自基于 FCM 算法的心血管健康状态等级评估模型，将第 i 年健康状态划分为理想、一般、较差状态三个健康等级状态，分别用 A、B、C 表示，组成健康等级的事件序列。本章定义 u_i 表示第 i 年的健康状态，连续 m 年的健康状态数据，便可以形成基于心血管健康状态的序列 $U = \{u_1, u_2, \cdots u_m\}$。

体检数据中有年龄（Age）、性别（Sex）、收缩血压（SBP）、舒张压（SZP）、总胆固醇（TC）、高密度脂蛋白胆固醇（HDL – C）、低密度脂蛋白胆固醇（LDL – C）、甘油三酯（TG）、体质指数（BMI）、空腹血糖（GLU）等多个指标，横断面静态数据集 V 是根据与心血管健康状态的关联性，基于封装和过滤的属性选择算法筛选，选择特征权重较大的，去掉无关和冗余的特征得到的特征数据集，可以从第 m 年的体检数据选择部分体检指标得到的数据集合 S，作为横断面静态指标数据集 $V = \{v_1, v_2, \cdots v_n\}$。

健康状态动态数据集 U 和基于横断面指标静态数据集 V 属性结合产生模型的样本特征向量 $X = \{x_1, x_2, \cdots, x_t\}$，$t = m + n$，作为模型的输入样本，时间 t_{m+1} 的 u_{m+1} 作为期望输出向量集合，使用 RBF 神经网络进行训练。

选取 RBF 的中心，具体采用 K – means 算法确定基函数的中心 C，然后求解基函数的宽度即方差 σ，具体训练步骤如下：

（1）将体检人群数据集分成训练样本和测试样本，从训练样本数据中，随机选取 h 个作为聚类的中心 c_j，$j = 1, 2, \cdots, h$；

（2）计算训练样本与各个中心 c_j 之间的欧氏距离，根据计算结果将每个体检样本分配到输入样本的各个聚类集合 φ_j，$j = 1, 2, \cdots, h$ 中；

（3）针对每个类集合 φ_j，重新计算 φ_j 中样本的平均值，更新类中心 c_j，$c_j = \dfrac{1}{a_j} \sum_{k=1}^{a_j} x_k$，

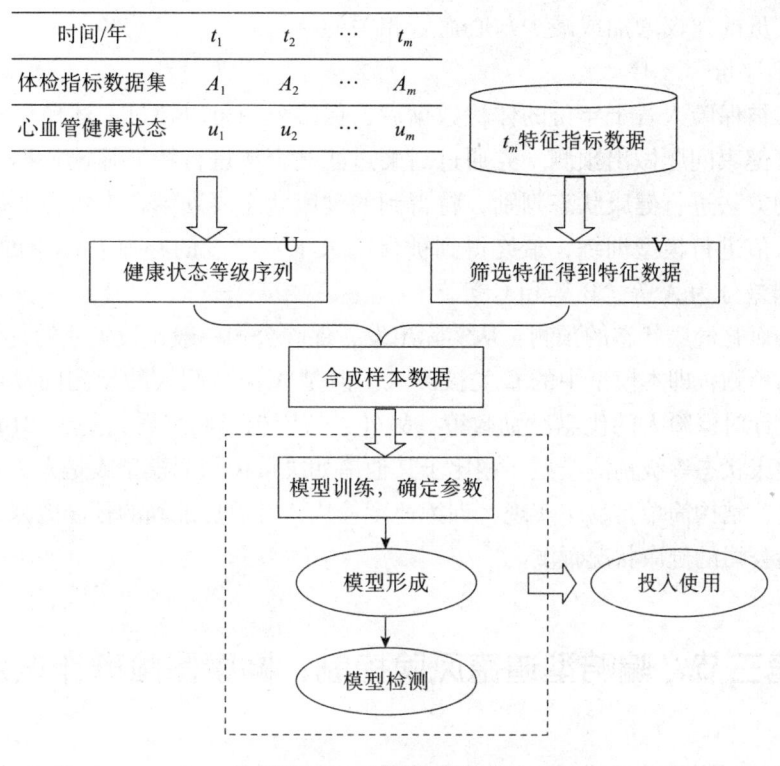

图 4.7 预测模型结构

其中，a_j 表示 φ_j 集合中的样本数，$x_k \in \varphi_j$，同时，计算样本数据属于每个类的程度，

$$m_{kj} = \frac{|x_k - c_j|}{min\sum_{i}^{a_j}|x_k - c_j|};$$

（4）考察聚类中心 c_j 是否在容许的误差范围内变化（$\mu = 0.01$），如果是则停止，否则重复上面（2）步。根据上述步骤可以确定基函数中心和隶属度，根据基函数中心和隶属度求解方差：

$$\sigma_j = \frac{\sum_{k=1}^{S_j} m_{kj} |x_k - c_j|}{\sum_{k=1}^{S_j} m_{kj}} \tag{4.16}$$

当基函数的中心和基函数的宽度确定以后，训练目标函数：$E = \frac{1}{2n}\sum_{i=1}^{n}[d - y(x_i)]^2$，根据最小二乘计算出 w_j，求解 y，$y = \sum_{j}^{h} w_j r_j = \sum_{j}^{h} w_j \exp\left(\frac{|x - c_j|}{2\sigma_j^2}\right) j = 1,2,\cdots,m$。然后使用测试样本监测模型的实用性和准确性。

基于动态数据集和静态数据集的扩展性，随着年龄增长，体检次数增加，基于时间序列的心血管健康状态序列可以动态加长或者减短，静态数据也可以根据医学知识或者专业人员的建议增加或减少与心血管相关的特征。

4. 模型评价

在采集被保险人若干年份的体检数据后，保险公司可以通过上述模型对其下一年度的心血管健康问题做出预测。先通过封装过滤结合法进行特征筛选，再运用模糊 C 均值聚类的方法进行健康状态判别，将得到的健康状态序列结合本年度的体检静态特征作为输入值进行模型训练，最终得到被保险人下一年度的心血管健康的状态等级，等级由好到差分为 A 等、B 等和 C 等。

对于心血管健康状态的预测，从实际出发，保险公司一般比较关注的是较差心血管健康状态的预测，即本模型中的 C 类被测人。但是 A 类被测人的预测同样可以帮助保险公司开发针对保险人的优惠激励政策。另外，从历史经验来看，基于 RBF 神经网络的心血管健康状态等级预测模型，相比于其他诸如决策树预测模型或是人工神经网络预测模型而言，结构简单，易于实现，训练速度较快，有更加准确的预测效果，完全可以应用于保险公司的健康状况预测。

第三节　骗赔型道德风险控制：健康保险欺诈识别

健康保险的欺诈大致分为以下几个方面：冒名顶替、夸大伤害程度、隐瞒病史、医患勾结骗取保险金等。传统的健康险在进行欺诈的识别时，通常会根据不同的欺诈形式来选取不同的方法，比如对于冒名顶替的欺诈方式——没有投保健康险的人生病，会顶替已投保的亲戚朋友入院治疗，核赔人员逐一确认保险人与最终受益人的信息，十分耗时耗力，且欺诈识别的精准度也难以保证。

在大数据技术的支持下，欺诈检测不再考虑欺诈的类别。比如在不确定投保人或被保险人是否存在隐瞒病史，是否有过度医疗，甚至是否与医院合作诈取保险金的情况下，健康保险公司可以根据经验数据，得出在该被保险人的特征水平下应有的医疗费用、治疗频率等信息，由此可以更加快速准确地判断出该被保险人的信息是否异常。在检测出异常情况之后再对这些案例进行分析，调查他们异常的原因，确定索赔是否为欺诈索赔。这就与传统的需要对欺诈进行分类检测的方法不同，且更为有效。

健康保险的欺诈检测将逐渐减少核赔人员的主观判断。在传统的健康保险欺诈检测中，如何设定一个正常值是极为重要的。保险公司往往聘请专业的医生、有经验的核赔人员等组成一个团队，通过他们的经验得出某种疾病的特定风险水平，这种方法很大程度上依赖于保险公司团队的经验数据。在大数据的方法下，保险公司可以运用所有索赔案件的信息来确立一个正常值，这种方法相较于传统方法更为客观。

因为大数据技术可以按照历史的索赔信息建立输入信息与输出结果之间的关系，所以健康保险的疾病保险、医疗保险、护理保险、失能保险等，在欺诈识别方面具有一定的共性。本节从健康保险总体探讨了欺诈识别中的大数据技术应用,而未对具体险种分类讨论。

一、大数据背景下健康保险欺诈传统识别方法的困境

想要有效地控制健康保险的欺诈风险,对欺诈进行识别是至关重要的一个步骤。能否有效地在被保险人的索赔申请中快速检测出诚实索赔与欺诈索赔,体现了一个保险公司对欺诈风险的控制能力。

传统的健康保险欺诈识别方法往往采用人工审核,核查健康保险欺诈的人员需要在有限的时间内处理大量的索赔案件,因此他们往往只关注于索赔人一些可能导致欺诈的常见特征,而不是从索赔人整体的情况来考虑欺诈识别,对于已有信息的利用程度不高。随着与健康保险欺诈有关数据的快速增长,这种识别方法十分耗时而且效率很低,难以适应时代的发展。

然而,电子健康档案的完善以及人工智能、大数据技术的普及,将为健康保险欺诈识别提供新的可能性。将大数据技术与传统的识别方法结合,可以更加快速准确地对索赔人的信息进行筛查和刻画。

二、健康保险欺诈识别的一般步骤

健康保险欺诈识别实际上是对索赔进行分类,即判别索赔案例属于欺诈索赔还是诚实索赔。对健康保险欺诈识别的步骤描述如下:

(一)数据的搜集及整理

数据的搜集与整理是健康保险欺诈识别研究的开端,与欺诈相关的数据来自保险公司、代理理赔机构、医疗服务机构等渠道。数据信息分为被保险人特征、索赔案件信息以及病后的医疗信息。

被保险人特征包括被保险人的性别、年龄、文化程度、婚姻状况、家庭经济状况等;索赔案件信息包括事故后是否延迟通知、索赔额、是否首次索赔等;病后的医疗信息包括医疗地点是否为指定医疗地点、是否住院、是否手术、住院时间长度等。

然而,由于个人隐私、商业机密和社会道德等因素,同时国内健康保险起步较晚,规范性较低,获取数据有一定难度,这些都阻碍着健康保险欺诈识别研究。

(二)欺诈识别因子的选取与精炼

欺诈识别因子(Fraud Indicators)指可以观察或测量到的、能够刻画保险欺诈特征的有效信息点,用以作为欺诈识别模型的解释变量。

如美国马萨诸塞州的个人伤害保护险(Personal Injury Protection)含有大量欺诈因子,而其中最显著的两个识别点是:没有受伤的客观证明(占事件总量的61.87%)和现场没有警方报告(47.85%)。

不同险种的识别因子不同,且同一个识别因子对不同的险种来说效果也不同。因

此，要对搜集到的大量信息进行筛选与处理，根据险种特征，对数据进行精炼降维，进而才能选取出能够应用于健康保险欺诈识别模型中的有效的、数量恰当的识别因子。

（三）构建保险欺诈识别模型

健康保险欺诈识别模型主要包括统计回归和人工智能两大类，以及两者的有机结合。

统计回归模型是指根据给定的索赔信息建立回归模型，选择欺诈识别因子，并依据统计分析对这些因子设定相应的权重；再对具体险种欺诈的识别进行分析，以此来判断索赔是否为欺诈索赔，为之后的索赔处理提供依据。国外关于健康保险欺诈识别的统计方法大多选取 Logit、Probit 二元离散模型。除此之外，PRIDIT 模型可以计算研究欺诈概率，用来处理非线性数据问题。

然而，现阶段对于健康保险欺诈识别研究来说，国内的健康保险起步较晚，数据缺失是一个重要问题，因此统计识别模型并不能有效地发挥作用，使得在实际的应用中单一的识别方法十分受限。

基于人工智能的健康保险欺诈识别技术突破了统计分析方法中的数据缺失问题，逐渐被国内外的学者应用于健康保险欺诈识别的研究。

人工智能模型的具体方法主要有模糊集聚类、人工神经网络、遗传算法、贝叶斯网络、决策树法、关联规则等，除此之外，电子欺诈识别技术（Electronic Fraud Detection，EFD）也在健康保险欺诈识别领域得到应用。

Jing 和 Huang 指出，截至 2008 年，国际医疗保险欺诈识别的研究中神经网络方法占比 40%，决策树方法占比 40%，统计回归方法所占比重下降了。对健康保险欺诈识别的人工智能模型研究最早可追溯至 He、Wang 和 Hawkings（1997）发表的有关神经网络应用于医疗欺诈的探讨。此后，Ortega、Figueroa 和 RuzGa（2006）采用智利医疗保险索赔数据将大数据识别技术应用于医疗资源滥用的识别。

需要注意的是，虽然人工智能识别技术得到了广泛的应用，但这并不说明统计回归模型不再适用于健康保险欺诈的识别。两者的有机结合能够更好地发挥各自的优势。

三、BP 神经网络在健康保险欺诈识别中的应用

人工智能欺诈检测方法中，国内外应用最为广泛的就是神经网络识别技术。用神经网络来识别欺诈有三点优势：首先，神经网络可以根据历史信息给出一项新的索赔为欺诈索赔的概率是多少；其次，经过周期性调整的神经网络体系可以根据新的信息自动识别新型欺诈；最后，运用健康保险的历史索赔数据建立的神经网络可以识别健康保险特有的欺诈，即建立健康保险专有的欺诈识别系统。

（一）BP 神经网络理论

BP（Back Propagation）神经网络作为目前最为流行的人工神经网络，通过建立多层前馈网络,遵循最速下降法的学习规则进行训练,并将误差反向逐层传播来修正神经网络各单元的权值和阈值,在达到期望误差的条件下输出结果。

(二) 构建健康保险欺诈识别模型

1. 数据获取

每个保险公司可根据经验制定他们特定的索赔指标,包括被保险人指标、索赔指标以及医疗特征指标。其中,被保险人指标是被保险人的性别、年龄、文化程度等静态指标;索赔指标是每个索赔案件的索赔信息,包括是否及时通知、是否首次索赔等;医疗特征指标是被保险人就医过程中产生的数据,包括医院等级、住院时间、是否手术等。根据制定的指标,健康保险公司得到关于被保险人索赔案件的数据。

2. 欺诈识别因子的选取

由于中国的健康保险市场起步较晚,各家保险公司的反欺诈意识还不够成熟,导致很多关于案件索赔的数据没有被搜集到。另一方面,还没有成立健康保险反欺诈机构,对于索赔数据的收集与处理没有统一的格式,各家保险公司的案件索赔数据形式差异较大。所以,保险公司并不能确定他们得到的案件索赔数据的各个指标是否都是正确有效的欺诈识别因子。也就是说,保险公司得到的指标受到非常多的噪音干扰,如果他们的指标选取有误,继而将原始指标带入神经网络进行训练,那么最终得到的模型有效性将大大降低。

为了获得有效的识别因子,可以考虑通过统计回归来检验已经确定的指标的有效性,进而剔除非显著的变量,将显著的指标作为输入变量用以训练得到神经网络。

在统计回归模型的选取上,国内外大多数学者选择离散模型用来构建欺诈识别指标的筛选模型。欺诈预测结果只有"欺诈索赔"或"诚实索赔"两种情况,因此,保险公司可以首先使用二元离散模型选出具有显著性的索赔指标,利用显著的索赔指标构建 BP 神经网络模型。

3. BP 神经网络模型构建

根据神经网络理论来建立健康保险欺诈的识别模型。首先在获取的诚实索赔与欺诈索赔案例样本中,各随机选取一定数量的样本作为检验样本,剩余的样本作为训练样本,对训练样本进行网络训练。之后再将检验样本带入训练好的神经网络进行预测检验,最后将实际判定结果与用神经网络预测出的结果作对比,得到所建立的神经网络的预测准确度。如果得到的准确度在保险公司的接受范围内,那么这个模型就是有效的。

构建健康保险神经网络欺诈识别模型,首先需要构建数据的输入与输出矩阵,包含网络输入向量矩阵 x,网络输出向量矩阵 y,以及期望输出向量矩阵 t。

其中,网络输入矩阵 x 的组成成分为离散选择模型中结果为显著的指标,即显著欺诈识别因子。设矩阵 $X = [x_1, x_2, \cdots, x_m]$,$x_1$ 到 x_m 表示 m 个欺诈识别因子的列向量,则 X 就是网络输入矩阵。

网络输出向量矩阵 Y 是根据模型判定得出的各个案例所属类别概率的矩阵，设 $Y = [y_1, y_2, \cdots, y_n]'$，$y_1$ 至 y_n 为 n 个案例经模型判定得出的概率，则向量 Y 为网络输出向量矩阵。

期望输出向量矩阵 t 是样本案例的分类矩阵，如果案例 i 为诚实索赔，则 $t_i = 0$，如果案例 i 为欺诈索赔，则 $t_i = 1$。因此，设 $T = [t_1, t_2, \cdots, t_n]'$，$t_i = 0$ 或 1，$i = 1$，$2, \cdots, n$，表示案例为诚实索赔或者欺诈索赔的判定，向量 T 则为期望输出矩阵。

构建完输入矩阵（X）与输出矩阵（Y）之后，需要运用经验数据来确定网络的结构与参数，运用误差梯度下降学习算法，不断优化调整输入层与隐层、隐层与隐层以及隐层与输出层之间的连接权值与阈值，最终得出最小误差所对应的网络参数，即各层之间的权值与阈值。

最后，将经过离散选择模型得到的显著识别因子数据作为输入向量矩阵对模型进行学习训练，并根据随机选取出的检验样本得到期望输出矩阵 T，与实际情况对比检验模型的有效性，不断重复训练过程直到模型收敛，此时模型的各项参数达到最优，得到最终的神经网络。

BP 神经网络在车险欺诈识别中已经有实证研究文献，根据出险时车的使用年限、维修厂的类别、有无交警事故认定书、索赔人、已有索赔次数这 5 个显著特征运用改进后的 GSA – BP 神经网络实现了机动车保险欺诈识别。通过进一步改进完善，一定条件下 BP 神经网络可以作为健康保险欺诈识别的有效方法。

四、支持向量机在健康保险欺诈识别中的应用

数据挖掘技术自 20 世纪 80 年代以来得到了惊人的发展，越来越多的领域运用到了数据挖掘技术。在健康保险的欺诈识别中，除去之前提到的 BP 神经网络，还有决策树、贝叶斯、模糊聚类等数据挖掘的方法也得到了应用，并且取得了很好的效果。然而，需要注意的是这些方法还存在着许多问题。

第一，容易出现"维数灾难"。由于被保险人行为的不可预测性，健康保险欺诈的样本识别特征过多，即欺诈识别因子之间具有很强的相关性，造成特征的冗余，无关或者不重要的特征掩盖了主要识别因子，使得健康保险欺诈的检测准确度难以保证。

第二，数据挖掘技术的基础为大量的样本数据，在样本数据规模不足时，无法保证欺诈识别的有效性。然而，大量的数据需要很强的计算机计算能力，在保险公司计算能力受限的情况下，健康保险欺诈识别的效率难以满足保险公司的需要。

第三，健康保险欺诈索赔发生的概率相对于健康保险公司所有索赔案件来说十分小，这使得保险公司收集到的健康保险索赔数据样本是一个典型的稀疏样本集[①]。数据挖掘算法大多没有考虑到稀疏样本集的问题，也使得由此建立的模型的效果不尽如

---

① 稀疏样本集，即数据集中类别不同的样本在数量上存在着较大的差别。

人意。

第四,数据挖掘算法常常会出现"欠学习""过拟合""局部最优"等问题。

支持向量机(Support Vector Machine,SVM)模型复杂程度与样本数据规模无关,并且支持向量机可以直接应用稀疏样本,同时可以解决"欠学习""过拟合""局部最优"等问题,具有其他算法不具有的优势。已经有文献将支持向量机模型在车险欺诈中应用,得到了很好的效果。

接下来,介绍支持向量机算法应用到健康保险的欺诈识别模型构建。

(一)支持向量机分类原理

支持向量机(SVM)是在统计学习理论的基础上发展起来的,相较于传统的机器学习的方法,采用结构风险最小化的准则。其核心思想是建立一个最优分类线或最优超平面,将两类样本正确地进行分类。即先通过一定量的样本进行训练,通过不断检验与优化得到较高的训练精度,确定一个最优的决策函数再对分类问题进行处理。

在最小化样本点误差的同时,缩小模型泛化误差的上界,因而能够提高模型的泛化能力,可以很好地解决之前提到的模型中"过学习""非线性"以及"维数灾难"等问题。

为区分各类样本数据,支持向量机在使得各类间距离最大的基础上构建最优分类超平面,其中,与最优分类超平面距离最短的向量被称为"支持向量(SV)"。支持向量机可以分为线性支持向量机与非线性支持向量机,在健康保险的欺诈识别中,由于各欺诈识别因子与最终的判定结果之间存在非常复杂的非线性映射,保险欺诈识别模型需要构建的是非线性支持向量机。

对非线性的问题的求解可以通过非线性变换将问题转化为一个高维空间中的线性问题,继而非线性支持向量机问题可以转化为在变换过后的空间中求解最优分类超平面。由于核函数 $K(x_i, x_j)$ 对应某一变换空间的内积,即 $K(x_i, x_j) = \psi(x_i) \cdot \psi(x_j) \cdot K(x_i, x_j)$ 能够提供解决"维数灾难"的方法,下面介绍这种方法的基本思路:支持向量机首先利用某种事先选择的非线性映射 φ,将输入向量 x 映射到某个高维特征空间,然后再在高维特征空间中求解最优分类超平面。

设样本集为 (x_i, x_j),$i = 1, 2, \cdots, n$,$y = \{1, -1\}$ 是类别标号,超平面方程为:

$$\omega \cdot x_i + b = 0 \tag{4.17}$$

在约束条件上加入一个松弛变量 $\xi_i \geq 0$,这是最大间隔超平面,称为广义最优分类超平面,则约束条件变为:

$$s.t \quad y_i[(\omega \cdot x_i) + b] \geq 1 - \xi_i \tag{4.18}$$

对应的优化问题转变为:

$$min \frac{1}{2}(\omega \cdot \omega) + C \sum_{i=1}^{n} \xi_i \tag{4.19}$$

$$s.t \, y_i[(\omega \cdot x_i) + b] \geq 1 - \xi i = 1, 2, \cdots, n \tag{4.20}$$

式中，ω 为权向量，b 为偏置，ξ_i 为松弛变量。$C>0$ 是控制惩罚程度的常数（惩罚因子），C 越大，惩罚就越大。引入 Lagrange 乘子 α、β 有：

$$L(\omega,\xi,b,\alpha,\beta) = \frac{1}{2}(\omega \cdot \omega)C\sum_{i=1}^{n}\xi_i - \sum_{i=1}^{n}\alpha_i[y_i(\omega \cdot x_i)-1+\xi_i] - \sum_{i=1}^{n}\beta_i\xi_i \qquad (4.21)$$

Lagrange 函数 L 在鞍点处是关于 ω、ξ、b 的极小点，对 ω、ξ、b 分别求偏导，再整理 L 最终可以得到对优化问题的对偶问题：

$$\max_{\alpha,\beta}Q(\alpha) = L(\omega,\xi,b,\alpha,\beta) \qquad (4.22)$$

$$\sum_{i=1}^{n}\alpha_i - \frac{1}{2}\sum_{i=1}^{n}\sum_{j=1}^{n}\alpha_i\alpha_j y_i y_j[\psi(x_i)\cdot\psi(x_j)] \qquad (4.23)$$

$$= \sum_{i=1}^{n}\alpha_i - \frac{1}{2}\sum_{i=1}^{n}\sum_{j=1}^{n}\alpha_i\alpha_j y_i y_j K(x_i,x_j)$$

$$s.t \sum_{i=1}^{n}\alpha_i y_i = 0, \alpha_i \geq 0 \qquad (4.24)$$

最优判断函数为：

$$f(x) = sgn\left[\sum_{i=1}^{n}\alpha_i^* y_i K(x_i,x_j) + b\right] \qquad (4.25)$$

常用的核函数有线性核函数、多项式核函数、径向基函数核函数和二层神经网络核函数。

（二）健康保险欺诈识别支持向量机建模

1. 健康保险欺诈识别支持向量机模型描述

健康保险的欺诈识别是对索赔案件的一种分类，判断一项新的索赔是诚实索赔还是欺诈索赔。首先根据历史索赔数据构建一个模型，之后用这个模型对一项新的索赔进行分析与处理，判断这项新的索赔所属类别。

可以用被保险人的基本特征、索赔案件特征与被保险人的医疗信息来描述样本特征。其中，第 i 个样本的特征集合为 $X_i = \{x_{i1}, x_{i2}, \cdots, x_{im}\}$，$i=1,2,\cdots,n$，表示该样本集有 n 个样本，每个样本有 m 个特征。样本的类别为 $Y = \{y_i\}$，$y_i = \{0,1\}$，其中 0 表示诚实索赔，1 表示欺诈索赔。

再假设索赔案件历史数据样本集为 V，一项新的索赔案件数据集合为 v，则现在需要基于 V 的信息来判断 v 的类别，即新的索赔为欺诈索赔还是诚实索赔。

其中：

$$V = \begin{Bmatrix} x_{11},x_{12},\cdots,x_{1m}y_1 \\ x_{21},x_{22},\cdots,x_{2m}y_2 \\ \cdots \\ x_{n1},x_{n2},\cdots,x_{nm}y_n \end{Bmatrix}, v = \{x_{i1},x_{i2},\cdots,x_{im}\}$$

健康保险欺诈的样本指标中存在大量的相关性,过于冗余的数据特征容易掩盖真实有效特征,又因为得到的样本数据规模大,对计算机的计算能力要求高,且所得样本为典型的稀疏样本集,所以,选择采用支持向量机算法来解决这些问题。运用支持向量机对健康保险欺诈识别的建模过程如图 4.8 所示。

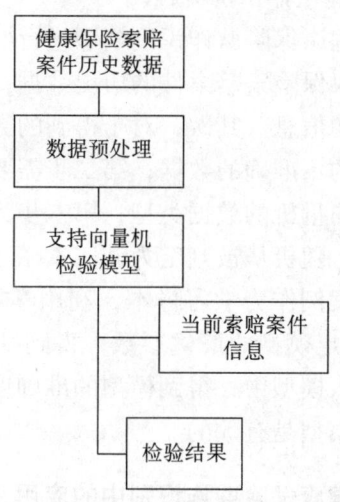

图 4.8 基于支持向量机的健康保险欺诈识别建模流程

2. 数据的选择与处理

数据的选择与前文 BP 神经网络模型中的数据选择类似,选取经过离散选择模型分析后得到具有显著性的因子作为初始指标。下面介绍如何对数据做离散化与归一化处理。

首先需要对数据做离散化处理,因为支持向量机只能处理数值属性值,无法处理数值型数据。在健康保险欺诈的索赔案例样本中,有许多的数值型数据与枚举型数据,在这里举例说明如何将此类数据转化为属性数据。

比如对于"年龄"数据,处理如表 4.4 所示。

表 4.4　　　　　　　　　　"年龄"属性离散化处理

原始属性值	离散化后属性值
0～15 岁	0
15～30 岁	1
30～45 岁	2
45～60 岁	3
60 岁及以上	4

接下来需要对数据进行归一化调整。因为如果得到的样本数据量纲差异过大,则会在很大程度上影响模型的有效性,对数据进行归一化调整可以提高模型结果的正确

性，使得欺诈的识别结果更为公正。如对样本数据做归一化的一个方法是最大最小方法，公式如下所示：

$$X' = \frac{x - min(x)}{max(x) - min(x)} \quad (4.26)$$

3. 支持向量机的健康保险欺诈识别流程

运用支持向量机算法的健康保险欺诈识别模型进行欺诈识别，包括学习阶段与测试阶段。首先，需要搜集健康保险索赔案件的历史数据，包括被保险人的信息、索赔案件的信息与医疗就诊记录的信息。其次，对于得到的数据需要进行处理，第一步清洗掉无用的数据，删除错误的不准确的数据；第二步需要对数据进行离散化处理，将所有数据处理为适用于支持向量机的数据类型；第三步为提高检测的精确度，还需对数据进行归一化处理。之后，随机从被判定为诚实索赔与欺诈索赔的案例中挑选一部分案例作为检测样本，其余案例作为学习样本，利用学习样本对模型进行学习训练，采用10折交叉验证的方法确定模型的最优参数，得到基于支持向量机的欺诈检测模型。最后，再将检测样本带入模型中，得到模型的准确度。如果模型的精确度在保险公司的接受范围之内，则该模型是有效的。

五、朴素贝叶斯算法在健康保险欺诈识别中的应用

（一）朴素贝叶斯法

1. 朴素贝叶斯法简介

贝叶斯分类技术是一种基于贝叶斯原理的统计学分类方法。该技术可以给出需要预测对象之间关系的可能性，比如在健康保险中，某项索赔为欺诈索赔的概率。

对各种分类算法比较，发现朴素贝叶斯的分类算法的分类效果与决策树和神经网络算法几乎一样，同时，在对大数据的处理方面，朴素贝叶斯分类器具有高效率与高准确率的特点。因此，朴素贝叶斯分类器也可以用来进行健康保险欺诈的检测。

朴素贝叶斯分类器的前提是类独立条件，即一项属性值对已有类别的影响与其他属性值之间相互独立，基于该前提的贝叶斯分类器别称为朴素贝叶斯分类器。

2. 贝叶斯定理

设 X 是未知分类的数据样本，H 为某种假定，比如数据样本 X 属于特定的类 C。为实现分类，期望得到 $P(H|X)$，即给定观测样本数据 X，假定 H 成立的概率。$P(H|X)$ 是后验概率，即条件 X 下 H 的后验概率，$P(H)$ 是先验概率，即 H 的先验概率。后验概率 $P(H|X)$ 比先验概率 $P(H)$ 拥有更多的信息。$P(H)$ 与 X 是相互独立的。

类似的，$P(X|H)$ 是条件 H 下，X 的后验概率，$P(X)$ 是 X 的先验概率。

$P(X)$、$P(H)$ 和 $P(X|H)$ 可以由已有的数据计算得出。贝叶斯定理提供了一种由 $P(X)$、$P(H)$ 和 $P(X|H)$ 计算后验概率 $P(H|X)$ 的方法，公式如下：

$$P(H|X) = \frac{P(X|H)P(H)}{P(X)} \quad (4.27)$$

(二) 运用朴素贝叶斯分类器的健康保险欺诈识别

如果要将朴素贝叶斯分类应用到健康保险中来，只需将索赔案件分为两类：诚实索赔或欺诈索赔。

首先对获取到的索赔案件各个欺诈识别指标进行处理，设经过离散模型分析得到的 m 个显著欺诈识别因子为 A_1，A_2，$\cdots$，A_m，每个索赔案件的判别结果分别为 0 或 1，其中，0 代表诚实索赔，1 代表欺诈索赔。再对数据进行处理，替代丢失的属性值、将识别因子进行离散化与归一化处理。现在的任务就是要通过朴素贝叶斯分类器预测新的索赔案件的类属性值（0 或 1）。

朴素贝叶斯分类器的工作流程如下：

首先，可以将所有的处理过后的索赔案件数据样本用一个特征向量 $X = \{x_1, x_2, \cdots, x_m\}$ 表示，分别描述对 m 个有效欺诈识别因子 A_1，A_2，$\cdots$，A_m 的列向量。已知样本数据可以分为两类：诚实索赔（0）与欺诈索赔（1）。而对于一个未知分类的样本数据 X，朴素贝叶斯分类器预测 X 属于类 C，当且仅当该样本在 X 的条件下属于类 C 的后验概率最高。即朴素贝叶斯分类器将未知的样本分配给类 C_i（$C_i = 0$ 或 $C_i = 1$），当且仅当：

$P(C_i | X) > P(C_j | X)$，$j = 0$ 或 1，$j \neq i$

故现在需要最大化 $P(C_i | X)$，根据贝叶斯定理，有：

$$P(C_i|X) = \frac{P(X|C_i)P(C_i)}{P(X)} \tag{4.28}$$

由于 $P(X)$ 对于欺诈索赔与诚实索赔而言为常数，只需要最大化 $P(X|C_i)P(C_i)$。如果类的先验概率未知，通常假定这些类是等概率的，即 $P(C=1) = P(C=0)$。因此，只需对 $P(X|C_i)$ 最大化。否则，需要最大化 $P(X|C_i)P(C_i)$。

在这里，类的先验概率可以用 $P(C) = S_i/S$ 计算，其中，S_i 是类 C 中的训练样本数，而 S 是训练样本总数。

计算具有多项欺诈识别因子样本的 $P(X|C_i)$ 过程十分繁琐，为简化计算，可以作类条件独立的假定，即假设分类确定的样本，各欺诈识别因子之间互相独立，因此有：

$$P(X | C_i) = \prod_{k=1}^{n} P(x_k | C_i) \tag{4.29}$$

而 $P(x_1|C_i)$，$P(x_2|C_i)$，$\cdots$，$P(x_n|C_i)$ 可以由训练样本估计出来，估计方法如下：

（1）如果 A_k 是某个属性值离散的欺诈识别因子，则 $P(x_k|C_i) = S_{ik}/S_i$，其中，S_{ik} 是在欺诈识别因子 A_k 上具有值 x_k 的类 C_i 的训练样本数，而 S_i 是 C_i 中的训练样本数。

（2）如果 A_k 是具有连续值属性的欺诈识别因子，则通常假定该属性服从高斯分布。因而：

$$P(X_k|C_i) = g(X_k, \mu_{C_i}, \sigma_{C_i}) = \frac{1}{\sqrt{2\pi}\sigma_{C_i}} e^{\frac{(X_k - \mu_{C_i})^2}{2\sigma_{C_i}^2}} \quad (4.30)$$

其中，给定类C_i的训练样本欺诈识别因子A_k的值，$g(X_k, \mu_{C_i}, \sigma_{C_i})$是因子$A_k$的高斯密度函数，而$\mu_{C_i}$和$\sigma_{C_i}$分别为平均值和标准差。

到此学习训练过程结束，接下来需要根据检验样本对模型进行检验。

现在对一项新的索赔案件数据X分类，对于每个类C_i，计算$P(X|C_i)P(C_i)$。样本X属于C_i，当且仅当：

$P(X|C_i)P(C_i) > P(X|C_j)P(C_j)$，$j = 0$ 或 1，$j \neq i$

也就是说，X属于$P(X|C_i)P(C_i)$最大的类C_i。

对于每一个索赔案件计算出来的$P(X|C_i)P(C_i)$，如果$P(X|C=0)P(C=0) > P(X|C=1)P(C=1)$，则该索赔为诚实索赔，如果$P(X|C=0)P(C=0) < P(X|C=1)P(C=1)$，则该索赔为欺诈索赔。

根据检验样本的输入矩阵可以得到模型的判定结果，再将模型的判定结果与实际的判定结果比较，可以得到朴素贝叶斯分类器的正确率，如果正确率在保险公司的接受范围内，则该朴素贝叶斯分类器是具有实际意义的。

本章小结

健康保险的道德风险有病前与病后之分，其中病前道德风险指被保险人购买了健康保险之后，认为自己有保险而减少了预防疾病的措施，从而增大了自身患疾病的风险。该类道德风险具有非骗赔的性质。

健康保险公司通过健康管理可预防该道德风险的发生，本章归纳了健康管理的策略模式，探讨了健康保险与健康管理结合的优势，并在此基础上引入了大数据方法，对传统模式进行改进。

首先，本章介绍基于模糊逻辑的家庭物联网健康管理模式，阐述模糊逻辑的原理、处理流程以及简单应用；接着引入了食物推荐引擎模型，从饮食的角度出发旨在改善糖尿病人群健康状况，然后基于聚类的方法为这些高风险患病人群设计了一款健康低糖食物推荐引擎，进而对其健康状况进行干预；最后详细阐述了基于FCM算法的心血管健康状态判别方法，在得到健康状态等级时间序列之后，进一步运用RBF神经网络方法对心血管健康状态进行预测，识别出健康状况不佳的人群。

一方面，道德风险表现为非骗赔型道德风险，该类风险的主要控制措施为前文所述的健康管理；另一方面，道德风险还表现为骗赔型道德风险，也称保险欺诈，这是健康保险道德风险的重要组成部分。

健康保险欺诈分为三个部分：被保险人的过度消费、医疗服务提供者的诱导需求以及两者联合诈骗。对于健康保险欺诈的控制集中在对健康保险参与者的欺诈进行识别，如果能够迅速将投保人或被保险人的欺诈索赔检测出来，则保险人的损失将大大减少。

相较于传统的人工识别欺诈方法，本章探讨了如何运用大数据技术，根据索赔人历史数据快速地识别出欺诈。

BP 神经网络首先将索赔案件的历史数据分为训练样本与检验样本，用训练样本训练神经网络模型，得到模型各层之间的参数，之后再用检验样本检验训练好的模型，如果最终预测的正确率在保险公司的接受范围内，则该模型是有效的。

支持向量机首先运用训练样本训练模型，得到最优分类超平面，然后运用检验样本检验模型，得到模型的预测正确率。

朴素贝叶斯分类器根据索赔案件信息求解一项新索赔为欺诈索赔的概率是多少。如果这个概率大于临界值，则该项索赔被判定为欺诈索赔；反之亦然。

思考题

1. 健康保险的道德风险按照疾病发生前、发生后如何分类？每一项分类的风险控制办法各自是什么？
2. 健康管理和健康保险分别在个体患病前、患病后扮演了什么角色？
3. 健康管理对商业健康保险产生了两方面的积极作用，请详细阐述说明。
4. 列举健康物联可以通过哪些渠道实施健康管理。
5. 通过大数据技术改进健康管理模式的核心原理是什么？
6. 想要对健康保险欺诈进行识别，需要先对获取到的索赔案件样本数据做什么处理？
7. 传统的健康险欺诈识别方法是什么？运用大数据的欺诈检测技术与之相比有什么优势？
8. 健康保险欺诈识别的本质是什么？还有什么方法可以用以识别健康保险欺诈？

专业术语

1. 逆向选择（Adverse Selection）：逆向选择是指由于交易双方信息不对称和市场价格下降产生的劣质品驱逐优质品，进而出现市场交易产品平均质量下降的现象。
2. 道德风险（Moral Hazard）：参与合同的一方所面临的对方可能改变行为而损害到本方利益的风险。

3. 健康管理（Health Management）：对个体或群体的健康进行全面监测分析、评估，提供健康咨询和指导以及对健康危险因素进行干预的全过程。

4. 大健康产业（Major Health Industry）：指维护健康、修复健康、促进健康的产品生产、服务提供及信息传播等活动的总和。

5. 健康物联（Health Internet of Things）：借助互联网信息传输形式以及与此匹配的健康状态辨识与调控技术，对人的健康包括疾病进行管理，以达到维持和促进健康的目的。

6. 规模经济（Economies of Scale）：指通过扩大生产规模而引起经济效益增加的现象。

7. 电子病历（Electronic Medical Record）：用电子设备（计算机、健康卡等）保存、管理、传输和重现的数字化的病人的医疗记录，取代手写纸张病历。

8. 日常生活活动（Activities of Daily Living）：指一个人为了满足日常生活的需要所进行的必要活动。

9. 决策树（Decision Tree）：是在已知各种情况发生概率的基础上，通过构成决策树来求取净现值的期望值大于等于零的概率，评价项目风险，判断其可行性的决策分析方法，是一种直观的图解法。

10. 食物推荐引擎（Food Recommendation System）：是主动发现用户当前或潜在的食物偏好，并主动推送类似食物给用户的信息网络。

11. 自组织映射算法（Self－Organizing Mapping）：一种竞争学习网络，可以通过神经元之间的竞争实现大脑神经系统中的"近兴奋远抑制"功能，并具有把高维输入映射到低维的能力。

12. K均值聚类（K－means Clustering Algorithm）：是将数据点到原型的某种距离作为优化的目标函数，为基于原型的目标函数聚类方法的代表，利用函数求极值的方法得到迭代运算的调整规则。

13. 特征选择（Feature Subset Selection）：是指从已有的M个特征中选择N个特征使得系统的特定指标最优化，是从原始特征中选择出一些最有效特征以降低数据集维度的过程。

14. 封装过滤（Encapsulation Filter）：一种融合了封装式算法和过滤式算法的特征选择过程。

15. 模糊C均值聚类（Fuzzy C－Means Clustering Algorithm）：通过优化目标函数得到每个样本点对所有类中心的隶属度，从而决定样本点的类属以达到自动对样本数据进行分类的目的。

16. RBF神经网络（Radial Basis Function Neural Network）：属于前向神经网络类型，能够以任意精度逼近任意连续函数，适合解决分类问题。

17. 保险欺诈（Insurance Fraud）：投保人、被保险人或受益人以骗取保险金为目的,以虚构保险标的、编造保险事故、故意制造保险事故、夸大损失程度等手段,致使保险人陷入错误认识而向其支付保险金的行为。

18. 诱导需求(Supplier – Induced Demand):供给诱导需求(SID)发生于供应商与消费者间资讯的不对等,供应商利用优于消费者的资讯,去促使消费者需求更多的产品和服务,结果将会造成社会福利的损失。

19. 欺诈识别因子(Fraud Indicators):可以观察或测量到的、能够刻画保险欺诈特征的有效信息点,用以作为欺诈识别模型的解释变量。

20. 离散选择模型(Discrete Choice Models):离散选择模型是指一类模型的总称。在这类模型中,经济学家可以观察到的唯一现象是某个主体选择了某个对象,但是选择了多少却是不可观察的。

21. BP 神经网络(Back Propagation Neural Network):是 1986 年由 Rumelhart 和 McClelland 为首的科学家提出的,是一种按照误差逆向传播算法训练的多层前馈神经网络,是目前应用最广泛的神经网络。

22. 支持向量机(Support Vector Machine):是 Corinna Cortes、Vapnik 等于 1995 年首先提出的。它在解决小样本、非线性及高维模式识别中表现出许多特有的优势,并能够推广应用到函数拟合等其他机器学习问题中。

23. 朴素贝叶斯模型(Naive Bayesian Model):朴素贝叶斯法是基于贝叶斯定理与特征条件独立假设的分类方法。

24. 离散化(Discretization):把无限空间中有限的个体映射到有限的空间中去,以此提高算法的时空效率。

25. 归一化(Normalization):一种简化计算的方式,即将有量纲的表达式,经过变换,化为无量纲的表达式,成为标量。多种计算中都经常使用这种方法。

26. 先验概率(Prior Probability):根据以往经验和分析得到的概率,如全概率公式,它往往作为"由因求果"问题中的"因"出现的概率。

27. 后验概率(Posterior Probability):在一个通信系统中,在收到某个消息之后,接收端所了解到的该消息发送的概率。

第五章

基于大数据的健康保险产品精准营销

精准营销是指以客户为中心,在合适的地点、合适的时间向用户提供合适的产品。本章主要从客户、企业销售数据、营销渠道三个维度阐述了如何通过大数据技术实现健康保险的精准营销。其中的三个维度也对应本章的三节内容,即大数据在客户生命周期的应用、大数据与交叉营销以及大数据与营销渠道开拓。客户的全生命周期包括潜在客户获取、客户成长、客户成熟、客户价值衰退和客户流失五个阶段,第一节基于以上五个阶段描述了大数据在健康保险产品精准营销的应用。健康保险数据一般包括产品销售数据和客户信息两大部分。第二节通过产品销售数据的关联分析、客户分类介绍了大数据在交叉营销中的应用。第三节首先介绍了新型的营销模式以及营销渠道,然后通过数据分析研究了不同人群的营销渠道偏好。

第一节 大数据在客户生命周期精准营销中的应用

精准营销是指以客户为中心,在合适的地点、合适的时间向用户提供合适的产品。要实现精准营销,首先需要在客户生命周期的关键阶段获得相关的大数据,其中包括潜在客户获取、客户成长、客户成熟、客户价值衰退以及客户流失五个阶段的大数据。这些数据来自于保险公司内部、电商平台、社交媒体等机构,数据源具有多维、异质、异构、数据量大的特点。因此,必须要用大数据相关手段进行处理。如绘制用户画像时,需要采集客户的出行数据,某知名共享单车公司获得的全国骑行数据每天高达2 000万条以上,其中包括骑行时间、骑行距离、GPS位置信息、骑行路径以及起始地点附近的办公及商业场所信息。关于客户消费习惯,可以通过分析阿里巴巴的淘宝数据得到,而淘宝每天产生的数据量有50TB。新浪微博数据中心发布的报告中指出,微博月活跃人数已达到2.12亿,日活跃人数达1亿。这些外部数据的数据量远远大于保险公司内部的数据量,运用大数据技术可以更好地对大量外部数据进行分析，为健康保险精准营销服务。

一、潜在客户获取

潜在客户获取阶段的主要目标是发现和获取潜在客户。通过大数据技术进行精准分析，寻求有健康保险潜在需求的客户，然后根据客户需要，向其推送健康保险信息，进行个性化营销，提高客户对健康保险产品的了解和个性化满意度，为客户提供更好更多的健康保险服务，扩大健康保险产品销售量。

传统的获取潜在客户方式主要有引流、客户主动投保、客户介绍或者口碑宣传、交叉销售、通过产品和服务吸引客户等。大数据在潜在客户获取阶段的应用主要体现在消费者洞察，通过有效渠道获取客户准确的价值定位，辅助提高潜在客户的质量、目标客户开发精确性、销售机会等。

产品开发、风险管控、营销活动，健康保险企业的一切经营行为都建立在对消费者洞察的基础上，任何企业想在竞争中获胜，就要比竞争对手更了解消费者。譬如，企业的客户是谁，客户需要什么产品和服务，如何提升客户体验，如何将合适的产品和服务在适当的时间、通过适当的渠道准确送达合适的客户面前等。

（一）消费者基本特征识别

首先，在获取潜在客户之前需要明确企业定位，以及消费者客户的范畴。健康保险企业面对的客户群体基数很大，不同收入、年龄、职业、健康状况的客户对健康保险产品的需求各有不同。为了更好地识别消费者的基本特征，健康保险企业可以结合业务需求绘制用户画像。用户画像信息主要包括收入、职业、生活习惯、家庭成员健康状况、用户社交属性、用户人口属性、用户的兴趣偏好、用户的健康状况以及用户的消费特征等，涵盖健康保险业务所需要的强相关信息。

社交属性：该属性主要描述用户在社交媒体上的一些评论，这些评论代表用户内心的想法，具有转化率高、实时性强的特点。

人口属性：该属性主要用于帮助健康保险企业了解客户的一些基本特征。主要包括姓名、家庭住址、性别、职业、邮箱年龄、电话号码。

兴趣爱好：该属性用于帮助健康保险企业获取一些客户兴趣或消费倾向信息。该属性可以描述客户的兴趣爱好，比如用户在哪些方面消费兴趣比较高，同时，也可以利用该属性定向营销。

健康状况：用于描述客户的身体健康状况、行为习惯等，通过医疗数、行为等数据，对客户的健康状况进行评估和预测。

消费特征：该属性可以帮助企业基于客户消费特点，推荐健康保险产品及服务，也可以用来描述客户的消费习惯及偏好，根据该属性寻找高价值客户。例如，淘宝每天活跃的数据量已经超过50TB，通过分析这些数据可以了解客户的消费特征，根据消费特征推荐相关的产品。

以上与健康保险业务场景强相关的信息可以帮助企业对客户进行特征画像。通过用户画像识别客户的基本特征，然后根据特征定位潜在目标客户，并向其推荐健康保险产品，扩大客户范围。

（二）消费者需求识别

健康保险公司明确目标消费者后，需要进一步解决健康保险公司应开发的产品和服务品种问题，即对消费者的需求进行识别。

消费者需求的识别和挖掘主要包括两个步骤。第一个步骤是识别消费者需求，需要全面了解、罗列目标客户的消费需求。第二个步骤是对消费者需求进行进一步细分定位。任何一家企业，无论其服务的客户群规模多小，不同消费者仍会有不同的消费需求，对产品和服务的重点诉求也存在差异。对于健康保险产品而言，消费者之间的差异更是巨大。如何向不同消费需求、不同客户价值和不同风险属性的消费者提供合适的健康保险产品和服务，需要进一步分析。例如，不同年龄段的客户对健康保险的需求各有不同。处于单身期（从参加工作至结婚）的客户经济收入低且花销大，保险需求不高，主要考虑意外风险和必要的医疗保障。而处于退休期（退休以后）的客户家庭负担轻、健康状况较差，对养老、健康、重大疾病等相关产品和服务的需求较大。

（三）消费者行为分析

要想真正实现良好的销售，健康保险企业需要指导客户进行决策、交易和消费，以提升企业营销绩效、提高销售效率、改善消费体验。而这些改进都离不开对消费者行为数据进行分析。在消费者行为分析中，聚类算法用得比较多，同时在聚类算法中，K-means算法使用得最广泛。该算法工作原理是不断寻找离目标点最近的均值。其操作步骤如下：

第一步，确定影响消费者行为的因素。影响因素包括年龄、收入、性别、所在地区、学历以及购买产品。

第二步，对数据进行分析。将以上各因素作为输入变量，设置分类个数（分类个数可以根据自身需要进行设置），运行程序获得分析结果。

第三步，分析实验结果。可以根据实验结果分析每一类客户的特征，例如，年龄在30~45岁之间的客户更愿意购买A类保险或B类保险。如果实验结果中同一类型客户的特征不明显，则可以通过不断调整分类个数实现对客户的有效细分，获得每一类客户的基本特征。

（四）消费者用户画像

消费者用户画像是对客户商业全貌的一个抽象，可以很好地描述客户的特点。对于健康保险公司而言，用户画像可以帮助其更好地了解客户的偏好，设计更符合用户需求的产品。构建用户画像主要分为三个步骤：数据采集、分析建模以及结果呈现。

第一步，采集原始用户数据。对销售过程中采集的数据进行预加工处理，形成用户画像的原始数据，这里的数据分为两个部分：一个是动态数据，指用户不断变化的信息，包括消费者的浏览记录、搜索记录、发表评论等；另一个是静态数据，即用户比较稳定的信息，主要包括性别、职业、消费水平等。

对于动态数据，健康保险公司可以依据业务需求引入外部数据。例如，为了丰富消费特征信息，引入银联及电商的信息；为了丰富客户的兴趣爱好信息，引入移动大数据的相关位置信息；为了丰富社交信息，引入社交网络平台的数据。同时，还可以考虑客户在购买产品后和其他消费者分享体验的经历、对企业品牌和相关竞争性品牌的评价。这些外部数据可以通过网络爬虫以及向相关电商平台、社交网络平台购买的方式获得。

第二步，对采集数据分析建模，主要是通过提取用户在不同领域的关键词，通过对比关键词，总结不同客户的关键属性。这个过程可以使用目前比较先进的机器学习算法，如自然语言处理技术，处理客户的社交评论，了解不同客户对风险的厌恶程度。

第三步，结果呈现。这一步主要是对数据分类和标签化，对定量的信息进行定性处理，这样做方便信息分类和筛选，也有利于快速定位目标客户。例如，根据健康保险公司客户的收入信息将人群分为低收入人群、中等收入人群以及高收入人群。根据年龄段划分客户，可以将18～25岁的人定义为青年，25～35岁的人定义为中青年，36～45岁的人定义为中年人士。此外，还可以根据客户购买的健康保险产品、金融消费记录、交易产品、资产信息，将客户消费特征进行定性描述。

经过上述几个步骤建立的消费者用户画像，可以帮助健康保险公司进行精细化运营和市场营销，为产品的销售形式提供一些场景数据，并为相关产品的开发提供一些数据支撑。

二、客户成长

客户成长阶段的目标主要是把低价值客户转化为高价值客户，采用相关的产品或服务组合刺激客户的消费需求，形成客户与企业之间互动、稳定的价值共同体。

这个阶段的目标群体主要是新客户，通过不断满足客户各种层次的需求，提高客户的价值，建立客户对健康保险产品的黏性，形成客户与企业之间良性的价值链条。传统的营销方式仅仅依靠新产品或价格优惠来吸引客户，这只能满足客户在生理或者安全方面的需求。营销的内涵不是简单的拉关系，而是满足客户深层次的服务或者精神需求。根据马斯洛需求层次，最好的需求是尊重和自我实现。在这个阶段，客户营销和服务的目标就是尽量满足客户高层次的需求，不仅包含物质需求，还包含心理和精神等高阶需求，从而整体提升客户的满意度和忠诚度。

（一）客户的价值评估及分析

科特勒将客户终身价值定义为"从一个客户身上所得到的其生命周期中全部销

售额减去公司用来获取和服务于该客户所花费的总成本的净值。"即从一名客户身上，公司可以得到的所有未来现金的净现值，确认哪种客户是有价值的客户。寻找公司的目标客户群，可以通过以数据为驱动的客户终身价值的评估及分析得到，从而建立市场细分策略。

客户终身价值，指的是每个购买者在整个过程中给健康保险公司带来的总的收益，受客户支付金额和公司赔偿金额的影响。利用 BP 神经网络预测客户是否会患病，然后根据预测结果调节健康保险产品的价格，提升客户终身价值。应用步骤如下：

第一步，准备数据集。数据集不仅包括现在仍在保险期的订单，也包括原来的保险合同到期的订单数据，即签订合同之前客户提供的所有数据以及是否出险的信息。

第二步，训练模型。BP 神经网络是一个有监督的学习，需要在实验前通过输入训练集不断地改善模型，此处的训练集是指带有是否出险标识的数据。

第三步，对新客户数据进行试验。在建立订单前，输入新客户提供的数据判断是否会出险。

第四步，根据分析结果确定健康保险产品的价格并估算客户终身价值。对于会出险的客户，提高产品价格；反之，降低价格。客户终身价值近似等于客户支付价格减去公司赔偿金额。

如果训练集的数据量足够充足，可以以患何种疾病作为标识的训练数据，预测客户患病类型，进一步提高结果的准确性以及更精确估算客户终身价值。通过该方法对客户终身价值进行预测，为客户提供更合适的健康保险产品，可以提高客户满意度，也有利于增加企业利润。

（二）个性化的营销方式

罗杰斯和派柏斯在《一对一的未来》一书写道，"我们正经历从工业时代到信息时代史诗般宏伟的转型。我们也随之目睹了大众营业员的衰亡，一对一营销的兴起。"由数据驱动的个性化营销正成为任何企业不容回避的重要趋势。

大数据技术使得根据客户和健康保险产品的关系进行等级差别定价策略、最大限度地优化定价变得可能。在大数据背景下，保险产品针对所有人采用同一种营销手段的方法不再适用，而是应该先对客户进行细分，然后根据每一类客户的基本特征实现个性化营销。前文介绍的 K-Means 聚类分析模型可以实现客户细分，但是，在本次应用过程中，需要在年龄、收入、性别、所在地区、学历、购买产品种类等字段的基础上再添加购买能力、财务背景两个字段，即通过不同购买力、不同年龄、不同财务背景、不同性别、不同教育背景、不同地区对消费群体进行细分，根据分析结果有针对性地对客户宣传不同的健康保险产品，从而满足不同群体的需求，实现个性化营销。

同时，在销售过程中还需要考虑如何控制风险，这里的风险主要是指客户退保风险和理赔风险。对于客户退保风险,健康保险公司可以对退保的订单数据进行挖掘,从而得到退保的原因,进一步提出改进措施,降低退保率;对于理赔风险,健康保险公司应该深入分析既往的理赔数据,得到高风险人群的特征,在营销时尽量避开这类人群,从而降低理赔风险。除此之外,健康保险公司还可以与医院的数据进行挂钩,防止投保客户恶意理赔事件的发生。

(三) 商业决策

健康保险企业很多重要的商业决策都与数据密不可分,企业通过数据挖掘技术可以使商业决策更精准、更及时。数据挖掘技术指的是从大量的、不完全的、模糊的、随机的数据中提取出隐含的、有用的信息。基于数据挖掘技术的决策流程如下:

第一步,数据采集。采集数据主要包括企业内部数据和外部数据两部分。对于企业内部数据可以通过系统日志的方式进行收集和分类。对于外部数据,通过网络爬虫或者 API 接口等方式进行采集。所有采集到的数据都要作为下一步数据分析的基础。

第二步,数据分层与处理。数据分层指的是根据数据的应用次数进行分层,对于使用的次数较多的紧急数据需要实时处理。其他的非紧急数据则可以延后处理。

第三步,商业决策建模。根据现实情况,在以往的决策过程的基础上利用建模工具进行模型构建,同时也要参考客户的需求,对商业决策模式进行优化处理,实现智能化的商业决策支持。

第四步,分析决策效果并改进模型。对各商业决策结果进行分析评价,并根据结果改进商业决策模型。

三、客户成熟

客户成熟阶段的主要目标是进一步拓展不同层次需求,特别是要提供客户差异化服务,让中高价值客户获得足够的满足感,进而培养他们的忠诚度。在客户成熟期,客户与健康保险企业的交易额和交易量均较高且比较稳定,彼此互信,客户为健康保险企业发展做出了较大的贡献,同时客户也获得一定的满足感。

在这个阶段,健康保险企业需要进一步提升客户价值和满意度,尽量延长客户成熟阶段的时长,为企业带来持续的效益。其中,差异化服务是重要的一种营销策略。健康保险企业需要差异化对待客户,对于中高价值客户,应提供高附加值的差异化服务。福布斯对十余个行业的市场领跑者进行了深入的追踪,发现他们通过利用先进的大数据分析获得了更高的客户参与度和客户忠诚度。

(一) 客户洞察

客户洞察,指的是收集并分析企业内部的客户数据并应用于销售和客户互动等各个环节。在健康保险公司的数据管理平台(DMP),对用户画像数据进行标签化,通过 K – Means 聚类分析模型实现细分人群,与业务场景进行有效结合,筛选出具有价值的数据和用户,定位目标用户,记录和反馈营销效果,将反馈结果传到 DMP 上。

这整个过程是健康保险公司大数据动态增长的过程，也是连续进行客户洞察的过程。基于大数据用户画像系统标签化的应用，能更准确地识别、定义、分类和分析客户，建立客户全景视图，并预测其未来的消费趋势，为保险的精准营销、风险管控等提供的巨大的发展空间。

在各种各样的工具中，用户画像技术可以有效地帮助企业对用户进行识别分析。用户画像可以将生活化的表述方式与客户的属性、客户的行为和客户的期望等联系起来，形成能够准确代表产品受众与目标的虚拟形象，从而对健康保险公司的客户进行全面分析。大数据用户画像就是对健康保险公司的现实用户搭建一个数学模型。用户画像挖掘系统具体搭建步骤如下：

第一步，建立完善的标签体系。从不同维度描述用户，比如年龄、性别、工作属性、教育背景、婚姻状况、家庭关系、是否有驾驶证明等基本属性，以及出差频次、旅游频次、对交通工具的偏好等用户兴趣。在描述过程中，可以参考数据库 E-R 图的方法，利用 E-R 图中提供的表示实体（对象）、属性和联系的方法，对现实世界进行概念模型的建立，从而进一步完善标签体系。

第二步，对第一步中建立的标签体系进行分类处理。首先，运用中文分词方法进行文本挖掘，使用中文分词工具对文本进行预处理。常用的中文分词工具有 ICTCLAS、HTTPCWS、MMSeg 和 IKAnalyzer 等。以 MMseg 为例，MMseg 的原理是根据四条消歧规则确定最佳的备选词组合。然后针对短文本特点，利用文档主题生成模型（Latent Dirichlet Allocation，LDA）进行语义扩展。最后使用类似核函数支持向量机（Kernal svm）的非线性分类器对所得到的特征向量进行分类操作。

第三步，建立半监督模型。使用标签传播的方法，可以根据一些社团的特殊性，将部分用户的行业标签扩散给全体社团成员。例如，有位客户的行业标签是导游，则可将该客户的行业标签运用到其所在公司的成员身上，这些用户乘坐火车或飞机等交通工具的频次远高于常人，因此可以推荐意外险。

第四步，对所得到的标签进行汇总并加以运用，使客户的特征能够清晰地呈现，以便于精准投放健康保险的营销广告。

运用客户洞察能力，可以解决健康保险公司感兴趣但是又往往无法得到准确答案的问题。比如说，如何制定吸引价值高的客户的价格策略，面对同行的价格竞争时应该采取什么策略，推测新开发的健康保险服务款项容易吸引哪一类人群，怎样推行客户忠诚计划来降低客户流失，在服务差异化上采取什么优惠措施等一系列问题，都可以通过培养客户洞察力来获得解答。

（二）客户分析

客户分析是指利用大数据技术，如基于统计方法和神经网络方法的聚类数据挖掘技术，准确定义客户及其核心诉求，挖掘和启发需求，进而达到筛选优质业务，淘汰劣质业务的目的。客户的细分分析对于确定客户价值和把握消费行为特征是非常必要的，建立客户细分模型的步骤如下：

第一步，以健康保险的定义和业务需求为出发点，选择适当维度的客户细分变量，例如经济水平、出行方式等。例如某知名共享单车公司每天获得的全国骑行数据高达 2 000 万条以上，其中包括骑行时间、骑行距离、GPS 位置信息、骑行路径以及起始地点附近的办公及商业场所信息，这些数据都可以用来进行客户分析。

第二步，使用数据挖掘软件进行聚类，将客户信息与客户细分变量相结合，得出客户的具体分类。

第三步，结合分类结果，建立层次分析模型，使用德尔菲法对各变量权重进行打分，并检验一致性。

第四步，在一致性检验通过后，对具体客户进行得分计算，以定量化衡量客户价值。

客户需求的差异性产生了客户价值分析，根据客户的贡献度可以区分出不同价值的客户群体，从而对不同群体采用不同的保留措施。通过建立客户价值分析模型，根据客户对健康保险企业利润所做出的贡献，对客户进行分类，对于不同分类的客户应采取相应的优惠政策和促销手段。

（三）客户服务

依照国际寿险管理协会（LOMA）的一项研究结论表明，一个公司的客户每年留存数量如果增加 5%，则可以使其利润增加 25% 以上，而建立一个新客户的成本要比保持现有客户的成本高 5~7 倍。

增加客户满意度，可以使得更多的客户重复购买健康保险公司的产品或服务，从而提升客户忠诚度，客户忠诚度越高，客户给企业带来的价值就越大。

通过客户分析，可以对客户的需求、价值等进行分类，并得出不同种类客户的特点。针对这些特点，健康保险公司可以采用多种方式，对差异化客户进行有针对性的服务，抛弃同质化的思维，对服务理念进行创新，从而实现对保险客户的差异化服务。

健康保险公司的差异化服务可以体现在承保、理赔等焦点问题上，具体的差异点因公司而异，实施差异化服务可以体现在效率、增值服务和广告等方面。

为了进一步实现差异化服务，健康保险公司可以在客户关系管理系统中建立资料模型，通过不预设立场的方式对客户需求进行探索。资料模型的建立一般包括六个步骤：

（1）统计描述：对客户、险种等属性基本信息进行描述。

（2）分类：对客户状态和客户行为等离散型变量进行分类，例如好与不好，接受与不接受等。

（3）评估：对连续性变量进行分析，例如保费评估等。

（4）分群：将客户分成不同的群体，以实施差异化营销策略。

（5）关联：寻找客户与险种之间的相关性。

（6）预测：基于上述步骤分析的结果，对未来市场进行判断。

其中，分群可以基于客户细分模型实现，关联主要使用关联规则，例如用Apriori算法等进行计算，并结合理赔欺诈探测模型、回应模型等进行预测。

（四）客户关系维护

客户关系维护，是指通过寻求数字化的解决方案满足客户的实时需求，从而提升客户服务体验。在快速解决客户问题之外，还可以根据不同客户的特点，投其所好，提升健康保险企业客户消费的满意度和忠诚度。客户关系的维护可以从以下几方面进行考虑。

（1）理解客户关系的本质，即时获取客户的实时需求，并寻找数字化解决方案，对健康保险产品进行创新和改进，从而提升客户服务体验，实现客户价值的最大化。

（2）建立客户关系管理系统（CRM），对客户进行系统的、全面的管理，实现对客户信息数据的整合，还可以结合健康保险的特点对CRM系统进行改进，例如加入保险购买周期管理等，对客户进行动态的管理跟踪，以提高客户满意度。

（3）根据客户细分，对不同类别的客户进行有选择的差异化管理、差异化维护，从而达到减少客户流失，提高客户满意度的目的。同时，可以根据二八法则，对高价值客户进行重点维护，以提高盈利水平。

四、客户价值衰退

在客户生命周期的任何阶段，都有可能发生客户价值衰退。价值衰退的原因有多种，如需求未得到有效和及时的满足、客户未得到差异化对待、外部竞争环境的恶化、客户需求的改变等。在客户衰退期，应尽可能找准原因，建立客户预警机制，重点对待，专人负责，尽量延长客户的生命周期。

根据客户生命周期的客户价值衰退特征，运用大数据分析手段，比如利用语音挖掘系统，采取语音识别等方法，提取客户与客服人员对话的语音中的重点信息，分析出健康保险公司不同层级的客户数量和客户状态，按照相应的分级服务标准，建立高效的客户分类服务体系及标准，提前对客户按照其重要度和数量，进行针对性的走访，从而提高客户的满意度和认同度。

（一）客户洞察

本阶段的客户洞察主要是通过细分和分析客户的衰退原因，了解客户行为规律和关键驱动因素。洞察客户消费的行为习惯，可以创造新机会，减缓客户衰退的程度。对以往研究客户的方式进行改善，更多地走向感动客户的层面，洞察出没有被发现的机会，并对此机会加以利用，实施保留客户的措施。

实现有效的客户洞察营销计划，需要建立大数据用户画像标签化体系，构建营销路径：搭建大数据信息平台，建立数据仓库，可视化数据挖掘，实时进行跟踪分析，对消费动机效用进行评估，进行服务质量监控等。

在解决客户价值衰退问题时，可以使用之前提到的用户画像挖掘系统的方法，对发生价值衰退情况的部分客户进行特征提取，分析价值衰退的原因，对用户在健康保险方面的需求、外部环境等发生的变化时及时反应，不断更新用户画像，以满足客户不断变化的、差异化的需求，从而实现健康保险的精准营销，提高客户满意度，从而提高客户忠诚度，减少客户价值衰退情况发生的可能性。

（二）服务定制

服务定制是指通过分析客户诉求，提供定制化服务，提高客户满意度，减少客户流失。一般情况下，客户都是通过打电话的方式与客服人员进行沟通，因此，健康保险公司需要对大量的语音数据进行分析，比如处理续期、提问、理赔等问题时的电话录音。健康保险公司可以通过搭建语音系统进行流失倾向客户的挖掘。挖掘步骤如下：

第一步，运用网络上可以寻找到某些公司的语音识别工具，对电话录音进行语音语义识别，转译为文本，建立索引，搭建大数据仓库。

第二步，进行建模分析，分为业务分类建模和分析维度模型两部分。业务分析建模是指设立险种的列表，利用险种专业术语及系统建议建立模型，并随业务发展不断完善。分析维度模型是对各类数据进行原因分析。比如，分析投诉来电或重复来电与险种的关系、超长通话时间或静默时间与客服座席的关系等。

第三步，分析报告及应用，通过监听通话记录来分析系统推论，并将其应用到服务定制当中，减少通话时长，提高服务效率，改善业务流程，提升客户满意度。

在语音挖掘系统的基础上，提取有流失倾向用户的特征，匹配录音索引，整理出有较高流失倾向客户的名单，再对该名单进行人工核实，对流失原因进行分类，并根据该分类匹配不同的挽留措施。当产生客户价值衰退的情况时，根据衰退原因，及时对客户进行刺激或者关怀，及时发现客户新的需求或者倾向，减缓客户衰退的趋势。对高危客户开发特殊的产品和服务，挖掘客户其他方面的需求，尽量延长客户的生命周期，例如实施健康保险续期的优惠措施等。

（三）客户管理

客户管理主要是通过建立高危客户的预警机制，来对客户的消费数据的阈值进行设定，重点对待，专人负责，努力改善客户忠诚度，将客户从衰退状况恢复到稳定状态。

客户管理的第一步应该从客户衰退的原因入手，针对不同的衰退原因细分客户群体，制定相对应的客户衰退期管理策略。客户价值衰退发生的原因可能有内部原因和外部原因两方面，包括客户需求未满足、客户需求发生改变和外部竞争发生变化等。分析客户衰退原因不仅是细分客户群体及制定相关管理策略的基础，还能使健康保险企业认识到自身的不足，洞察市场的变化且针对性地减少客户对外传播的不利信息。

实施策略后可以使用更新用户画像，计算实施策略后用户价值等方式对实施效果进行评估，以便修改和完善当前策略，再次面对客户衰退期时也可以当作参考。如此一来，评估效果就成为最后一个阶段，构成客户管理的闭环。

目前，客户数量成为衡量健康保险公司盈利能力、发展前景、企业规模的一项重要指标，客户关系管理也日益成为每个企业所关心的部分。增强客户管理机制，减少衰退期客户的流失，有利于提高健康保险公司的竞争力。

五、客户流失

大数据在销售和市场营销部门的应用的关键策略之一是减少客户流失。客户流失期的主要任务是赢回客户。客户脱保主要受相关因素驱动，如客户失联、竞争对手策略、业务需求消失等和客户满足不到位等。大数据有助于准确得出脱保的关键原因，"对症下药"，最后降低脱保率或使得脱保客户重新进行承保。

（一）客户流失预警

对客户流失进行预警，对健康保险公司的战略制定具有重大意义。运用对数回归等技术，构建客户流失监测与预警模型，提前发现流失客户情况，及时、主动地关怀和挽留客户，能够降低客户流失率。

在数据挖掘的众多算法当中，对数回归算法（Logistic 算法）、神经网络算法、决策树算法，运用得都较为频繁，也是建立客户预警流失模型时常用到的算法。随着数据分析软件的不断发展，这些算法都可以通过数据挖掘工具 SPSS Clementine 实现。

Logistic 回归的结果可用作分类，同时可预估事件发生的概率，因此可以用来考察多个属性变量在识别流失客户方面的集成贡献。在此简要说明回归模型的建立流程：

（1）定义变量。基于大数据下的强大数据库资源，在众多自变量中选择对因变量有强影响作用的自变量，对这些变量定义并收集相关资料。

（2）数据预处理。使用统计软件筛选符合需要的变量系数、显著性等数据。

（3）建立模型。

（4）模型推广，结果评价分析。

预警模型建立的步骤如下：

第一步，建立一般多元回归模型：

$$Y = \beta_0 + \beta_1 x_1 + \beta_2 x_2 + \cdots + \beta_n x_n = \beta_0 + \beta' X \quad (5.1)$$

其中，Y 为任意实数，属于连续变量，β_0 为截距，β' 为参数向量，模型表示 n 个自变量 x 与目标变量 Y 间的关系。

第二步，客户预警流失模型预警的是流失或不流失的问题，因此采用概率 P 来表示客户流失的可能性，常用方法是将概率 P 写成 $f(P)$ 的形式，即可表示为自变量向量 x 的线性函数。使用 Logistic 模型来研究自变量与离散响应之间的关系，用 Logistic 模型对概率 P 进行转换，得到以下模型：

$$\ln(\frac{P}{1-P}) = \beta_0 + \beta_1 x_1 + \beta_2 x_2 + \cdots + \beta_n x_n = \beta_0 + \beta' X \tag{5.2}$$

其中，P 表示事情发生的概率，$1-P$ 表示事情不发生的概率，在客户预警模型当中，P 指客户流失的概率，$1-P$ 指客户不流失的概率。

第三步，经过等式变换，P 可表示为如下形式：

$$P = \frac{e^{\beta_0 + \beta_1 x_1 + \beta_2 x_2 + \cdots + \beta_n x_n}}{1 + e^{\beta_0 + \beta_1 x_1 + \beta_2 x_2 + \cdots + \beta_n x_n}} \tag{5.3}$$

在客户预警流失模型当中，x_1、x_2、x_3、$\cdots$、x_n 为选出的客户的数据集的属性，例如性别、教育背景、出差频次等。

预警的目的是密切跟踪客户内外部和健康保险公司自身的变化情况，防止不利情况的持续恶化，不断创新增值服务手段，积极挖掘客户需求，把流失风险控制在萌芽状态。

健康保险公司可以根据市场波动、竞争对手策略、自身业务骨干的流动、客户满意度等四个指标进行动态管理，及时分析进入预警线的客户，提早准备预测，提高市场驾驭和客户管理的能力，降低大客户的财务风险和业务风险。

（二）客户洞察

由于客户停止使用产品的原因和方式不尽相同，而吸引、保持顾客、避免顾客流失是保险公司提高竞争力的关键，收集和分析流失客户的行为特征，即客户洞察，是保险公司生存和发展的根基。

数据挖掘在客户洞察中有着广泛的应用，通过挖掘，可以对客户流失原因进行区分、细化，帮助企业采取针对性的措施，避免客户流失。

具体到保险行业，数据挖掘中的面向属性归纳和分类决策树 C4.5 算法可对保险公司客户的基本信息进行分析，找到客户流失的特征。一般有如下步骤：数据预处理、决策树挖掘操作、模式评估和应用。

第一步，保险公司数据库的客户信息表中有很多属性，如保险单号、身份证号、用户电话等，数据准备是必须除掉不相关或弱相关属性。

第二步，使用决策树 C4.5 算法进行归纳决策树，得到完全声场的初始决策树后，可使用后剪枝算法除去噪声数据和孤点引起的分枝异常。

第三步，决策树算法的执行结果是一棵表明影响客户流失因素的决策树。对得到的决策树用保持方法和 k - 折交叉确认方法等再评估，可得到最有价值的结果，据此结果可对客户流失原因做出解释。

在大数据背景下，使用大数据用户画像标签化对流失客户的特征进行分析，得到当前客户中流失概率较高的客户数据，然后通过客户流失分析获得影响顾客流失的原因，将这些数据交由给客户服务部门处理，对销售服务资源进行整合，让一线人员具备决策分析能力。销售人员可根据客户的不同标签，深入了解客户的个性化信息，并为之提供个性化服务，设计个性化的营销策略，在流失更多客户前快速反应，挽回流失客户，实现对客户的保留措施。

在挽留客户的过程中，客户需要的是能采取恰当行动的完整方案，而解决方案可以划分为三步。

第一步，发现挽留机会。对客户预警模型中得出的评分进行高低排序，识别出真正的挽留机会。

第二步，制定挽留策略。对于第一步中圈出的可挽留客户进行细分，针对不同客户群体采取不同的挽留措施，例如一些附加服务或优惠条件，接着实施挽留行动，收集客户反馈。

第三步，评估挽留效果并对目前的模型和策略进行调整，形成完整的管理闭环。

（三）价值分析

健康保险公司想要获得高收益的回报，就要赢得高价值的客户，将客户作为资产来看待，进行资产化管理。客户资产也称为客户终身价值，或简称为客户价值，不仅指客户当前的盈利能力，还包括客户在其整个生命周期中为企业做出的贡献。

进行客户价值分析时，首先要计算客户价值，可以参考前文中提到的客户终身价值评估方法。计算出客户价值后，对客户进行价值分析，找出中高价值客户，开展针对性的客户保留和赢回计划，帮助企业采取有效措施挽留客户，避免有价值的客户流失。

制订客户保留和赢回计划时，首先要评价挽留机会，即根据基于对数回归等算法建立的客户流失预警模型，对客户的流失倾向进行评分。选择可挽留的客户时，并非要倾向于选择流失概率较高的客户，而是首先对客户群体进行细分。比如说可以根据客户价值来区分客户群体，优先挽留中高价值的客户群体。此外，还可以根据客户行为来区分客户群体，观察哪部分客户可能已经用了竞争对手的产品，或者该类客户属于欺诈性客户，类似于这类的客户没有挽留的必要。在圈定要挽留的客户时，需要注意客户细分方面的问题。

在圈定挽留客户之后，还需要对这部分有挽留价值的客户进行细分，针对不同的客户群体采取不同的挽留措施，比如针对老年人客户群，健康保险公司可以对重大疾病险采取优惠措施。

（四）服务定制

理论上，健康保险公司现在掌握的客户信息比以往任何时候拥有的数据量都多，这些大数据为保险公司维护客户关系提供了保障。健康保险公司可以通过提供个性化体验吸引新顾客并留住现有顾客。服务定制在大数据时代下落地主要应做到以下四点：

1. 丰富的数据源

与其他领域相比，保险公司往往拥有更多的客户数据，而保险公司则可以依据这些信息锁定相关产品的潜在客户。此外，许多客户都愿意在社交媒体上分享其喜好，保险公司需要从这些大量的非结构化数据中提取有用信息。

2. 真正的个性化

数据分析和个性化的语境能够为客户提供定制化的服务。例如，保险公司的话务员接听到客户的投诉电话或者抱怨电话时，就意味着有客户流失的迹象了，除了认真处理该客户的投诉或抱怨，还需要用语音系统挖掘技术分析客户的投诉信息，根据分析结果对应的改进产品提高服务质量，进而减少客户流失率。通过前文所提到的语音识别以及建模分析技术对有关投诉和抱怨的电话录音进行处理，提取出引起客户不满的特征，再以人工的方式与客户交谈，除了解决引起不满的原因之外，还根据客户洞察过程中所得到的客户画像标签挖掘其潜在需求，将与客户潜在需求相关的健康保险服务条款加以介绍，增加挽留客户的成功率。

3. 打破数据壁垒

如今，许多保险公司的数据依旧被存放在不同的部门中，无法得到整合，这让销售部门的员工很难提供优质的个性化客户体验。因此，打破数据壁垒，推动各部门通力合作是时势所趋。

4. 建立信任机制

对于保险公司客户来讲，他们希望感受到公司对自己的重视。因此，除了解决引发投诉和抱怨的问题，挖掘潜在需求以外，还需要加以优惠的附加条件来提供个性化服务，增加客户的信任感和忠诚度。比如，对于家中有老人的中高价值客户，在医疗保险的险种上应采取优惠措施。

第二节 大数据在交叉营销中的应用

现在，保险产品种类多种多样，购买人群也具有多样性，保险公司内部累计了大量的销售数据。而且，销售数据本身存在一些关联规则，如果与一些相关的外部数据相结合，再通过大数据的技术，可以发现更多隐藏在数据中的信息。本节主要通过分析大量的销售数据和调研数据，发现产品之间的相关性，以及客户属性和产品之间的关联性。通过分析结果，向客户推荐产品，实现产品交叉营销。交叉营销是实现精准营销的方法之一，提高健康保险企业交叉营销的水平，有利于实现保险产品的精准营销。

一、产品交叉推荐

交叉销售是指不同业务或产品的交叉推荐，即鼓励一个已经购买了 A 产品的顾客购买 B 产品。交叉销售的本质是一种推广手段，但交叉销售本身并不相当于给顾客推销目前还未购买的产品,而是对顾客需求进行探索,挖掘满足顾客多种需求的策略。

显而易见,这一营销形式天然地与数据紧密关联。一方面,健康保险企业内部数据可提供具备购买条件的潜在客户清单;另一方面,通过聚类分析方法可以分析顾客的消费特点,了解顾客的真实需求,并进一步缩小目标客户范围,完善营销形式,提高营销的精准度、成功率和客户体验。技术人员还可以通过大数据分析进行产品结构的优化和创新模式的制定。大数据技术使得交叉销售无论从形式和内容上都更具操作性,适用场景也更为丰富。

当前经济发展飞速,客户的需求不断变化,范围越来越广,这就使得健康保险公司不能一味地停留在单一的健康保险产品与销售模式中。对于健康保险公司来说,实现交叉销售有着天然的优势。首先是健康产品种类多,能够满足客户的多样化需求;其次是平台较为完善,使信息技术能得到更好的应用;最后是保单周期普遍较长,更容易形成持续的长久关系,使得交叉销售在时间上具有可能性。随着大数据技术应用的不断成熟,健康保险公司大力开展交叉营销的时机已基本成熟。

交叉销售的成功率依赖于为客户提供精准的产品推荐。而精准的推荐来自于对客户消费数据的挖掘,也就是能够精确地了解客户的购物习惯、消费偏好,以及特定客户的消费水平。

一般来讲,交叉销售基本可以分为三个运营层次。一是功能互补类产品交叉推荐;二是根据客户所属的人群属性推荐,例如根据客户的注册资料分析客户,并推荐相关产品;三是根据客户数据分析并精准推荐,深入了解客户的偏好和消费能力,并给他推荐他最需要的产品(在下文中会详细介绍如何通过分析客户数据实现精准推荐)。要实现这一点,需要对不同维度的大数据进行分析,只有这样才能提高推荐的准确性。其中,大数据包括公司内部的客户历史消费数据、社交、搜索、浏览、交易、分享等行为数据。最后,通过数据分析结果向客户推荐他最想购买的产品。

交叉销售的探索过程,可以对健康保险企业拥有的数据进行关联分析。关联规则是指隐藏在数据之间的关联或者相互关系,即可以根据一个数据项的出现推导出另一个数据项的出现。关联规则最早由 R. Agrawal 等人在 1993 年首次提出,是数据挖掘中比较成熟的方法之一。关联规则挖掘最初是对购物篮进行分析,以便发现顾客在进行购买活动时各行为之间产生的联系,识别客户的行为模式,并对大型超市或零售业的进货、商品布局等进行指导。市场分析员可以从大量的数据中发现顾客放入其购物篮中的不同商品之间的关系。如果顾客买牛奶,他同时购买面包的可能性有多大?什么商品组合顾客会在一次购物时同时购买?例如,买牛奶的顾客有 80% 可能性同时买面包,或者买铁锤的顾客中有 70% 的人同时购买了铁钉,这就是从购物篮数据中提取的关联规则。

(一)关联规则的四个属性

关联规则一般使用四个参数来描述属性。

设事物集 D、项集 X、项集 Y。

1. 支持度

支持度描述了项集 X 与 Y 的并集在所有事物中出现的概率,公式如 5.4 所示:

$$support(X \Rightarrow Y) = support(X \cup Y) = \frac{|\{T | T \in D and (X \cup Y) \subseteq T\}|}{|D|} \tag{5.4}$$

2. 置信度

置信度描述了支持项集 X 的同时也支持项集 Y 的概率,公式如 5.5 所示:

$$confidence(X \Rightarrow Y) = \frac{|\{T | T \in D and (X \cup Y) \subseteq T\}|}{|\{T | T \in D and X \subseteq T\}|} = \frac{support(X \cup Y)}{support(X)} \tag{5.5}$$

3. 期望置信度

期望置信度描述了在没有外界条件影响时,项集 Y 在所有事物中出现的概率,公式如 5.6 所示:

$$expectedconfidence(X \Rightarrow Y) = \frac{|\{T | T \in D and Y \subseteq T\}|}{|D|} \tag{5.6}$$

4. 作用度

作用度定义为置信度和期望置信度的比值,描述了项集 X 的出现对项集 Y 的出现有何种程度的影响,公式如 5.7 所示:

$$lift(X \Rightarrow Y) = \frac{confidence(X \Rightarrow Y)}{expectedconfidence(X \Rightarrow Y)} \tag{5.7}$$

(二) 基于客户属性和产品的关联分析

根据不同的数据表示形式(水平、垂直、前缀树),可以将关联规则的分析算法分成 Apriori、Eclat 和 FP growth 三种。本节主要介绍 Apriori 算法在健康保险中的应用过程。

Apriori 算法是关联规则中的经典算法,该算法主要有两个过程:一是发现频繁项集,二是产生强关联规则算法。其基本思想是反复扫描数据库,从长度为 $k-1$ 的频繁集迭代地产生长度为 k 的候选集,并验证候选集是否为频繁集。该算法的一般步骤包括:

第一步,根据预先设置的支持度阈值 V_{supt} 从 m 种健康保险产品中找出一项频繁的项集 I_1。

第二步,根据频繁 m 项集 I_m,生成候选 $m+1$ 项集 $tempI_{m+1}$。对于任意的 $Set^{m+1} \in tempL_{n+1}$,其所有的 m 元子集 Set^m,都必须满足:$Set^m \in L_n$。

第三步,计算 $tempI_{m+1}$ 中每一项的支持度,通过筛选,获得频繁 $m+1$ 项集。

第四步,返回第二步,进行循环,直到得到 L_m 或者 $tempI_{m+1}$ 为空集时,终止算法。因为缺少数据信息,所以此处参考 Apriori 算法的原理,假设对中国人民健康保险股份有限公司的客户交易信息进行产品关联性的实证研究,研究产品之间的相关性。其操作步骤如下:

第一步,准备数据。对企业现有数据进行汇总,选出包括年龄、教育背景、性别、年收入、居住地区、险种等数据,并对数据进行以下处理:

1. 属性删除

筛选数据可以选择属性归纳法和经验进行判断,将可替代的较高层的属性,无概化操作符的属性等删除。在本次实验中选择年龄、教育背景、性别、年收入、居住地区、险种和是否失效 7 个数据字段。

2. 进行属性概化

将文化程度分为 3 组:E_1:初中以下,E_2:高中,E_3:大学及以上;

居住地区分为两类:D_1 市和 D_2 县;

性别分成两类:F:女性,M:男性。

3. 连续性数值离散化处理

客户的收入和年龄属于连续型数值,为了方便后续分析,需要对其进行离散化处理,分组标准可以根据自身需要进行制定。假设分组情况是:

(1) 投保年龄分为 3 组:A_1:30 岁以下,A_2:30~60 岁,A_3:60 岁以上;

(2) 根据当地的生活水平,将年收入分为 5 组:I_1:10 000 元以下,I_2:>10 000~20 000,I_3:>20 000~40 000,I_4:>40 000~60 000,I_5:60 000 以上;

(3) 是否失效按健康保险公司标准判断。

第二步,设置模型参数,假设本次实验中设置的支持度是 8%,最小置信度是 38%(此处设置的参数只是为了举例,读者根据自己的需要可以自行定义)。

第三步,模型参数设置完成后,可以用 R 语言或者 Python 语言中的 Apriori 算法代码,对数据进行关联实验。

第四步,分析实验结果。在实际分析结果中,置信度和支持度均大于设置的数值时,说明规则是有意义的,表明二者之间具有相关性。其他的规则均无意义。

(三)产品关联性分析

除了将客户特征和产品进行关联分析外,还可以对每个客户的购买情况进行关联分析。假设对健康保险公司所有客户的产品购买情况进行分析,步骤如下所示:

首先,将所有的健康保险产品进行编号,如 A_1、A_2、A_3、B_1、C_1、C_2、C_3、D_1、D_2 等。

其次,由于不同客户购买产品的情况可能具有关联性,使用 Apriori 模型进行计算,根据自身需要设置支持度、置信度。假设置信度是 90%,支持度为 45%。

最后,分析实验结果。同样,分析结果中所有置信度大于 90%,同时支持度大于 45% 的结果是有意义的。为了使读者更容易理解分析过程,模拟以上操作过程,假设得到以下结果:前项产品编码为 E_5,后项产品编码为 B_1 的支持度为 57.5%,置信度为 94%。根据模拟结果,可以理解为 E_5 和 B_1 两种产品之间具有较强的关联性,购买产品 E_5 的人极有可能会购买产品 B_1。

通过关联分析结果,可以将健康保险产品进行捆绑销售,为客户提供一站式服务。

二、客户潜在关联价值识别

随着大数据技术的发展,数据挖掘技术在交叉销售过程中发挥着越来越重要的作用,其本质是以数据库营销为基础,对客户关系管理进行深度挖掘和应用。

在客户关系管理的过程中,无效的客户接触不但是对资源的浪费,且可能使客户产生反感情绪。目前,业内针对这一问题的主要研究方向是通过大数据分析和挖掘技术,提升营销的针对性和成功率。按照分析对象的不同,主要分为基于产品特征的模型、基于获取模式的模型和基于客户特征的模型三类。下面详细介绍基于客户特征的模型。

基于客户特征的模型指通过对客户的人口统计学特征和交易行为特征进行概括,更精确地把握客户需求,从而识别出有效的交叉销售机会。在大数据领域,这类营销机会识别的问题容易被简化为分类问题,因此有关研究常使用 Logistic 回归、决策树等流行分类算法进行计算和测试,其主要目标是区分高购买倾向客户与低购买倾向客户。由于相关算法基本成熟,研究主要集中在客户特征选择与加工上。但训练样本的采集在实际应用中并不容易,多分类算法需要在训练时采集每一类别的样本,而如何在没有任何先验信息的情况下找到低购买倾向的客户样本是一个极大障碍。

已经有文献利用数据挖掘技术研究了人寿保险数据库中客户潜在价值的关联规则。通过对客户过去购买行为进行探索和描述,挖掘出客户的进一步需求。进而根据潜在价值的程度和将来购买保险的意愿,将客户进行分割,建立客户潜在价值(Customer Potential Value,CPV)矩阵,将客户分成 4 种不同的类型,分别是开放组、欲望欠缺组、感知缺陷组和闭合组。虽然健康保险和寿险有很大差异,但是在客户分类过程中使用的数据字段具有通用性,主要包括客户的社会属性和购买记录,因此,该模型也可以用于健康保险行业。在识别健康保险行业客户的价值时,可以建立客户潜在价值矩阵,其实际步骤如下:

(一)建立 CPV 矩阵

在建立矩阵过程中,考虑年龄、年度保费(AP)、保费与收入的可接受比例($ARPI$)以及明年是否继续购买保险(IW_{ny}),其步骤为:

(1)计算每年可接受的保费(AP_{PY}),公式为:

$$AP_{PY} = 年收入 \times 保费与收入的可接受比例 \tag{5.8}$$

(2)计算下一年的潜在价值(PV_{ny})

$$潜在价值(PV_{ny}) = 可接受保费(AP_{PY}) - 年度保费(AP) \tag{5.9}$$

(3)将潜在价值(PV_{ny})根据年龄、年度保费和保费与收入的可接受比例($ARPI$)进行分类。根据潜在价值的含义,将其分成 5 个等级,等级越高表明客户的潜在价值相对较高。

（4）CPV_s 被分为 10 个等级，如表 5.1 所示。

表 5.1　　　　　　　　　　分级情况说明

PV_{ny} \ IW_{ny}	是	否
1	4	1
2	5	2
3	8	3
4	9	6
5	10	7

（5）建立客户潜在价值矩阵（CPV）（见图 5.1），其中开放组（8~10 级）中客户具有中高等的 PV_{ny} 和 IW_{ny}，是首要的客户目标群。欲望欠缺组（6~7 级）中客户有较高的 PV_{ny}，但是没有 IW_{ny}，是企业的次要目标对象。虽然没有 IW_{ny}，但是可以通过促销的方法促使其购买保险产品；感知缺陷组（3~5 级）中客户属于较低 PV_{ny}、有 IW_{ny} 或者没有 IW_{ny}、有中等的 PV_{ny} 中的任何一种，他们是第三目标客户群。闭合组（1~2 级）中的客户有低的 PV_{ny}，没有 IW_{ny}，是企业的第四客户群，不建议企业在该客户群中投入时间和精力。

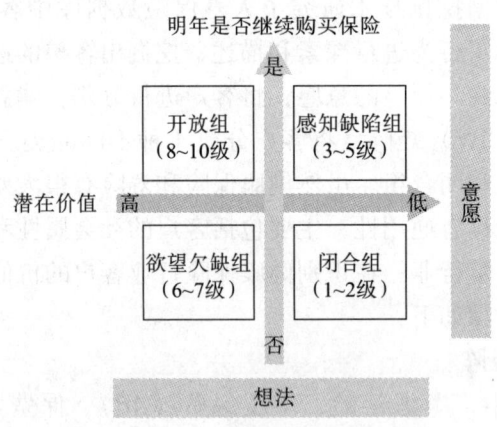

图 5.1　客户潜在价值矩阵

（二）设置相关系数

设健康保险产品集为 $I = \{I_1, I_2, \cdots, I_n\}$，客户交易集为 $D = \{t_1, t_2, \cdots, t_n\}$，其中 $t_1 \in I$，关联规则是指 $t_x \to t_y$ 的对应关系，在 D 集合中指的是 $t_x, t_y \in I$，而且 $t_x \cap t_y = \emptyset$。支持度和置信度的计算公式如下所示：

$$支持度 = (同时包括 X 和 Y 的交易数量) \times 100 / 所有的交易数量 \tag{5.10}$$

置信度 =（同时包括 X 和 Y 的交易数量）×100/包括 X 的交易数量 \hfill (5.11)

（三）明确数据统计量

本次用于实验分析的数据包括性别、年龄、居住地区、年度保费、明年是否愿意购买保险、可接受的保费与收入的比例。

（四）挖掘重要关联规则

根据已建立的 CPV 矩阵确定每类客户的重要关联规则。第一步是计算 CPV，先要计算每个客户的 PV_{ny} 值，建立关于年龄、ARPI 和 AP 的交叉表，然后根据 CPV 值将客户分成 10 个不同的等级。第二步是描述 CPV 矩阵的客户。根据 CPV 等级将客户划分为 4 个不同的客户群，并描述每一个客户群的特征。描述结果：开放组客户的主要特征是男性、单身、年龄在 20~29 岁之间和 60 岁以上、居住在市中心或者东部。第三步是通过 Apriori 算法分析每个类型客户与健康保险产品之间的关联规则。

第三节　大数据在营销渠道的应用

随着科学技术的发展，产品或服务的营销渠道和营销模式在不断地发生变化。其中，营销模式是指人们在营销过程中采用的方式，是一种体系，而不是一种手段或者方法。目前常见的模式有体验式营销、一对一营销、关系营销等。而营销渠道指的是商品从生产者流向消费者的具体途径，是一种具体的方法。二者之间既相互联系，又有区别。本节将介绍大数据时代下，健康保险公司新型的营销模式和营销渠道。研究不同营销渠道对客户影响程度，有利于针对不同客户群通过合适的渠道进行宣传。如新浪微博用户中，17~33 岁的青年群体是主要用户，同时，17~24 岁的女性使用率较高。根据这一结论，健康保险公司可以结合关联分析的结果宣传相关产品，提高宣传的效率，进一步提高精准营销的水平。

一、大数据时代下新型营销模式

随着新媒体的不断出现，消费品的营销渠道也逐渐呈现多元化。艾瑞咨询发布的 2014 年度中国网络广告核心数据显示：2014 年中国互联网广告市场规模达到了 1 540 亿元，同比增长了 40%。其中搜索引擎广告市场规模达 524.9 亿元，在线视频广告市场规模达 150 亿元。但是，目前健康保险公司在产品销售过程中以人员销售、网络销售以及熟人推荐三种方式为主，这一现象说明大多数健康保险公司没有利用新媒体在产品宣传上的优势，没有实现各种营销渠道有效整合。

大数据时代已经来临，传统的营销渠道已经不能满足市场的需要。尤其是对于健康保险行业，越来越多的新型保险营销渠道不断涌现，传统的营销模式正在向以客户为中心，提供个性化健康保险产品的方向发展。因此，精准营销成为健康保险行业的热门词汇。

（一）传统营销方式的弊端

1. 产品销售以市场为导向

在传统的营销模式下，健康保险公司在设计新产品之前，都会进行市场调研，根据调查结果确定新产品类型以及促销产品组合，然后再进行费率厘定与健康保险产品设计，实现利润最大化的同时保证尽可能地满足客户的需求。这种营销模式忽略了消费者对自身需求认识不够的可能性和公司设计产品时的局限性。消费者的不理性再加上公司本身资源的有限性，导致市场在追求销售利润最大化的过程中会遇到多种阻碍。现在，健康保险公司一般是通过客户的收入对其进行细分，忽略了地域、性别、城乡等因素对客户购买行为的影响。各公司普遍实行广撒网式营销方式，也很容易忽视保单的质量。

2. 营销渠道分工不明确

传统健康保险广撒网的营销策略缺乏针对性，各保险渠道之间分工不明确，经常出现同一客户通过不同的销售渠道收到同一个健康保险产品的保单，这种情况不仅浪费了健康保险企业的成本，而且还在一定程度上影响了企业的形象，一个连内部营销渠道都管理不好的公司没有说服力，容易导致客户对健康保险公司和产品失去信任。

健康保险公司如果对市场的细分力度不够，设计出来的新产品大同小异，差别不大的产品投放到同一个市场，无法满足各个层次客户的个性化需求。

3. 满足市场需求存在滞后性

大数据时代下的竞争不仅仅是数据量大小的竞争，更是时间和效率的竞争。新产品的面世是一个长时间的过程，包括调研、开发和包装等各环节，再加上市场数据信息缺乏网络联系，这一系列复杂的程序导致了满足市场需求的时间较长，最终，健康保险产品有可能跟不上实际发展的需要。

（二）新型营销模式

随着大数据技术的不断发展，健康保险公司通过关联规则、聚类、机器学习等方法分析了产品之间以及产品和客户之间的关联性。但是，保险公司很难将大数据分析结果与传统的营销模式结合起来。因此，许多新型的营销模式应运而生。

1. 目标营销模式

目标营销是指企业对市场进行细分，并对细分结果进行科学的评估与分析，选取一个到多个市场群体作为市场目标，采取精准的营销手段和策略，达到预期的营销效果。市场细分可以参考前文中客户潜在价值识别部分提到的方法。目标营销突破了传统营销方式中只能对市场目标定性的缺陷，通过先进的数据技术和通信技术等现代化的技术手段保持与用户的长期沟通关系，使营销效果达到可量化、可调控的目标。

健康保险公司可以通过网络爬虫技术定期实时采集客户在社交网络中发布以及分享的信息，及时整理客户的偏好以及感兴趣的内容，根据客户偏好信息对健康保险产品及品牌策略进行调整,更加精准地发布产品和服务信息。

2. 体验营销模式

体验营销模式是通过让用户观摩、聆听、尝试、试用等方式了解企业的产品或服务的一种营销模式,是一种与消费者保持高度相关互动的营销理念。这种营销模式通过产品服务与用户之间"零距离"接触来拉近企业与客户之间的关系,提升营销效果。

体验营销在每一接触交流点上提供与客户紧密相关的信息,配合对他们的独到见解,从而编制量身订制所需的营销策略,令活动目标更加明晰,成效更准确,并产生戏剧化的增长。社交网络的体验营销运用了互联网多种媒介信息传递的特点,在视觉、听觉等方面对用户进行全方位的信息传递,触动用户的感官及内心的情感,让用户对社交网络产生依赖感和归属感,刺激用户进行更多的消费行为。同时,也为客户分析提供了大量的数据基础。

3. 病毒营销模式

病毒营销模式是把健康保险产品和服务信息像传播病毒一样传递给目标受众,把信息接收者变成信息传播者,营销效果产生几何倍数增长的一种营销模式。病毒营销本质就在于"让大家告诉大家",让用户帮助传递健康保险产品信息,使小投入的营销产生大的作用,实现营销的杠杆作用。

具有一定商业价值和传播价值的健康保险产品信息就是病毒营销模式中所谓的"病毒",病毒营销就是把这些"病毒"通过可靠的传播主体高效迅捷地传递给广大相关用户,同时对营销效果进行实时监控,及时采取积极的调整措施,确保预期营销效果达成。可靠的传播主体必须具有一定的影响力,在虚拟社区中能够起到"意见领袖"的作用。选择影响力大的传播主体时可以使用 PageRank 算法,主要是对用户的粉丝数量和文章转发数量进行分析。其应用步骤如下:

第一步,准备数据。根据自身需要,通过网络爬虫技术在不同社交网站上搜集数据,包括粉丝数量、文章转发数量。

第二步,从用户粉丝数量角度出发,利用 PageRank 算法对基于用户关注关系的有向图进行用户影响力计算,得到影响力评价因子。

第三步,从用户之间相互行为角度出发,再次利用 PageRank 算法对基于微博转发关系的有向图进行用户影响力计算,得到影响力评价因子。

第四步,综合考虑用户好友关系和用户转发行为之间的相互影响,选择合适的权值,对前面得到的两种影响力评价因子进行加权计算,得到最终的用户影响力值。

二、大数据下健康保险的营销渠道

健康保险企业内部数据虽然很多,但是很难满足数据分析的需求,不能对客户的行为偏好以及兴趣爱好进行分析。于是,健康保险公司利用现有的社交平台和技术手段开创新型的营销渠道对产品进行宣传。这一举措不仅能够丰富企业的宣传渠道，同时也能扩大企业数据量，为数据挖掘和分析提供数据基础，实现保险产品的精准营销。

（一）利用搜索引擎进行营销

搜索引擎营销（Search Engine Marketing，SEM），是以用户检索的习惯为基础，利用用户对搜索引擎的依赖性和使用偏好，在用户采用搜索引擎查询信息时，使目标用户感知到营销信息。该营销手段的目的是让用户发现营销信息，通过点击信息操作进入网页，从而了解更多的信息。健康保险企业可在搜索引擎端进行付费，从而使用户能够与公司客服直接交流及交易。

用户在使用搜索引擎获取其目标信息的过程中会逐渐产生对搜索引擎的信任感，这也是搜索引擎营销价值的重要体现。健康保险公司可以在网站用户的搜索结果中展现相关产品或者公司的明星类产品，同时可以通过对用户检索记录的统计和分析发现潜在消费者，如用户访问网站次数越多，其购买健康保险产品的可能性就越大；对于一段时间内连续访问网站的用户可以进行电话回访，并详细介绍查看次数较多的健康保险产品信息。

与传统营销渠道相比，其优势表现为以下四点：第一，客户范围扩大，打破了时间和地域的限制；第二，对网站使用者进行分析，提高健康保险产品销售的针对性，投放更加精确；第三，产品宣传速度加快，这种模式下客户主动接受信息，传统营销渠道大多是被动的；第四，可以对健康保险产品推广的效果进行查看。在网络营销的各种手段中，搜索引擎营销已是当前健康保险企业发展网络营销和获取客户的最直接有效的重要手段之一。

（二）社会化营销

现在，社会化营销正在建立一个不亚于传统搜索引擎的在线营销新市场，社会化营销的投资回报率也远远高于传统搜索引擎。在社会化平台与环境中，网民不再是纯粹的消费者，而是通过用户生成内容（UGC）兼具了生产者和参与者的角色；媒体在继续扮演生产者的同时，也是组织者、平台提供者、参与者与纽带；对广告主而言，品牌曝光不是唯一追求的指标，同时还要追求互动、参与、沟通以及营销实效。社会化营销之所以获得突飞猛进的成长，离不开精准化的营销效果，而这是建立在海量的互联网数据基础上的，是建立在对人的了解和分析基础上的。

健康保险营销中越来越多地运用了社交媒体和情感分析方法（Sentiment Analysis）。情感分析是指通过情感分析技术（意见发掘）侦测正面或负面评价，进而识别相应情绪的方法。社交媒体应用正在茁壮发展，排名前十的保险企业已经意识到社交媒体的重要价值，并开始探索和利用社交媒体以提升其品牌感知度，以及强化潜在客户、投保人和供应商的参与。

随着智能手机的普及，微博（或微信）是人们交流和关注事件的重要平台之一。

人多的地方容易产生领导者和影响力大的人物，那么微博（或微信）平台上的大人物就被称为"网红"。微博（或微信）"大V"们的粉丝量大都成千上百万。健康保险企业如果通过微博（或微信）平台发布新产品和服务，可以降低向普通大众宣传的难度，提高企业的品牌知晓度。新社交媒体的出现为健康保险产品宣传提供了一种新的形式，通过网红的影响力也可以进一步扩大健康保险的营销效果。

同时，健康保险公司也可以建立自身的官方账号，随时发布公司关于理赔等服务的最新政策动态，也可以通过设立专门的客服人员向已经购买保险的客户提供跟踪服务和理赔进展查询服务，增强企业的品牌影响力。

社会化营销目前比任何传统媒体都要更了解"人"，围绕"人"的核心，也就是抓住了模式的根本。如果把每个"人"的活跃性都调动起来，那将会产生巨大的影响力，由此则可以产生社会化消费。目前，一个非常有效的办法就是实行"有奖"分享，对参与分享品牌、产品、活动的消费者进行奖励。因为消费者的分享是一种付出，如果某个人对某个品牌的一个分享，带来了几百个朋友对这个品牌的了解、关注，甚至购买，那么这个分享者理应受到商家的奖励。

未来，社会化营销的营销网络将覆盖微博、社交网络、社区等全媒体平台，整合微博运营、创意推广、活动推广、线上线下结合等全项目运作手段，具有可衡量指标等特征。

（三）O2O 保险营销

随着移动互联网的发展，O2O（Online - to - Offline）在保险营销方面有了新的契机，主要有三个方面：首先，健康保险产品呈现有形化趋势，能够结合消费者所处场景，通过一些有形手段，如线上视频、增强现实等，把保险条款及服务流程推送到消费者移动终端，从而提高消费者对健康保险产品的了解。其次，利用移动互联网等手段，能够实现与消费者相关产品服务的捆绑、交叉销售。最后，采用自助服务的方式，通过移动终端及移动互联网将服务信息透明化，加快理赔效率，为消费者提供部分自助功能，比如通过手机查询理赔流程、报赔等。

（四）P2P 保险营销

P2P（Peer - to - Peer）营销模式将从根本上挑战保险的存在方式，该模式将客户作为节点，每个节点既是产品的提供者，同时又是消费者，利用客户的影响力销售产品。保险 P2P 模式始于互助，最初为基于单纯人际关系的简单互助，后来转变为基于合同关系的互助。在互联网以及大数据背景下，"互助"元素以经营理念、模式和技术的形式回归社会风险管理领域，且不仅仅是一种组织形式的回归。"众保"模式，互联网背景下一种全新的集合方式。在健康保险领域内，国外已经具有了一些成果，如德国的 Friendsurance 公司。Friendsurance 是首家提出 P2P 保险概念的公司，其使用流程是投保人缴纳一定的保费之后，与投保人列表上的人建立互助关系。一旦对方出险，分担最多 30 元的损失，投保人在该时间段没有出险，则有一定的奖励返还。

例如缴纳保费100元，其中的60元进入保险资产池作为大额赔付资金来源，剩下40元作为未出险奖励和小额赔付资金来源，平均返还金额占比33%。

三、营销渠道的选择

随着新媒体的不断出现，各种健康保险产品的营销渠道也在不断增加。如何实现各种营销渠道的整合成为一个迫切需要解决的问题。渠道整合可以引导不同类型客户在自己需要的基础上，进行渠道选择，从而实现各渠道的成本优势，使各渠道在服务过程中密切配合，取长补短。目前，关于营销渠道选择的研究主要有两条途径。一条途径是研究客户渠道偏好时，对选择的影响因素进行定性分析，最后提出相应的概念模型，例如 Black 通过分组讨论的方法，得出结论：消费者渠道的选择受自身条件、组织特征以及产品的影响。这些研究成果有助于对保险客户渠道选择的内在机理的理解，但其难以直接应用于商业实践中。另一条途径是借助统计学的数据分析方法，以及多维数据分析手段进行渠道推荐。可基于潜在分类多项选择模型（潜在分类 MNL 模型），对不同客户群体的渠道选择行为特征进行研究。其应用的具体步骤如下：

（一）模型建立

根据潜在分类 MNL 模型，构建健康保险客户的渠道选择行为模型。首先对客户群体进行细分，利用社会人口统计学特征对客户群体进行分类，接着考察各销售渠道服务的复杂度，以及渠道的属性对各群体渠道选择偏好的影响。

在构建模型过程中，将渠道的属性水平、服务复杂度作为组内效用模型的自变量，其会影响客户对服务渠道的选择。将用户的人口统计学特征作为成员概率模型的自变量，包括上网经验、教育程度、年龄、性别、家庭人均收入，这些统计特征均会对客户选择渠道的概率产生影响。

（二）变量测量和数据调查

分析数据主要是通过发放调查问卷的方式进行收集的。在量表的设计过程中，考虑便利性、可靠性、友好性以及成本四个测量维度。便利性量表共包括渠道接入时间及地点、渠道营业时间、时间安排灵活性。友好性量表包括业务办理说明是否简单易懂、业务办理过程是否简单、对客户要求的高低、帮助信息是否齐全。可靠性量表包括承诺服务质量、是否有效协助解决问题、是否无差错提供服务、是否能在承诺时间内提供服务、是否会通知客户、何时履行服务。成本量表包括时间、精力、麻烦程度和手续费。

（三）模型估计与分析

首先，计算各个潜变量的因子得分，即利用 MPLUS 的测量模型计算其得分，之后采用 MPLUS5.0 与潜在分类 MNL 模型决定其分组。在实验中，可以将测试者分成 2~6 组进行测试，根据 AIC 指标和 BIC 指标确定分组数。

其次，对成员概率模型以及组内效用模型中的参数进行估计。在成员概率模型中,将潜在分组中的一组设为参照组,根据成员概率模型的参数估计结果和组内效用模型的参数估计结果得出结论。

(四)结论

1. 及时收集信息,为后续开发奠定基础

产品开发人员在健康保险产品投入市场以后,应该定期监测产品动向,及时将有关产品的销售成绩、客户反馈信息和销售人员销售评价等信息进行整理,作为日后进一步改进产品和开发新产品的重要依据。

2. 充分利用产品销售的多渠道优势

健康保险制定销售策略时,要发挥代理人销售、经纪人销售和直销等渠道优势,将传统渠道与发展迅速的电话销售渠道、银行销售渠道、互联网销售渠道进行融合,利用电子商务平台、微博、微信等互联网渠道的优势,不断拓宽健康保险产品的销售范围。

3. 采用整合营销策略,提高产品营销能力

整合营销策略是指综合、协调地使用各种不同的营销手段,发挥不同传播工具和营销策略的优势,从而使企业的广告传播和产品销售实现策略低成本化。商业健康保险产品能够通过整合营销策略在目标市场上展示突出的竞争地位和经营特色,提高产品的销售绩效。跨渠道营销是大数据时代健康保险营销的一个必然趋势。

本章小结

精准营销,是指在对客户进行精准定位之后,依托现代信息技术建立一套个性化的客户沟通服务体系,进而实现企业可度量的低成本扩张。健康保险企业可以在客户全生命周期中应用大数据技术进行精准营销。在潜在客户获取阶段,可以通过识别客户的基本特征、需求以及行为特征建立消费者画像,更好地了解新需求,增加新客户;在客户成长阶段,可以利用聚类和关联规则的方法对客户进行细分,针对客户的特点推荐产品,并可以通过估计和分析客户终身价值,形成个性化的营销模式,提高现有客户的满意度;在客户成熟阶段,在客户洞察、分析和服务的基础上,增加客户关系维护,维护老客户的成本要远远低于吸引新客户的成本,同时可以建立数据驱动的客户精细化运营平台,维护健康保险企业内部的老客户;在客户价值衰退和客户流失阶段,其主要任务则是通过建立客户流失监测与预警模型,对客户进行检测,减少客户流失,赢回已流失的客户。

交叉营销是精准营销的一部分,健康保险产品采用交叉销售的模式有利于实现精准营销。首先,通过关联分析算法对购买产品信息进行关联,实现对产品的分析,制定健康保险产品的捆绑销售策略,并对已经购买产品的客户进行关联产品推荐。其

次，计算客户潜在价值并根据计算结果对现有的客户进行分类，进而分析不同类型客户购买倾向，有针对性地向购买率高的客户推荐关联产品，以较小的成本实现最大收益。随着科学技术和互联网的不断发展，出现了越来越多的社交平台，这些平台也为健康保险产品宣传提供了新的渠道。实现各种渠道的有效整合，有利于提高健康保险的销售效率。最后，利用潜在价值模型对现有销售渠道进行分析，针对不同的人群采用不同的营销渠道，提高营销渠道的针对性。

思考题

1. 客户生命周期一共有几个阶段？分别是什么？
2. 简要说明生命周期的 5 个环节应该如何应用大数据技术？
3. 客户生命周期的 5 个部分在应用上有什么共性？
4. 什么是交叉营销？应用交叉营销会带来什么好处？
5. 如何在健康保险行业实现产品的交叉销售？
6. 什么是 Apriori 算法？该算法的基本原理是什么？
7. 精准营销的定义是什么？实施精准营销策略可以在哪几方面提高公司的效率？
8. 在客户流失阶段，企业会失去很多客户，针对这种现象，公司应该如何对客户进行区分并进行挽留？
9. 目前，新兴的营销方式都有哪些？他们之间是否有共性？如果存在，请举例说明。
10. 建立客户用户画像过程中，应着重描述客户的哪个维度的数据？哪种数据更能提高企业盈利水平？

专业术语

1. 用户画像（Persona）：是真实用户的虚拟代表，是建立在一系列真实数据之上的目标用户模型。通过用户调研去了解用户，根据他们的目标、行为和观点的差异，将他们区分为不同的类型，然后在每种类型中抽取出典型特征，赋予名字、照片、一些人口统计学要素、场景等描述，就形成了一个人物原型。

2. 消费者行为（Consumer Behavior）：在狭义上讲，消费者行为仅仅指消费者的购买行为以及对消费资料的实际消费。在广义上讲，消费者为索取、使用、处置消费物品所采取的各种行动以及先于且决定这些行动的决策过程，甚至是包括消费收入的取得等一系列复杂的过程。消费者行为是动态的，他涉及了感知、认知、行为以及环境因素的互动作用,也涉及了交易的过程。

3. 人口属性(Population Attributes):人具有的出生、生长、衰老、死亡的自然发展过程,有自身的遗传、变异及全部生理机能,是人口在自然规律作用下的生物属性。人口的政治、经济、文化等各种活动是以社会为单位,在不同社会环境和条件作用下进行的,因此,人口又具有社会属性。人口属性是生物属性和社会属性的统一,不因社会经济条件和自然地理环境异同而改变其固有的性质和特点。

4. 客户价值(Customer Value):目前对客户价值的研究正沿着三个不同的侧面展开。一是企业为客户提供的价值,即从客户的角度来感知企业提供产品和服务的价值。二是客户为企业提供的价值,即从企业角度出发,根据客户消费行为和消费特征等变量测度出客户能够为企业创造的价值。该客户价值衡量了客户对于企业的相对重要性,是企业进行差异化决策的重要标准。三是企业和客户互为价值感受主体和价值感受客体的客户价值研究,称为客户价值交换研究。

5. 个性化营销(Personalized Marketing):所谓个性化营销,最简单的理解就是量体裁衣。就是企业面向消费者,直接服务于顾客,并按照顾客的特殊要求制作个性化产品的新型营销方式。它避开了中间环节,注重产品设计创新、服务管理、企业资源的整合经营效率,实现了市场的形成和裂变发展,是企业制胜的武器。特别是随着信息技术的发展,个性化营销的重要性日益凸显。

6. 客户生命周期(Customer Life Cycle):客户生命周期是指从一个客户开始对企业进行了解或企业欲对某一客户进行开发开始,直到客户与企业的业务关系完全终止且与之相关的事宜完全处理完毕的这段时间。客户的生命周期是企业产品生命周期的演变,但对商业企业来讲,客户的生命周期比企业某个产品的生命周期重要得多。客户生命周期描述的是客户关系从一种状态(一个阶段)向另一种状态(另一个阶段)运动的总体特征。

7. 交叉销售(Cross-Selling):交叉销售即借助客户关系管理(CRM),发现顾客的多种需求,并通过满足其需求而销售多种相关服务或产品的一种新兴营销方式。

8. Apriori 算法(Apriori Algorithm):Apriori 算法是一种挖掘关联规则的频繁项集算法,用于挖掘内含的、未知的却又实际存在的数据关系,其核心是基于两阶段频集思想的递推算法。该算法已被应用到商业、网络安全等各个领域。

9. 客户关系管理(Customer Relationship Management):客户关系管理指的是企业为提高核心竞争力,利用相应的信息技术以及互联网技术来协调企业与顾客间在销售、营销和服务上的交互,从而提升其管理方式,向客户提供创新式、个性化的客户交互和服务。其最终目标是吸引新客户、保留老客户以及将已有客户转为忠实客户,增加市场份额。

10. 营销渠道(Marketing Channels):营销渠道是指某种货物或劳务从生产者向消费者移动时,取得这种货物或劳务所有权或帮助转移其所有权的所有企业或个人。

11. 整合营销（Integrated Marketing）：整合营销是一种对各种营销工具和手段的系统化结合，根据环境进行即时性的动态修正，以使交换双方在交互中实现价值增值的营销理念与方法。整合就是把各个独立的营销综合成一个整体，以产生协同效应。这些独立的营销工作包括广告、直接营销、销售促进、人员推销、包装、事件、赞助和客户服务等。企业应战略性地审视整合营销体系、行业、产品及客户，从而制定出符合企业实际情况的整合营销策略，包括旅游策划营销、事件营销等相关门类。

12. 服务定制（Service Customization）：个性定制是定制人应该完全按照受定制人的意思表达制作出符合受定制人要求的意愿（在受定制人无法准确表达个人意愿时，定制人应该从专业的角度结合受定制人的个人实际情况，提出建设性的、有利于受定制人的定制方案），而且通常为以后的扩展提供必要的支持，这样才是一个完善的定制服务。

13. 客户潜在价值（Customer Potential Value）：客户潜在价值是由于供应商以一定的方式参与客户的生产经营活动过程中而能够为其带来的利益，即指客户通过购买商品所得到的收益和客户花费的代价（购买成本和购后成本）的差额，企业对客户价值的考察可以从潜在客户价值、知觉价值、实际实现的客户价值等层面进行。

14. 营销模式（Marketing Model）：营销模式是指人们在营销过程中采取不同的方式方法。

15. 搜索引擎营销（Search Engine Marketing）：搜索引擎营销就是根据用户使用搜索引擎的方式，利用用户检索信息的机会尽可能将营销信息传递给目标用户。简单来说，搜索引擎营销就是基于搜索引擎平台的网络营销，利用人们对搜索引擎的依赖和使用习惯，在人们检索信息的时候将信息传递给目标用户。搜索引擎营销的基本思想是让用户发现信息，并通过点击进入网页，进一步了解所需要的信息。企业通过搜索引擎付费推广，让用户可以直接与公司客服进行交流、了解，实现交易。

16. 网络营销（Network Marketing）：网络营销是企业整体营销战略的一个组成部分，是为实现企业总体经营目标所进行的，以互联网为基本手段营造网上经营环境的各种活动。网络营销可以利用多种手段，如 E－mail 营销、博客与微博营销、网络广告营销、视频营销、媒体营销、竞价推广营销、SEO 优化排名营销、大学生网络营销能力秀等。总体来讲，凡是以互联网或移动互联为主要平台开展的各种营销活动，都可称之为整合网络营销。简单来说，网络营销就是以互联网为主要平台进行的，为达到一定营销目的的全面营销活动。

第六章

大数据背景下健康保险公司和医院的合作博弈

大数据的应用不仅能够优化健康保险产品本身,还能够使相关利益主体之间的关系发生改变。保险公司和医疗机构的合作和竞争关系是其中最重要的关系之一。

本章从保险公司和医院的关系着手,首先阐述了当前"健康中国"背景下中国国内健康保险公司和医疗机构的关系现状及发展趋势。之后,结合国内外案例,分析了"过度医疗现象""商业健康保险发展受阻""私人医疗对商业健康险的依赖"和"医疗机构对病患的需求"这四点促使保险公司和医疗机构建立合作的原因。然后,通过具体的国内外的案例介绍了目前保险公司和医疗机构的主要合作模式,并着重分析了中国人保健康系统在大数据背景下实际应用的案例。最后,本章建立了博弈模型,引入了大数据变量,通过保险公司和医疗机构在博弈中利润水平的变化,给出了大数据背景下两者的合作均衡共赢状态。为大数据背景下健康保险公司与医疗机构的合作提供了理论支撑。

第一节　健康保险公司与健康管理和医疗机构相关政策概述

2014 年 8 月 13 日,国务院发布《国务院关于加快发展现代保险服务业的若干意见》(以下简称"新国十条"),提出了保险业的发展目标:到 2020 年,中国保险深度预计达 5% 的水平,保险密度预计达到人民币 3 500 元/人。按照国务院的这一目标要求,到 2020 年中国的保险行业年保费收入水平预计达人民币 4.73 万亿元,保费的年复合增长率约为 15.5%。在健康保险方面,提出要推进保险服务业与医疗服务业融合发展,鼓励保险机构参与健康服务业产业链整合,积极探索促进具有资质的商业保险机构开展各类医疗保险经办服务。

2016年6月，人力资源和社会保障部办公厅出台了《关于开展长期护理保险制度试点的指导意见》，支持商业保险机构参与经办护理保险，并鼓励商业保险公司尝试开发适销对路的商业护理保险，旨在满足多层次、多样化的长期护理保障需求。

中共中央、国务院于2016年10月25日印发并实施了《"健康中国2030"规划纲要》（以下简称"纲要"）。在纲要的第四篇"完善健康保障"中明确提出，要丰富健康保险产品，鼓励开发与健康管理服务相关的新型健康保险产品。着力推进商业保险公司与体检、医疗、护理等机构建立合作关系，发展健康管理组织等新型组织形式。预计到2030年，现代商业健康保险服务业将获得进一步发展。2016年12月，国务院印发《"十三五"深化医药卫生体制改革规划》，大力鼓励和支持参与医保经办等服务，形成多元经办、多方竞争的新格局。

不论哪一种医疗体制改革道路，目标均是实现医疗资源的全面覆盖。随着中国人口老龄化的加剧，未来政府卫生经费的投入将持续增加，但这一支出相对于庞大的医疗卫生需求始终有限。政府资源应该向能够体现公益性的基层医疗系统倾斜，从而实现投入性价比的最大化。同时，将小病保留在基层医院层面解决，能够有效促进医疗系统运行效率的提升。而对于高端医疗需求而言，市场化的需求更为突出，高端医疗支出由有经济支付能力的富裕人群自行投入。因此，高端医疗将成为医疗市场的重要增长点，这也将是未来投资机会集中体现的领域。与此相适应，高端医疗保险将成为商业健康保险市场的重要新兴发展方向。预计2017~2022年，中国每年约有3 000万~4 000万人需要接受高端医疗服务，高端医疗保险市场体量至少可达200亿元，并逐步由上海、北京等一线中心城市扩展到成都、苏州、南京、武汉等中西部二线城市。与之相对应的健康保险服务将会有很大发展空间。

第二节 健康保险公司与医院建立合作的原因

一、过度医疗现象

纵观世界，医患合谋欺骗保险人的行为始终是健康保险市场上挥之不去的阴霾。在2010年美国发生的一起"历史上最大联邦医疗保险欺诈案"中，美国联邦政府对多达94名嫌犯提起了集体诉讼，其中包括大量的医生和护士等医疗从业人员，涉案金额高达2.5亿美元。从理论上来说，在一个成熟健康保险市场上，相对于保险公司和患者两个重要的保险责任主体，医疗机构或医生应当作为独立的第三方出现，其独立性同时包含着公平性，肩负着向保险公司报告患者健康状况，并向患者报告医疗费用真实信息的重任。而在现实的操作过程中，医院单方面过度医疗或医患协同获利的现象（以下统称为"过度医疗"）在医疗服务提供方尤其是中小医疗机构中往往较为普遍，并不断滋生和蔓延。

医院方过度医疗现象又有多种具体表现形式。其中，在中国最为普遍的一种表现形式是，部分医师为获得医药供应方等所提供的激励性"回扣"，而向药品需求方也就是患者提供过量甚至过多种类的产品或者服务。此外，缺乏诚信的医疗机构为了获得更多的保险赔付，进行一些操作使其供应的不必要的医疗服务显得合理，做出错误的诊断报告。更有甚者，由于一些国家通常没有具体的证据能够证明供方是否提供了某项服务（如某项嵌入到综合服务中的化验），而患者通常也难以分辨是否使用了这些服务，医疗机构仍然会就实际并未发生的医疗服务向保险公司方要求赔付。

在医患协同获利的现象中，医院方或为健康人开具患病以及诊治证明，或为轻微病人开具较重疾病的证明及诊治材料。病人再持有这些材料向保险公司方索取更高额度的保险资金，而医生代表的医疗机构方则能从中获得一定比例的利益分成。基于上述情况，大部分运行商业健康险的保险公司都会限制就诊医院的等级，往往拒绝为那些并不在理赔范围内的医疗机构的诊疗费用"买单"。同样原因，针对某些治疗过程过于复杂或信息严重不对称的疾病，保险公司也常常拒绝对其提供相应的健康保险产品。

目前，中国的保险公司和医院之间很少存在资本从属的关系，同时也缺乏有效的监督和激励机制去实现二者有效的风险共担和利益共享。很多医院往往出于自身利益考虑，放宽对被保险人的体检审核标准从而引入高风险的投保人群参与其中，或者是在治疗过程当中，诱导被保险人的医疗服务需求，进而得到提高医疗费用的目的。而保险公司作为信息不对称的劣势方，由于观察不到医院的这些不端行为，也无法对医院的行为进行有效监督。同时在核保、理赔等风险控制环节得不到医疗机构的关键性配合，直接增加了保险公司风险控制的难度。而中国的保险公司通常采用选择"定点医院"的形式，这种自由度较高的形式对于保险公司与医院目标的一致化有着很大的阻力，并且不利于保险公司对医院与患者之间的医疗行为进行有效监督。尽管保险公司也尝试针对性地采取一些措施去防范逆向选择和道德风险等问题，但由于保险公司处于信息弱势，这些措施往往收效甚微。

二、医疗技术推高医疗费用

医疗技术的高速发展进一步推高了医疗费用的提升。一是微创外科技术。按物价部门规定，除术中增加医用耗材费用外，使用胸腔镜、腹腔镜等可加收600元/次，微创技术本身可加收600～1 400元/次，使用超声刀、氩气刀技术分别可收1 300元/小时和300元/次。与传统手术方式相比，微创外科技术的医疗费用约增长了1 000～3 000元/人次。二是新医用材料的应用。如上述普通微创外科技术中增加耗材费用约1 200～5 000元/例。胸外科技术中耗材约增加4 000～12 000元/例，泌尿外科技术中耗材约增加3 000元/例。脑外科技术中耗材约增加2万～7万元/例，仅立体定向脑深部刺激器植入达15万元/例。超声/CT引导下放射性粒子420元/颗，一次需植入50~100颗，费用为21 000~42 000元/次，介入科用射频消融导管22 100元/根。三是三维适形调强放疗，也称为精确放疗，费用约为2.5万元/疗程，比普通放疗费用增加约5 000元/疗程。四是诊断技术。PET-CT7515元/次，一个化疗相关基因表达检测1 200元/项，脱氧核糖核酸测序400元/点位。从总体来看，医疗技术内容广泛，包括多种诊疗手段的提升，如生物、内镜、热疗等，这些技术的发展都直接或间接增加了安全隐患和费用。

因此，保险公司通过与医疗机构建立有效的合作，可以进一步高效地监督医疗机构在诊疗过程中的费用支出，从而更好地控制保费支出。

三、私人医疗对商业健康险的依赖

在一些国家的私人医疗机构中，没有商业健康险的病人是不能够得到救治的。

在私人医疗更为发达的美国社会，患有非急性疾病的美国人因为没有商业保险会被私人医疗机构拒之门外，同时也没有足够的钱支付公立医疗的住院费用，而等到病情危重到需要紧急救治时，即便能够暂时得到救治，能够延续的生命年限也将大大缩短。而这种就医需求也为保险公司创造了新的机会。保险公司可以通过与私人医疗机构合作，进而吸引客户投保商业健康保险，在为患者提供更好的健康保障的同时，提升其自身的利润空间。

中国内地的私人医疗机构也在蓬勃发展。预计未来，随着中国私人医疗机构的发展，中国也将面临"私人医疗对于商业健康险的依赖"这一困境。通过建立合作，商业保险公司可以更好地利用私人医疗机构在基层和社区的影响力进行商业健康保险的推广，同时提高自身的用户黏性。

四、医疗机构对病患的需求

医疗机构作为营利性组织同样需要足够的病患来支撑其正常的运行，医疗机构彼此间的激烈竞争也迫使其通过与健康保险人的合作，寻求自身的发展。一种普遍的方式是与保险公司建立定点医疗合作服务，通过复制保险公司的客户群来挖掘自身的潜在病患需求，这种方式不仅能够精准地获取高质量的病患群体，而且还能利用医院掌握医疗信息这一优势与保险公司建立博弈关系，极大地压缩吸纳病患本身所需要支付的成本。

保险公司定点医疗机构的建立也是其推广增强自身影响力的重要手段。保险公司将自己的客户群安排到对应的定点医疗机构就医，进一步完善和强化保险公司和医院的合作关系。

第三节　健康保险公司与医院建立合作的形式及实例

患者和医疗机构在追求自身利益最大化的同时，对医疗费用支付方的健康保险公司产生了明显的负外部性，即医疗机构通过主动诱发莫须有的医疗开支而增加自身收入的同时，损害了保险公司的利益；而整个社会也因为医疗资源的浪费而具有负外部性。解决外部性的行之有效的办法是将外在问题内部化，从而依靠市场主体自身的内部决定来调和矛盾，进而解决问题。保险公司与医疗机构在股权关系上可以互相渗透或融为一体，利益的趋同性在很大程度上能抑制医疗机构过度服务和虚高收费的动机，真正达到抑制医疗资源浪费、推动医疗资源优化配置的效果。

保险公司与医疗机构的合作目前主要有两种模式：一是保险公司直接投资设立自己的医疗机构对自己的被保险人开展医疗服务；二是通过投资参股现有的医疗机构，通过股权上的合作关系进一步加深双方的合作内容和经营深度，从而达到监督和利润共享的目的。

一、国际经验：德国健康保险公司进入医疗和健康管理领域

根据德国的《社会保险法》规定，年收入低于 49 950 欧元的本国居民必须强制参加国家的法定医疗保险，年收入高于这个水准的居民可以根据自身需要在商业健康保险和法定医疗保险之间选择。德国的法定医疗具有保险保障全、覆盖广的特点，为近 90% 的德国人口提供了医疗卫生保证，其余约 10% 的人口则选择商业健康保险。德国拥有严密的健康保险法律基础，对商业健康保险专业经营进行了严格管控，这使得德国商业健康保险形成了一套极其专业、细致的技术和数据系统，其相对应的健康保险市场也高度成熟。

德国健康保险公司（以下统称为 DKV 公司）是目前德国最大的商业健康保险集团，其分支机构遍布全球各地。2008 年金融危机期间，DKV 公司的保费收入达到 37.45 亿欧元，在本国的健康保险市场占有率为 12.3%。DKV 公司从 2001 年开始开展医疗机构投资，投资金额约占每年总保费收入的 3%～4%，其具体范围包括传统的住院医疗、门诊医疗和长期护理三个部分。住院医疗方面，DKV 公司选择投资入股德国两大医院管理集团——Mediclin 集团和 SANA 医院集团，股权比例分别为 24.9% 和 20.3%，以实现对住院医疗服务端的掌控，构建利益共同体；在门诊医疗方面，DKV 公司采取建立全资子公司的方式实现产业链上下游的控制；在长期护理方面，DKV 公司在 2002 年和 2004 年建立了两家老年公寓。通过建立自身的健康服务网络，DKV 公司得以在成本控制与风险管理上占据主动地位，从而在竞争激烈的德国健康险市场上始终保持领先优势。不仅如此，德国健康保险公司也是首家进军中国

内地市场的海外健康保险公司，海外业务发展相对较快。

二、中国实践：健康保险公司与医疗机构的合作方式及案例

目前，保险公司在中国大陆可以选择的投资参股医疗机构的主要方式包括入股集团化公立医院、参与地方公立医院改革、入股专科连锁医院、入股专业体检机构四种。同时与医院合作搭建电子核保专家系统平台。

（一）入股集团化国际医院

保险公司入股集团化大医院是投资参股现有医疗机构的一类较为普遍的方式。纵观欧美发达国家医疗产业的发展历程，发现几乎各个国家都存在多家大型医院通过不断并购或自建医疗机构的方式扩大规模，从而逐步实现医院集团化的现象。这时保险公司直接入股集团化大医院成为其投资者，可以利用集团化大医院的声誉和客户资源提高自身的品牌价值。然而，集团化大医院往往自身具有较强的实力，对于外部资金需求相对较弱；同时，由于集团化大医院改革涉及多方部门，股权结构相对复杂；参股集团化大医院门槛相对较高，各方资金对优质资产的竞争也更为激烈。这就对保险公司提出了更高的要求。

平安健康入股美国联合健康

随着业务领域扩张、客户基数增加，保险公司开始尝试借助国外已有的健康服务平台来构建服务网络，满足更大范围的客户需求，平安健康的海外操作就是近年来较为成功的一个案例。这一服务网络主要通过 ACM – Global 的医疗网络实现。客户通过这一网络，可以便捷地在全球五大洲范围内超过 140 个国家和地区的 50 万家医疗网络参与就诊，这在全球医疗资源整合上迈出了重要一步。平安健康险目前自建的医疗网络已经覆盖包括中国境内、港澳台地区及新加坡、泰国等地。2014 年 11 月，平安健康险与美国联合健康达成合作意向并完成协议签约，着力增强健康险海外医疗网点实力，平安健康也建立了第一个团体客户，开始转换使用美国联合健康在美国的医疗网络。

美国联合健康是全美医疗领域口碑排行第一的知名品牌，其不仅在全美布局了庞大的医疗网络，大约有 70 万的诊所及 6 000 家医院，可以在美国地区支持其提供服务，而且有众多世界级知名医疗研究机构和医院作为技术支撑，其中包括梅奥医学中心、安德森癌症中心、波士顿儿童医院、麻省总医院等。同时，其客户还可以通过美国联合健康的医疗网络在医疗领域享受较大力度的优惠。平安健康与美国联合健康的合作，扩大了在美国地区的医疗网络覆盖深度。广泛纵深的医疗网络合作能够为客户提供更为便捷、舒适的医疗体验。

此外，为了在美国能够享有额外保障，客户可在选择投保时，选择将美国联合健康的网络加入其国际保障中，在美国享受更好的结算网络和一站式服务。在美国外的其他地区，客户同样可选择遍及全球的 ACM 医疗网络。

美国联合健康公司本身就是美国最大的卫生保健企业（按收入计算），为7 000多万美国居民提供医疗服务，同时还与全美85%的卫生保健机构开展多方位的合作共建，提供几乎涵盖所有类型的卫生保健产品。在美国，联合健康集团拥有最庞大的医院、卫生设施及护理人员团队和网络，可以为全美98%的民众提供从小到大的卫生保健服务，其中直接资源包括超过65万名的医生和医疗护理人员，5 200家医疗机构包括医院和各类卫生设施，11万名牙科医生以及6万家药房。大覆盖面的医疗服务网络不但使联合健康集团能够最大限度地利用整体资源控制医疗成本，也在诊疗过程中积累了大量卫生保健数据。这些数据在平安健康公司的产品开发、风险识别和控制、市场营销和服务改善中，都是极为宝贵的资源，也为公司保持全球领先地位提供了重要保障。

（二）入股民营医院

作为公立医院的有效补充，民营专科医院试图将某一专科治疗领域做深做精，同时发挥比公立医院更好的服务质量、较低的治疗费用等优势，在细分的专科治疗领域依靠自己的品牌和管理质量迅速扩张。民营医院股权结构相对简单，且由于扩张需要对资金要求相对较大，险资相对容易进入。

泰康投资南京仙林鼓楼医院

2015年9月29日，泰康人寿与南京仙林大学城管委会就泰康人寿战略投资南京仙林鼓楼医院项目正式签署增资扩股协议。泰康人寿将控股南京仙林鼓楼医院投资管理有限公司，南京鼓楼医院将是该医院的另一个战略股东。

南京市仙林鼓楼医院是南京东部地区唯一一所按照三级医院标准建设的综合医院。2006年，由仙林大学城管委会与南京鼓楼医院合作建设的南京仙林鼓楼医院项目正式立项，2013年11月，医院建设完工并开诊试运营。股权结构简单而且水平相对较高，具有较好的成长空间和投资价值。泰康人寿作为中国内地的知名寿险公司，近年来不断加强对医疗、养老等现代服务业基础设施的投资和建设，同时提供优质高效的医疗、养老等现代化的服务和管理，致力于成为大健康产业的商业旗舰。因此，良好的合作条件使二者的合作关系能够顺利搭建。

泰康人寿与南京仙林鼓楼医院本次合作总投资超过50亿元，旨在打造国际医学中心和医养结合示范项目。与鼓楼医院携手之后，泰康人寿将充分发挥保险资金优势和产业链资源整合能力，通过平台优势将大数据环境下的医疗数据资源盘活，建立现代医院治理结构和运营机制，创新医院服务模式，全方位提升仙林鼓楼医院的管理和医疗服务水平。同时，泰康集团希望将民营医院的数据也收集起来并加以分析和利用，所以将与鼓楼医院合作，引进国际顶级医疗资源，继续进行二期国际医学中心和医养结合养老社区建设，打造一个在江苏乃至全国领先的集医、养、教、研为一体的具有国际水准的大型综合医学中心和医养结合示范项目。

（三）入股专业体检机构

专业体检机构是提供健康体检服务的商业机构，其主要通过医学手段和方法对客户进行健康检查、健康咨询、健康评估和健康维护等。保险公司入股专业体检机构可帮助自身建立更完善的健康管理体系，在有效控制风险的同时为客户提供更好的服务。

太平人寿入股美年大健康

2016年12月8日，太平人寿与美年大健康在上海举行合作签约仪式，双方计划在相互采购、产品研发、业务渠道、资源共享等领域开展全面合作，打通健康产业链全流程服务，进一步共筑"大健康"格局，为客户提供"体检筛查+诊断治疗+保险保障"的闭环服务。

太平人寿与美年大健康的全面合作，不仅可以为新老客户提供多样化的综合健康管理服务，同时也将促进双方客户资源和数据共享，在依托健康大数据库的基础上，实现客户深度经营，推动业务增长。太平人寿可以为公司客户提供更丰富的健康管理服务，比如癌症筛查、基因检测、胶囊胃镜等有针对性的单项检测服务，而且通过这些服务项目也可帮助客户管理自身的健康状况，建立客户的健康管理平台，运用有效的健康管理降低风险发生概率。以体检机构形成的数据为基础，太平人寿可以进行大数据分析，以数据分析结果为导向来开发产品，匹配受众人群的年龄、性别、身体状况等特征，精准定位客户需求，开发出更具适配性的保障产品，嵌入其标准化体检卡产品中，并结合美年大健康各分院门店资源及网上商城，进行线上线下共同营销。

而对于美年大健康的客户来说，此次合作带来的好处则在于能够获得保险公司为其量身打造的更具针对性的保障服务。

（四）健康险公司与医院合作实例：人保健康电子核保专家系统

根据人保健康新时期发展战略的部署，人保健康于2015年在与IBM、埃森哲咨询项目和先进同业公司交流的基础上，制订了"2015～2020年信息化建设规划"，启动了一系列运营平台建设项目，并制定了详细的实施路线图，在契约、核保、再保、理赔、保全等多个领域将专业化建设向纵深推进。一系列运营平台建设项目立足于打通政府委托业务、商业保险业务和健康管理业务三大底层数据库，具体运用大数据技术，通过与医院进行密切合作，构建完善的知识库，形成强大的核保核赔规则引擎，打造智能化的专业健康保险运营平台。

电子核保专家系统，是利用大数据技术，通过对健康保险公司与医疗机构的合作中获取的数据信息进行处理，综合分析大量国内外成熟的基本医学核保业务规则以及核保建议，归纳整理成一套完备的核保业务规则模型，再将模型与计算机科学中的人工智能技术有机结合，嵌入PAD、网销等实时出单平台，实现多项功能升级，实现了交互式信息收集、自动化信息处理、多元化信息报告。

1. 将医学核保规则嵌入自动核保规则引擎

通过智能核保作业，公司能够对合作医疗机构的数据进行在线的实时计算、多条件审核规则系统、核心知识以系统方式存档传承、核保标准统一、流程规范。因此，

第六章
大数据背景下健康保险公司和医院的合作博弈

在核保作业方式方面，系统可以线上调取医学核保规则并出具结论；在专业知识传承方式方面，可以建立后台知识库，形成系统内核保知识沉淀；而在自核规则校验模式方面，系统通过运用医学专业核保规则，也可以自动校验并给出评点；在客户数据利用效率方面，通过在线交互式告知将健康信息数据化，并运用大数据的方法进行数据挖掘和关联分析（见图6.1）。

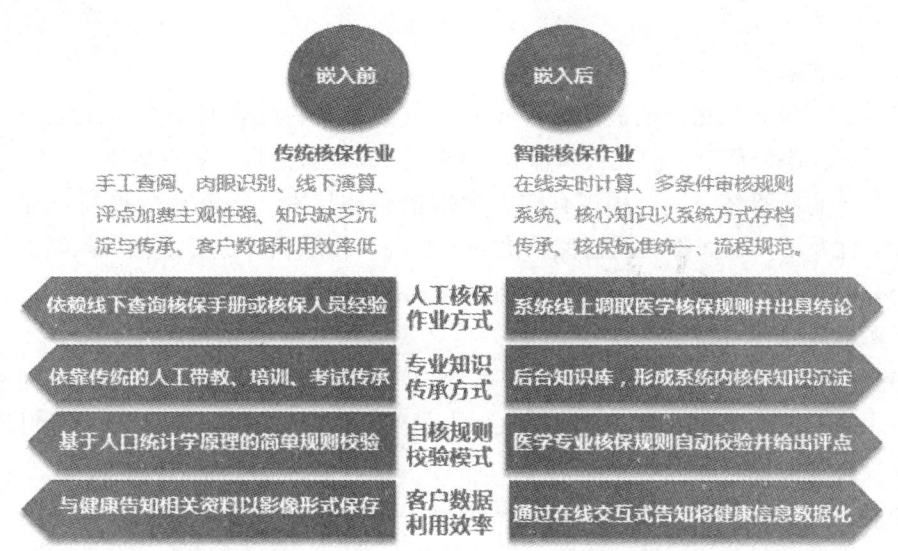

图6.1 智能核保特征对比图

资料来源：创新实践项目成果汇报（电子核保专家系统）。

2. 引入与客户的交互式线上告知树模式

使用"决策树"的理念，对阳性告知项根据诊断及治疗情况进行逐级询问。这一模式具有以下三点优势：一是可以对被保险人健康信息实现多级告知，获取更丰富的核保资料，降低获取成本及所需时间。二是减少无意义的客户告知，提高告知效率，优化客户体验。三是将传统问卷中的告知影像转变为有效字段沉淀在核心疾病知识库中，提升核保规则的标准化水平。

3. 全险种覆盖，可与各电子出单流程实时对接

随着科技的进步，各种电子出单平台以其手续简便、出单快的特点，在保险行业逐渐取代了传统手工出单平台，电子出单平台已占据主要地位。电子出单平台对于承保流程各个环节的反应速度要求非常高，传统人工医学核保的方式已不能满足。电子核保专家系统上线后，有助于解决在线核保响应速度问题，使得非标准核保件可以快速在线出具医学核保结论，从而扩展电子出单平台，拓展承保服务的维度。

4. 基于客户评价的维度数据分析报告

通过电子核保专家系统的在线交互式告知模式，将现有影像形式的客户健康告知信息数据化，使得客户健康告知信息变为可量化、可分析、可多维度提取的数据。有

助于提升业务品质管理能力,针对不同管理机构、中介渠道、业务员等进行差异化业务品质管理。

5. 开放的数据接口与灵活的规则定制

通过开放的数据接口和灵活的规则定制,能够高效地传达即时医疗数据,同时运用知识库和规则引擎对数据结果进行比对分析,可以得到更为严谨、高质量的处理结果。

6. 项目的特点和效果

(1) 投保流程简化。通过多级告知问卷收集医学核保信息,与传统纸质投保书相比,可省去部分环节,简化投保流程,同时降低核保信息,获取成本。

(2) 核保标准统一。利用现有的大数据信息和技术,能够充分提高核保的准确性、科学性及不同核保师之间核保结论的一致性,压缩核保过程中主观判断的误差。

(3) 承保时效提高。通过简化投保流程及提高阳性告知投保单的自核通过比率,从而提高承保处理时效。

(4) 知识沉淀形成。该系统上线后,可将规则库的医学知识、核保规则固化在系统中,便于规范化的传承,且不受核保人员变动的影响,使公司具备专业健康险核保的核心竞争力。

(5) 客户数据拓展。传统纸质投保书采集到的客户告知信息,以影像的形式存储下来,不便于直接利用进行数据分析;系统上线后,可将客户告知作为可识别的字段进行数据化处理,拓展客户数据利用的范围。

(6) 自核通过率提高。通过针对性的多级健康告知,符合特定条件的可直接自核通过,从而提高阳性告知投保单的自核通过比率。系统上线后,预计阳性告知件的自核通过比率将提升 20% 以上。

第四节　健康保险公司与医院的博弈

本章将基于大数据技术建立非合作博弈模型,进一步论证健康保险公司与医院建立合作是双方的最优选择。

一、模型建立

长期以来,在保险公司与医院的合作竞争中,在委托—代理关系上出现的利益问题,是二者之间矛盾突出的焦点,作为委托人的保险公司,一直在寻求一种有约束的激励相容机制,达到促使作为代理方的医院自觉付出努力去控制医疗费用的上涨,从而间接地提高自身的利润。然而,在大数据环境下,这一激励相容机制的建立可能更行之有效。

为简单起见，假设本地区有医院 A 和保险公司 B，且这里只讨论对心脏病单一病种的博弈关系。作为代理方的医院，具有风险规避的效用函数：

$$u(s) = \frac{-1 + \sqrt{1+4bs}}{2b} \left(s > -\frac{1}{4b}\right)$$

s 代表医院的货币收入水平，满足效用函数的凸性假设，即 $u'(s) > 0, u''(s) < 0$，其中效用函数还满足单调性，故其反函数存在。反函数表示为对应每一种效用水平，医院所获得的货币收入水平为：

$$s(u) = u + bu^2$$

其中，b 是一个大于零的确定值，$u > -\frac{1}{2b}$，而且 $s(u)$ 还是严格凹函数。

此外，假设医疗机构在协助保险公司风险控制过程中付出的努力水平只有两种，记为 $a \in \{a_l, a_h\}$，a_l 代表医院在风险控制过程中付出的低努力水平，而 a_h 代表医院在风险控制过程中付出的高努力水平，当医院付出努力 a 去控制医疗费用时给自己带来一个负的效用函数 $c(a)$，不失一般性。假设 $c(a)$ 满足 $c(a_l) = 0, c(a_h) = c$；医院的效用函数在它的货币收入水平和努力水平之间是可分的，即 $U_H = u(x) - c(a)$。

如果医院协助保险公司在对被保险人提供医疗服务的过程中付出努力水平加强风险控制，那么会间接地提高保险公司的利润。在没有大数据工具的情况下，我们可以假设对应于医院的两种努力水平会给保险公司带来两种利润水平 $\{r_l, r_h\}$，且 $r_l < r_h$，而现在我们假设保险公司通过大数据信息得到了本地区近 20 年来心脏病住院病人的数量、住院天数和医疗费用信息等重要数据，并通过对当前医疗条件下一年内心脏病发病情况的细致刻画，并已计算出 A 医院一年心脏病病人花费的、需要保险公司承担的医疗费用支出为 x，且 x 对应保险公司的利润水平为 r_x，且满足 $r_l < r_x < r_h$，因此，医院的两种努力水平 a_l 和 a_h 分别对应保险公司的利润水平 r_x 和 r_h。

考虑医院在风险控制过程中受一些随机因素的影响，故而保险公司利润水平是一个随机变量，两种利润水平 $\{r_x, r_h\}$ 对于医院风险控制努力水平的概率分布满足：$p(r = r_h | a = a_l) = q_l, p(r = r_h | a = a_h) = q_h$，这个概率分布满足所谓的一阶随机占优条件（$q_l < q_h$），它意味着医院付出的风险控制努力水平越高，保险公司得到高利润的概率也越高。

二、规划模型推演

在医疗服务风险控制过程中，保险公司只能通过观察自己的利润水平间接地推断医院在风险控制过程中付出的努力水平是否是自己合意的努力水平。保险公司必须设计一个可行的激励合同，将给医院的经济补偿（医院获得的货币收入水平）同自己得到的随机利润联系起来。对应医院的两种努力水平，在前文的假设下，医院的货币收入水平也只有两种可能的结果 $s \in \{s_l, s_x\}$，其中 $s_l < s_x < s_h$，s_h 是未启用大数据工具

下医院的利润水平。由于效用函数的单调性，s_l 和 s_x 分别对应医院的两种效用水平 u_l 和 u_x。保险公司在保证医院参与合作的情况下，希望通过激励医院主动付出高努力水平来控制风险，进而间接地使自己的利润最大化，使自己的效用最大化。这里假设保险公司是风险中性的，因为保险公司对于医疗服务提供过程中的风险控制是无能为力的，借助前文中的反函数 $s(u)$，保险公司和医院之间一个标准的委托—代理模型可以构造成如下一个数学规划：

$$\max_{(u_h, u_l)} q_h[r_h - s(u_x)] + (1-q_h)[r_x - s(u_l)]$$

$$\text{s.t.} (IR) \ q_h u_x + (1-q_h) u_l - c \geq 0 \tag{6.1}$$

$$(IC) \ q_h u_x + (1-q_h) u_l - c \geq q_l u_x + (1-q_l) u_l \tag{6.2}$$

由上面规划可以看出，目标函数对 (u_l, u_x) 是严格的凸函数，而约束条件都是线性的，故数学规划是一个凸规划，且 Kuhn—Tucker 条件既是求最优解的必要条件，也是求最优解的充分条件。

设目标函数的广义 Lagrange 函数为：

$$\begin{aligned} L(u_x, u_l, \lambda_1, \lambda_2) = &\{q_h[r_h - s(u_x)] + (1-q_h)[r_x - s(u_l)]\} \\ &- \lambda_1 \{q_h u_x + (1-q_h) u_l - c - q_l u_x - (1-q_l) u_l\} \\ &- \lambda_1 [q_h u_x + (1-q_h) u_l - c] \end{aligned} \tag{6.3}$$

由（6.3）式分别对 u_h、u_l 求导，得到最优解 u_x^*，u_l^*，$u \cdot l$ 所满足的两个一阶条件分别为：

$$s(u_x^*) = \lambda_1 + \frac{\lambda_2(q_h - q_l)}{q_h} \tag{6.4}$$

$$s(u_l^*) = \lambda_1 + \frac{\lambda_2(q_h - q_l)}{1 - q_h} \tag{6.5}$$

由 $(6.4) \times q_h + (6.5) \times (1-q_h)$ 整理得：

$$\lambda_1 = q_h s'(u_x^*) + (1-q_h) s'(u_l^*) > 0 \tag{6.6}$$

所以，在最优解处参与约束等式（IR）是紧的，等式成立。联立（6.4）式和（6.6）式解得：

$$\lambda_2 = \frac{q_h(1-q_h)}{q_h - q_l}[s'(u_x^*) - s'(u_l^*)] \tag{6.7}$$

由激励约束式（IC）可以知道 $u_x^* - u_l^* > 0$，而 $s(u)$ 是 u 的反函数，故 $s(u)$ 的导数是 u 的导数的倒数，$s'(u)$ 是 u 的增函数，所以（6.7）式右边为正，推得 $\lambda_2 > 0$，在最优条件下激励约束等式（IC）也成立。于是联立（6.1）式和（6.2）式可得：

$$u_x^* = c + \frac{c(1-q_h)}{q_h - q_l}, u_l^* = c - \frac{cq_h}{q_h - q_l} \tag{6.8}$$

且 u_h^*，u_l^* 分别对应医院从保险公司所获得的货币收入水平 s_x^*，s_l^* 满足：

$$s_x^* = s(u_h^*)(c) > s(u_l^*) = s_l^* \tag{6.9}$$

$(s_x^* - s_l^*)$是医院在承担一定风险的情况下所获得的风险溢价,说明保险公司为了激励医院付出风险控制的高努力水平(以下简称高努力水平),必须对医院做出一定的补偿,同时医院也会招致一定的风险,从而约束自身,努力控制医疗服务中滋生的道德风险。而相比于不考虑大数据条件下的风险溢价$(s_h^* - s_l^*)$,当前的风险溢价更低,而且当(6.1)式等式成立时,由医院效用函数$u(s)$的严凸性可知:

$$c = q_h u(s_h^*) + (1-q_h)u(s_l^*) < u[q_h s_h^* + (1-q_h)s_l^*] \qquad (6.10)$$

上式说明保险公司为了激励医院付出高水平的风险控制努力,对医院的期望支付必须大于医院付出高努力水平所招致的成本。

$$q_h u_x^* + (1-q_h)u_l^* - c \geq q_l u_x^* + (1-q_l)u_l^* \qquad (6.11)$$

保险公司在与医院达成合作以后所取得的期望效用必须大于保险公司不与医院合作时所取得的期望效用。$u(s)$是医院在不同自然状态下付出风险控制努力得到的随机效用,所以,对医院来讲,实施风险控制努力的最优成本为:

$$\begin{aligned} C_1^* &= E\{s(u)\} = E\{u + bu^2\} \\ &= E\{u\} + b[E(u)]^2 + bVar(u) \end{aligned} \qquad (6.12)$$

而医院在不同自然状态下所获得的期望效用由(IR)等式成立可得:

$$E(u) = q_h u_x^* + (1-q_h)u_l^* = c \qquad (6.13)$$

于是由(6.8)式和(6.9)式可得:

$$Var(u) = q_h[u_x^* - E(u)]^2 + (1-q_h)^2[u_l^* - E(u)]^2 = \frac{q_h(1-q_h)c^2}{(q_h - q_l)^2} \qquad (6.14)$$

把(6.13)式和(6.14)式代入(6.12)式得:

$$C_1^* = c + bc^2 + \frac{bc^2 q_h(1-q_h)}{(q_h - q_l)^2} \qquad (6.15)$$

同时,根据$s(u)$得到医院付出高努力水平的最优实施成本为:

$$C_2^* = s(c) = c + bc^2 \qquad (6.16)$$

于是当保险公司激励医院高水平努力a_h时,相对于医院在为被保险人提供医疗服务的过程中付出的风险控制努力水平可以观测时要多付出的成本,即由于信息不对称所导致的代理成本为:

$$\Delta C = (C_1^* - C_2^*) = \frac{bc^2 q_h(1-q_h)}{(q_h - q_l)^2} \qquad (6.17)$$

三、博弈模型及结果

分析(6.17)式我们可以发现,ΔC是c的增函数,这意味着医院风险控制努力成本越高,代理成本越高,可能原因有医院管理不善、效率不高等。那么,相对于医院的风险控制努力水平可以被观测的情况下,保险公司与医院达成合作就更难了。而$\lim_{q \to \frac{1}{2}} \Delta C \to \infty$,意味着当医院付出风险控制努力所导致的保险公司利润受随机因素影响很大的时候,代理成本会无限大,可能原因为医疗资源价格随机波动比较大的外生随机变量。这时候,医院无论是付出高水平的风险控制努力,还是付出低水平的风险控制努力,都可能会导致经营医疗保险的保险公司利润降低,此时由于保险公司并不清楚医疗费用的上涨到底是医院的低水平风险控制努力对利润下降起主要作用,还是外生随机变量起主要作用,这也会导致保险公司与医院的合作难以达成。在有效的委托—代理激励机制下,保险公司和医院在医疗服务风险控制过程中的合作会比不合作获得一种对双方来讲都是帕累托最优的结果。保险公司在医院付出风险控制低水平努力时,给医院的支付 $s(u^*)$,可以视为对医院的一种惩罚,如取消定点医院资格,处以一定罚金,这样医院会流失掉稳定的病源,还要承受罚金等。于是,在双方的合作中,医院会自觉地提高医疗服务过程中付出的风险控制努力水平,间接地提高保险公司的利润。

保险公司的期望支付必须大于医院付出的风险控制成本,医院才有意愿去控制医疗费用,获得双赢的结果。那么这种合作能否稳定地持续下去吗?因为在单阶段合作中医院不付出风险控制努力的情况下,它采取不控制风险的机会主义行为可能会获得更多的货币收入,但这时保险公司会根据医疗费用和取消其定点医院资格等推出一种惩罚措施,那么医院和保险公司可能采取的一致行动策略和各自采取不同的行动策略所获得的支付可以表示如下:

表6.1　　　　　　　　　保险公司—医院博弈纳什均衡矩阵

		医院	
		(不努力)	(努力)
保险公司	(不合作)	R_{I_1}, R_{H_1}	$R_{I_3}, 0$
	(合作)	$0, R_{H_3}$	R_{I_2}, R_{H_2}

保险公司的收入记为 R_I,医院的记为 R_H,R_{I_2} 和 R_{H_2} 相对于 R_{I_1} 和 R_{H_1} 是一个帕累托更优的结果,即满足 $R_{I_2} > R_{I_1}$,$R_{H_2} > R_{H_1}$。因为保险公司和当地的医院是长期合作关系,所以视为一个无限重复博弈。由无名氏定理可知,这个博弈存在一个均衡策略,称之为冷酷战略,而且冷酷战略是无限次重复博弈的一个子博弈精炼纳什均衡。帕累托最优的合作结果是每一个阶段的均衡结果。假定双方都坚持这个冷酷战略,一旦某一阶段,保险公司和医院中一方不合作,另一方将永远不合作。医院在每一个单阶段中不合作从而获得最大的收益为 R_{H_3},即 $R_{H_3} > R_{H_2} > R_{H_1}$。但却触发保险公司永远不合作,使得医院未来每一阶段的收益为 R_{H_1},故医院收益序列的贴现值为:

$$R_{H_3} + \delta R_{H_1} + \delta^2 R_{H_1} + \cdots = R_{H_3} + \frac{\delta}{1-\delta} R_{H_1} \tag{6.18}$$

而选择合作时:

$$V_1 = R_{H_2} + \delta V_1,\text{即} V_1 = \frac{R_{H_2}}{1-\delta} \tag{6.19}$$

如果：

$$\frac{R_{H_2}}{1-\delta} \geq R_{H_3} + \frac{\delta}{1-\delta}R_{H_1} \tag{6.20}$$

或者：

$$\delta \geq \frac{R_{H_3} - R_{H_2}}{R_{H_3} - R_{H_1}} \tag{6.21}$$

医院愿意每一阶段在风险控制方面同保险公司合作。同理，对保险公司来讲，如果

$$\delta \geq \frac{R_{I_3} - R_{I_2}}{R_{I_3} - R_{I_1}} \tag{6.22}$$

也没有理由偏离单阶段的帕累托更优的结果。取 0，得：

$$\delta^* = \max\left\{\frac{R_{I_3} - R_{I_2}}{R_{I_3} - R_{I_1}}, \frac{R_{H_3} - R_{H_2}}{R_{H_3} - R_{H_1}}\right\} \tag{6.23}$$

于是，当 $\delta > \delta^*$ 时，医院和保险公司都没有理由偏离单阶段帕累托最优的合作结果，而且此触发策略是一个子博弈精炼均衡。在这种多阶段博弈中，贴现因子 δ 表示保险公司或医院耐心或远见的一种度量。若 δ 在区间（0，1）中逼近 0，则"δ-贴现平均准则"把影响收益的主要权重加于双方在重复博弈的前几个回合所得到的支付上，这意味着医院没有耐心或主要关心当前的和不久以后的将来的收益。医院没有动力去控制医疗费用的增长，医院和保险公司不会达到帕累托更优的结果。而当 δ 逼近 1 时，"δ-贴现平均准则"中，保险公司和医院任何两个回合所给支付的权重都必收敛于 1，即 $k, l \in N$，都有 $\lim_{\delta \to 1}\frac{(1-\delta)(\delta)^{k-1}}{(1-\delta)(\delta)^{l-1}} = 1$，则"$\delta$-贴现平均准则"对医院而言近似于一个耐心准则，理性的医院对在任意特定回合所获得的收入的关心并不明显少于他对当前回合所获得的收入的关心，这使得医院有足够的动力去控制医疗费用的增长，从而与保险公司达成稳定的合作。

实际上，RoyRradner 已经证明，在委托—代理的重复博弈中，只要合作的阶段足够长，就存在一个 ε 均衡，即 $\forall \varepsilon > 0$，均衡结果是双方在合作的每一个阶段所获得的收益都不会少于他们在单阶段合作所获得的收益，这个均衡策略的均衡结果在概率的意义上几乎处处成立。这就使得非合作博弈存在且必将持续下去。在现实的经济生活中，人们并非是完全靠理性即所谓经济人的假设来行事的，由于一些非理性因素的存在，譬如情感、信任等，长期的成功的合作也较为常见。

四、模型解释

通过非合作博弈模型可以看到，在大数据因素介入的情况下，一方面，医院在没有进行过度医疗等控制情况下的一部分利润得以转化到保险公司身上；另一方面，保

险公司能够通过保险产品设计上的优化实现保险销售的突破，以实现自身利润的增加。同时，医院能够通过商业保险的高普及度收获更多潜在的病患，而这部分病患在没有购买商业保险的情况下倾向于不去医院就医。综上几个方面，医院和保险公司的博弈在整个社会层面是一个合作博弈的案例，但仅关注两个经济主体在控制医疗费用的博弈过程，是一个典型的非合作博弈模型。这里使用非合作博弈的模型旨在简化实际合作关系，在更严格的合作关系下得出了二者的合作是必不可少的这一重要结论。

本章小结

本章主要结合政策背景和博弈论方法，阐述了大数据背景下健康保险公司和医院的博弈关系。

第一节从保险公司和医院的关系着手，介绍了"健康中国"的政策环境。

第二节分析了保险公司和医院建立合作的四大原因，包括"过度医疗现象""商业健康保险发展受阻""私人医疗对商业健康险的依赖"和"医疗机构对病原体的需求"等。

第三节对保险公司和医院建立合作的方式展开叙述，并配以案例加以阐释。在现有的大数据环境和政策条件下，国内存在的合作模式主要有四类，分别是"投资参股现有的医疗机构""参与地方公立医院改革（没有参与公立医院的案例，是参与外国医院的案例）""入股专科连锁医院"和"入股专业体检机构"，并应用人保健康案例加以阐释。

第四节通过引入一个博弈模型，对大数据背景下保险公司和医院合作关系的变动进行了定量化阐述，得到如下结论：在大数据激励条件下，医院有足够的动力去控制医疗费用的增长，从而与保险公司达成稳定的合作，而不合作的冷战策略则不是优势策略。同时，大数据手段的引入使得保险公司能够更好地约束医疗机构的过度医疗现象，从而保证进一步锁住自己的利润空间并保持利润收入的稳定。

思考题

1. 简述商业健康保险公司与医院机构合作的主要形式有哪些？
2. 简述商业健康保险公司与医疗机构建立合作的原因？
3. 简述商业健康保险公司与医疗机构博弈的成立条件？
4. 试探究大数据因素对保险公司和医疗机构的关系带来的影响。

专业术语

1. 保险深度（Insurance Penetration）：保险深度是指某地区保费收入占该地区国内生产总值（GDP）之比，反映了该地区保险业在整个国民经济中的地位。

2. 保险密度（Insurance Density）：保险密度是指按当地人口计算的人均保险费额，反映了该地区国民参加保险的程度、一国国民经济和保险业的发展水平。

3. 年复合增长率（Compound Annual Growth Rate）：年复合增长率是一项投资在特定时期内的年度增长率，计算方法为总增长率百分比的N次方，N等于有关时期内的年数公式为：（现有价值/基础价值）^(1/年数) – 1。

4. 过度医疗（Excessive Medical Treatment）：过度医疗是指医疗机构或医务人员违背临床医学规范和伦理准则，不能为患者真正提高诊治价值，只是徒增医疗资源耗费的诊治行为。

5. 医疗资源（Medical Resources）：医疗资源是指提供医疗服务的生产要素的总称，通常包括人员、医疗费用、医疗机构、医疗床位、医疗设施和装备、知识技能和信息等。

6. 定点医疗机构（Designated Medical Institution）：定点医疗机构是指经统筹地区劳动保障行政部门审查，并与医疗保险经办机构签订协议，并经社会保险经办机构确定的，为城镇职工基本医疗保险参保人员提供医疗服务，并承担相应责任的医疗机构。

7. 规则引擎（Rule Engine）：规则引擎由推理引擎发展而来，是一种嵌入在应用程序中的组件，实现了将业务决策从应用程序代码中分离出来，并使用预定义的语义模块编写业务决策。

8. 激励相容（Incentive Compatibility）：指在存在道德风险的情况下，如何保证拥有信息优势的一方（称为代理人）按照契约的另一方（委托人）的意愿行动，从而使双方都能趋向于效用最大化。

9. 效用函数（Utility Function）：效用函数通常用来表示消费者在消费中所获得的效用与所消费的商品组合之间数量关系的函数，以衡量消费者从消费既定的商品组合中所获得满足的程度。

10. 风险中性（Risk Neutral）：风险中性是指决策者不关心风险，当资产的期望损益以无风险利率进行折现时，他们对风险资产和无风险资产同样偏好。

11. Kuhn – Tucker 条件：Kuhn – Tucker 条件是在满足一些有规则的条件下，一个非线性规划问题能有最优化解法的一个必要和充分条件。这是一个广义化拉格朗日乘数的成果。

12. 风险溢价（Risk Premium）：风险溢价是指决策者在面对不同风险的高低，且清楚高风险高报酬、低风险低报酬的情况下，投资者对风险的承受度影响是否要冒风险获得较高的报酬，或是只接受已经确定的收入即可。

13. 期望效用（Expected Utility）：期望效用指的是消费者在不确定条件下可能获得的各种结果的效用的加权平均数。

14. 代理成本（Agency Costs）：代理成本指因代理问题所产生的损失，及为了解决代理问题所发生的成本。代理成本有：监督成本（Monitoring Cost）、约束成本（Bonding Cost）、剩余损失（Residual loss）。

15. 帕累托最优（Pareto Optimality）：帕累托最优也称为帕累托效率，是指资源分配的一种理想状态。假定固有的一群人和可分配的资源，从一种分配状态到另一种状态的变化中，在没有使任何人境况变坏的前提下，使得至少一个人变得更好。

16. 机会主义行为（Opportunistic Behavior）：机会主义行为是指在信息不对称的情况下人们不完全如实地披露所有的信息及从事其他损人利己的行为。

17. 无名氏定理（Folk Theorem）：无名氏定理即在重复博弈中，只要博弈人具有足够的耐心（贴现因子足够大），那么在满足博弈人个人理性约束的前提下，博弈人之间就总有多种可能达成合作均衡。

18. 冷酷战略（Grim Strategies）：冷酷战略指参与人在开始时选择合作，在接下来的博弈中，如果对方合作，则继续合作，而如果对方一旦背叛，则永远选择背叛，永不合作。

19. 子博弈精炼纳什均衡（Subgame Perfect Nash Equilibrium）：子博弈精炼纳什均衡指将纳什均衡中包含的不可置信的威胁策略剔除出去，要求参与者的决策在任何时点上都是最优的，决策者要"随机应变""向前看"，而不是固守旧略。

第七章

大数据下的健康保险与社会医疗保险

在大数据快速发展的今天，如何能够更好地利用我国社会医疗保险数据量大、覆盖面广的先行优势，推动商业健康保险的发展，加强二者之间的衔接与合作，这一讨论十分必要。

中国目前的社会基本医疗保险原则是"低水平、广覆盖、保基本"，对于身患重症的患者而言，基本医疗保险的支付水平有限，且很多医疗费用无法报销，因此，需要购买商业健康保险来补充。此外，我国目前已经进入老龄化社会，各种慢性病，如高血压、糖尿病等的发病人数和比例越来越大，对老龄人口的护理需求和对身患慢性病人群的疾病管理需求较以前有了大幅度的上涨。目前，我国社会医疗保险已覆盖了13亿人口，政府社会医疗保险经办机构约7 700个，工作人员16万人，政府经办压力很大。就目前社会医疗保险资源和人员配置而言，社会医疗保险经办机构难以保证服务质量，同时也承受着巨大的压力，一是医疗费用的持续上涨，二是社会医疗保险服务需求和供给矛盾加剧，三是社保报销周期长、报销手续烦琐的问题尤为突出。这些问题为商业健康保险的发展提供了机会。

商业健康保险公司拥有明确的管控动机和成熟的医疗风险管控技术，与社会医疗保险体系相比，这是非常突出的优势。因此，政府应不断借鉴和引入商业健康保险的风险管控技术，通过政府购买的方式，有效应用于基本医疗和重大疾病保险领域。这样既可以发挥商业健康保险技术、人才和服务管理的优势，也可以有效控制医疗费用的上涨，减少医疗资源的浪费。

"十三五"规划鼓励商业保险机构参与医疗保险经办，为商业保险公司带来了新的机遇和挑战。

第一节　社会医疗保险与商业健康保险合作现状

一、社会医疗保险概述

社会医疗保险是国家为社会劳动者及其他社会成员提供患病时基本医疗需求保障而建立的社会保险制度。一般由政府承办，对患者在治疗过程中产生的医疗费用给予部分的、适当的补贴或者报销，从而使劳动者尽快恢复健康以及劳动能力，投入社会再生产过程。

我国的社会医疗保险由基本医疗保险、补充医疗保险和大额医疗救助及城乡居民大病保险三个层次构成。

（一）基本医疗保险

基本医疗保险是社会医疗保险体系的基础和核心。参保企业、单位及其职工必须履行缴纳基本医疗保险费的义务。在此基础上，国家建立了社会医疗保险基金，当参保人员患病就诊发生医疗费用后，可以按照相关规定得到部分医疗费用的补偿。其中，基本医疗保险是社会医疗保险的基础，包括城镇职工医疗保险、城镇居民医疗保险及新型农村合作医疗（以下以新农合代指）。

城镇职工医疗保险的参保对象为统筹区域内城镇所有用人单位，包括企业、机关、事业单位、社会团体、民办非企业单位等。城镇居民医疗保险的参保人群主要包括具有城镇户籍的未成年居民、没有工作的老年居民及其他非从业的城镇成年居民。新农合是由政府组织、引导、支持，农民自愿参加，个人、集体和政府多方筹资，以大病统筹为主的农民医疗互助共济制度。

（二）补充医疗保险

补充医疗保险是在基本医疗保险的基础上，用人单位和个人本着自愿原则参加的，不是国家强制立法参与的保险制度。目的是为了适当增加能够给患者提供的医疗保险项目，提高社会医疗保险的保障水平，拓宽保障范围。补充医疗保险由企业补充医疗保险、个人补充医疗保险以及社会互助等多方面组成。

企业补充医疗保险，是企业在参加城镇职工医疗保险以外，依托国家给予的一部分鼓励政策，自主选择参加的，提高保障水平的一种补充性保险。个人补充医疗保险，是指由保险公司经营，个人可以根据自身需要自行购买的商业医疗保险。

社会互助是在政府的支持和鼓励下，一些社会团体和成员本着自愿的原则组织并参与的扶弱济困活动。社会互助的主要形式包括工会、妇联等群众性民间公益事业组织进行的慈善援助以及城乡居民自发的互助组织等。

（三）大额医疗救助及城乡居民大病保险

大额医疗救助及城乡居民大病保险是为解决参保人员由于大病、重病、超过基本医疗保险给付限额的医疗费用所建立的保险制度。参加城镇职工基本医疗保险的用人单位及其职工（含退休职工）必须参加大额补充救助保险。大额医疗救助金由社会医疗保险经办机构统一管理，单独列账，单独核算。

城乡居民大病保险是针对城镇居民医疗保险、新农合参保人大病负担重的情况，引入市场机制，建立大病保险制度，对大病患者发生的高额医疗费用，给予进一步保障的一项新的制度性安排。

二、社会医疗保险发展的特点和难点

社会医疗保险制度是社会保障体系的重要组成部分，是民众的安全网、社会的稳定器。其主要特点和难点：一是涉及系统多，包括个人、组织、政府、社会，相互之间关系错综复杂；二是必须通过购买医疗服务才能实现保障功能，与养老保险等其他社会保险相比，增加了购买医疗服务的环节，管理服务的难度和复杂程度明显增加；三是供求矛盾突出，医学技术的发展无止境，大众对生命和健康的期望无止境，而资金的筹集有限，特别是随着老龄化的发展，供求矛盾将更加突出。

（一）医疗费用持续上涨

近年来，我国卫生费用快速增长，包括政府卫生支出、社会卫生支出及个人卫生支出在内的卫生总费用由2010年的19 980.4亿元增至2015年的40 587.7亿元，年均复合增长率为15.2%。卫生总费用占GDP的比重也不断提升，从2010年的4.9%增长至2015年的6.0%，已达到世界卫生组织推荐的发展中国家卫生总费用占GDP总费用不低于5%的适宜标准，预计2020年达到6.19%。与此同时，我国人均卫生总费用水平也始终保持两位数的增速，从2010年的1 490元增长至2015年的2 952元，年均复合增长率达到14.7%，明显高于GDP的增速。如果现有的政策环境不变，预计到2020年，我国医疗费用将依然保持12.08%~18.16%的年均增速，其增速将明显高于社会经济发展速度，可能演化成严重的社会负担。

我国医疗费用持续上涨，主要是由于两方面的原因：一方面是经济发展和老龄化进程加速带来的民众对医疗卫生需求的增加，以及政府为改善民生所做出的努力导致费用增长等合理因素；另一方面则是由于医疗卫生市场固有的信息不对称特点，以及医疗供需双方存在的过度消费意愿和社会环境的影响，导致医疗领域市场失灵、卫生资源配置不合理，由此造成医疗成本控制不力、医疗资源浪费等非合理因素。其中，如何有效解决非合理因素导致的医疗费用增长，是目前世界各国对于医疗费用控制的重要关注点之一。

（二）社会医疗保险服务需求和供给矛盾加剧

我国的社会医疗保险服务供给和需求之间的矛盾也日益突出。在保障水平上，基本医疗保险目前处于低水平"广覆盖、保基本"的阶段，保障力度不足。截至2015年底，我国基本医疗保险参保人数达13.4亿人，覆盖率超过95%。其中，城镇职工基本医疗保险、城镇居民基本医疗保险、新型农村合作医疗政策范围内医疗费用报销比例分别接近80%、70%和75%。但2015年基本医保占医疗费用的比例仅为56%，而个人支出占比高达40%，个人医疗费用支出压力较大。在服务管理上，政府社会医疗保险经办机构约有7 700个，工作人员16万人。就目前社会医疗保险资源和人员配置而言，社会医疗保险经办机构很难保证服务质量，承受着"管不了"和"管不好"等社会舆论的巨大压力。

三、商业健康保险需求快速增长

近年来，随着国家加快推进医疗保障体系的建设和群众健康意识的增强，我国商业健康保险迎来了重要的发展机遇，保险收入规模逐年递增，2013～2016年，我国健康险业务原保险保费收入分别同比增长30.22%、41.27%、51.87%、67.7%，成为全保险行业增速最快的业务板块。2010～2016年，原保费收入从691.72亿元增长至4 042.50亿元，增长了4.8倍，赔付从264.02亿元增长到1 000.75亿元。健康险深度由0.17%增长至0.54%，密度由50.5元/人增长至292.3元/人，已经成为社会医疗保险的重要补充。在减轻居民医疗负担、提高医保经办效率和改善医保服务质量等方面均具有不可忽视的作用。我国的大健康产业规模预计到2020年将达到8万亿元，商业健康保险有望与财产险、寿险成为并列的三大版块业务，这表明我国的商业健康保险拥有巨大的发展潜力和广阔的前景。而商业健康保险之所以能得到如此迅猛的发展，不外乎以下三大原因。

（一）基本医疗保险保障有限

基本医疗保险制度作为公共产品向全民提供，关键在于保基本。我国基本医疗保险原则为"低水平、广覆盖、保基本"，筹资和保障水平总体不高，部分重病患者超过医保政策范围外的医疗开支巨大，个人负担仍然较重，必须通过购买商业健康保险来弥补超出基本医疗保险以外的部分。

同时，医疗保险必须通过购买医疗服务才能实现保障功能，与养老保险等其他社会保险相比，增加了购买医疗服务的环节，管理服务的难度和复杂程度明显增加。而各地医疗保险经办机构普遍存在人员编制不足、经费不足的问题，还有不少地区信息化水平低，管理手段落后，造成了提供的社会服务质量不高，效率低下。商业保险公司不仅具有专业的人员和技术，更有丰富的风险管理经验，可以提供更好的专业服务，因此，为得到更好、更高层次的保险保障和服务，就需要通过购买商业健康保险来实现。

（二）个性化、高端化需求增加

随着生活水平的提高，不同人群的健康保障需求逐渐呈现差异化的态势。中国保险行业协会发布的"2017年中国商业健康保险发展指数"显示，我国商业健康保险发展指数平均为60.6，处于基础水平的低区位置，地区之间、不同收入人群之间存在不均衡现象,如东部城市杭州得分 64.4,西部的拉萨得分 55.6;南部的广州得分 63.2,北部的呼和浩特得分 56.5,印证了经济发展是健康保障发展的前提和基础,人们收入越高,越重视健康。因此,随着居民收入水平和人们对生活质量要求的不断提高,个性化、高端化医疗需求保障会被越来越多的人所需要,商业健康保险由于可以充分考虑个体在经济状况、健康水平、风险意识和个人偏好等多个方面的差异,可开发出灵活多变的保险产品,满足群众的保障需求,必会与社会医疗保险形成有效的衔接和互补,成为多层次医疗保障体系的重要支柱。从目前情况来看,我国已有 100 多家保险公司开展商业健康保险业务,产品多达 2 200 多个,涵盖疾病险、医疗险、护理险和失能收入损失险四大类。互联网保险也从无到有,如平安互联网健康险 2016 年全年保费收入突破 1 亿元,"E 家保""E 生保"等互联网健康保险产品也充分得到市场认可。

(三)国家支持商业健康保险发展

近年来,国家相继出台了《关于促进健康服务业发展的若干意见》(国发〔2013〕40 号)、《关于加快发展现代保险服务业的若干意见》(国发〔2014〕29 号)、《国务院办公厅关于加快发展商业健康保险的若干意见》(国办发〔2014〕50 号)一系列支持商业健康保险发展的文件。2015 年 8 月,财政部、国家税务总局、中国保监会三部门联合出台《个人税收优惠型健康保险业务管理暂行办法》,明确提出要完善健康保险税收支持政策,从 2016 年开始,税优健康险在北京、上海等 31 个城市开展试点,并从 2017 年 7 月 1 日起,将商业健康保险个人所得税税前扣除试点政策推至全国,对个人购买符合条件的商业健康保险产品的支出,允许按每年最高 2400 元的限额予以税前扣除,能够抵扣个税的健康险产品被称为"税优健康险"。2016 年,随着《"健康中国 2030"规划纲要》、《"十三五"深化医药卫生体制改革规划》《中国保险业发展"十三五"规划纲要》陆续出台,商业健康险在"十三五"期间的政策支持和发展空间进一步明晰。我国的"十三五"规划也指出,鼓励商业保险机构参与医保经办,为商业健康保险带来新的机遇。

四、目前合作模式

近年来,国内部分地区政府与商业健康保险公司合作,根据各地区自身社会医疗保险发展水平和实际保险需求,将社会医疗保险业务交给商业健康保险公司,试行了各具地方特色的管理模式。其中,代表性的合作模式有以下四个。

(一)厦门模式

厦门模式主要针对大病保险,采用"政府主导、集体投保、市场化运行"的运作方式,由厦门市社保中心作为集体投保人,从城镇居民基本医疗保险、新型农村合作医疗基金中划出一定比例或额度作为大病保险资金,以参保人员作为被保险人,统一向商业保险公司投保大病保险。在运作模式上,采取"托管+契约"的大病保险运营模式，设立了一定的盈亏比率，当直接盈利率超过盈亏比率时，超过部分由保险公司返还给医保基金；当直接亏损率超过盈亏比率时，超出部分由医保基金补偿给保险公司，未超过部分的亏损由保险公司自行承担。在理赔上，厦门大病保险直接由承办的商业保险公司为参保人员提供"一站式"结算服务，参保人员直接在基本医保定点医疗机构刷社保卡，个人只需支付个人自付部分的医疗费用，提高了参保人整体的医疗保障水平和医疗保险基金的使用效率。

（二）新乡模式

新乡模式针对新型农村合作医疗，采用"政府组织引导、职能部门监督管理、商业保险公司承办业务"管办分离的委托管理模式。由政府出资委托保险公司负责经办服务，保险公司负责提供医疗基金管理、报销管理、方案测算、筹资水平咨询和建议、理赔调查、接受报案申请、审核、理算和结算支付等管理服务，并收取相应的管理费用，但不对基金盈亏承担责任。这种直接利用保险公司管理平台和服务网点的模式降低了政府经营管理的成本，减轻了政府办公机构的压力，缩短了案件的审核时间，改善了结算工作流程，减轻了居民的负担。

（三）湛江模式

湛江模式是将社会医疗保险中的基本医疗保险和补充医疗保险全面外包给商业健康保险公司，健康保险公司同时参与基本医疗保险和补充医疗保险管理服务的模式。在湛江，实现了基本医疗保障体系的城乡一体化，建立了以基本医疗保险为主、大额补助为辅的全民医疗保障体系。

（四）平谷模式

平谷模式是政府与商业健康保险公司共同承担基本医疗保险责任，同时保险公司在相应的保险责任内自负盈亏的模式。其核心是保险公司以风险保障的形式承保基本医疗保险责任，共同管理经办社会基本医疗保险服务，双方人员相互配合，联合办公，共同完善制度，建立统一的管理机制，提供全流程经办服务，达到管控风险的目的。

大数据背景下，这些合作模式将会更加有效率。

第二节 大数据下社会医疗保险与商业健康保险合作新方向

一、"三保合一"政策下实现医保控费

（一）"三保合一"改革

城镇职工基本医疗保险、城镇居民基本医疗保险和新型农村合作医疗（新农合）是我国基本医疗保险的三项子制度，简称为"三保"。虽然目前没有对"三保合一"

的完成有明确的规定，但是最为理想的状态是在2050年前建成统一制度并达到合一的保障水平。

在"三保合一"的实施过程中，"三保"基金的"跑费"现象对商业保险公司提出了严峻的挑战。很多地方的基本医疗保险基金运行不当，面临"赔穿"的尴尬局面，因此越来越多的患者转向商业保险公司经办的大病保险，使得商业保险公司承受了巨大的赔付压力。

伴随着信息技术和科学技术的快速发展，各种新型的治疗手段和医学理念迅速与国际接轨，现代化的医疗设备和新型药物不断进入国内，我国的医疗费用快速增长。而社会医疗保险机构在费用审核和资金管控方面存在一定的局限性，因此，商业保险公司凭借自身风险管理人才和专业技术，依托大数据协助政府部门进行医疗控费将是不可撼动的发展方向。

（二）社会医疗保险提供丰富外部数据

目前，商业健康保险公司可以参考的数据来源是公司内部的投保数据。社会医疗保险覆盖面广，数据量大，对于商业健康保险公司而言，是非常重要的外部数据。

社会医疗保险可以提供完整的病历信息。一方面，病历对患者的健康状况和病情、医生诊断病因的全过程、手术和诊疗方案以及病情变化的过程都有详细的记录。另一方面，大数据技术可以即时调阅以往投保人的病历，甚至实现自动解读，判断投保人的健康状况，提高商业健康保险公司的投保审核效率。

此外，商业健康保险公司通过经办大病保险业务，对社会医疗保险资金进行管控，这就需要社会医疗保险相关机构、部门和医院向商业保险公司开放全部医疗数据，是一个地区医院的全部医疗诊断数据、医疗费用数据及完整的医疗文件，包括病历、实验室检测和影像学资料等，真正做到实现商业保险公司和社会医疗保险体系之间的资源共享。通过数据资源的共享，依托大数据方法进行审核，可以有效且快速地发现更多费用问题的线索，解决人工抽查的弊端，节省时间，降低成本。

（三）案例：客户即时结算平台

中国人保健康天津分公司在天津静海区实行了医疗保险医院联网实时结算项目，该项目是首家在地市一级区域内实现的商业保险机构与定点医疗机构之间建立起来的全医疗责任刷卡联网结算平台。该项目彻底改变了"医疗保险"之前的理赔经办模式，通过刷卡联网结算，节省了客户大量的时间和精力，实现了"以客户为中心"的转型。该项目已被列为天津市保监局重点创新项目向全国推广。

通过客户实时结算平台系统，对医疗保险业务实现了彻底的流程再造，在项目中集成了刷卡联网、数据交换、智能化审核、网上支付等一系列功能模块，不仅大大方便了客户的索赔流程，而且改变了风险管控对象和方式，将管控重点聚焦于医疗行为的合理性，通过这个系统实现了赔付率的明显下降，创费创利能力增强。

传统的医疗保险运营存在种种困扰，包括材料繁琐、理赔缓慢、理算复杂以及缺乏数据，使得客户感受不佳，公司理算复杂、出错频繁。

天津静海项目以大病保险为抓手，并且将基本医疗保险的"三保"数据纳入其中，以交互式的数据分析，完成基本医疗和大病医疗一体控费，在数据层面实现真正意义上的"三保合一"。该项目主要包括两个方面的内容：

一方面，人保健康保险股份有限公司实现静海区域内全部医院的门诊、门诊特殊病及住院医疗费联网结算，参保患者可直接在医院收费窗口办理结算，享受医疗保险理赔，全部诊疗数据，如医院名称、医生姓名、就诊日期及时间、诊断、治疗项目、编码、治疗明细、单价、剂量、费用、天数、费用的种类及三目归属等同时即时上传对接。全部流程无须人员干预，实现无纸化理赔。后期，由人保健康保险股份有限公司通过审核就诊信息的方式同医院进行费用结算。在大数据基础上，对医药费用报销流程进行简化，提升客户的便利性。在全国范围内，人保健康保险股份有限公司是首家在地市一级区域内实现巧妙联结商业保险机构与定点医疗机构的全医疗责任刷卡联网结算平台，彻底改变了之前"医疗保险"的理赔经办模式，通过刷卡联网结算，省却了客户大量的时间和精力，实现了"以客户为中心"的转型。对于门急诊医疗保险、门诊特殊病医疗保险和住院医疗保险实现医疗责任全覆盖，定时对医院传送的数据进行案件汇总、案件审核（全内置系统智能审核知识库与人工审核结合），利用自动审核引擎，将费用规格和剂量编码化，设有就诊次数和频率的风险提示功能，发现不合理赔付，并且责任可以追溯到医生，从源头上减少欺诈的发生。

另一方面，传统医疗保险运营面临种种困扰，包括材料烦琐、理赔缓慢、理算复杂、缺乏数据等问题。天津人保健康保险股份有限公司与医疗机构后台联网，以非常便捷的方式获得极为重要的参保客户医疗数据，为提高客户医疗资源有效运用、二次开发和健康管理业务的开展提供重要的数据支撑。在理赔运营中，人保健康保险股份有限公司打破原有的健康保险理赔流程，打造一体化运营平台，利用智能审核技术、数据传输技术和信息技术，加强风险管控能力、提高客户满意度、降低业务运营成本、参与医院数据管理。通过这个系统，人保健康保险股份有限公司对健康保险的支柱产品——医疗保险业务实现了彻底的流程再造，在项目中集成了刷卡联网、数据交换、智能化审核、网上支付等一系列功能模块，不仅极大方便了客户的理赔流程，而且改变了风险管控对象和方式，将管控重点聚焦于医疗行为的合理性，抓住了主要矛盾和矛盾的主要方面。通过这个系统实现了赔付率的明显下降，人保健康保险股份有限公司的商业健康保险经营实现了扭亏为盈，创费创利能力显著增强。

在大数据时代，人保健康保险股份有限公司聚焦医疗行为，进一步升级智能化，将临床诊断等关键字段编码化，增加智能审核关联设计，建立联网监控子系统、监督管理子系统、地图导航子系统、事后分析子系统。以客户为中心，利用网络平台优势和社保资源，提供给客户更好的保险产品和接触体验。

二、从社会医疗保险中多方位获取客户数据

(一) 开放医保账户购买商业健康保险

中国人保健康保险股份有限公司沈阳分公司通过与沈阳市社会医疗保险管理局合作,依托总公司信息技术部的支持,建立了医保个人账户购买商业健康保险承保系统。沈阳医保个人账户购买商业健康保险不必客户本人现场刷医保卡,而是通过授权委托转账方式,让客户投保更加便捷,同时可以为公司在参保客户家财险、车险、寿险和其他健康险等业务领域搭建二次销售平台。参保客户可利用医保个人账户资金为本人、配偶、子女及父母办理健康保险。

以往医保卡账户的余额只有在住院或者大病时,才能够支付医保范围内相关费用,但是仅仅依靠社会医疗保险,无论住院还是大病,都有一部分的自费费用无法报销。通过医保卡购买商业健康保险,能够更好地保障投保人利益,减轻参保人住院或者大病时的负担。

随着医保个人账户购买商业健康保险承保系统的不断发展,政府、社会医疗保险机构和商业保险公司可以建立一体化的商业保险产品交易平台,每家商业保险公司可以在这个平台上放置各自的保险产品供投保人选择,而投保人可以通过逛超市的方式来挑选和购买符合自己偏好的保险产品,这样既可以促进商业保险产品销售,也更符合对社会医疗保险客户的人性化关怀。

医保卡购买商业健康保险,可以为商业保险公司提供一批新的数据,既可以发现产品之间的销售偏好,也可以积极探索,开发多样化险种,以满足更丰富的产品需求。

(二) 建立社会医疗保险基础数据库

建立社会医疗保险基础数据库,实现医疗信息实时上传,可以在一定程度上丰富投保人的医疗信息,为商业保险公司健康险核保提供基础数据。

目前,我国医疗保险卡(简称医保卡)是医疗保险个人账户专用卡,以个人身份证为识别码,储存记载着个人身份证号码、姓名、性别以及账户金额、消费情况等详细资料信息。医保卡具有一人一卡、终生医保卡号码不变的特点。但医保卡作为银行多功能借计卡的一种,所含的信息十分有限,不具有全程医疗信息识别或存储功能。随着电子信息技术的发展,电子医疗服务系统逐步推广应用。电子医疗服务系统(电子就诊卡)主要包括疾病诊断、医治、储存病人信息及费用结算等功能,当前的电子医疗系统主要以各大医院为建立单位,难以实现不同医院之间的信息互通。

随着信息技术的不断发展,通过计算机信息技术实现的协同医疗服务以及医疗信息共享也随之快速发展。协同医疗服务是一种可以提高医疗资源利用率,实现大小医院以及社区医疗卫生服务中心之间功能互补的新型医疗服务模式。

建立基础数据库,把医保卡信息与电子医疗大数据系统联系起来,实现病人医疗

数据的连续化和唯一化，保证个人医疗信息的完整性和隐私性，同时实现个人医疗信息在不同医院之间的共享；采用信息存储技术，使个人生命历程的疾病及治疗情况得以长期保存和再现，为电子医疗发展提供有效保证。

通过基础数据库的建立，商业健康保险公司可以对投保人以往的患病情况有一个详细的认知，也为核保理赔环节做好数据准备，减少信息不对称带来的潜在风险。

三、商业健康保险可以从社会医疗保险中发现新的机会

（一）促进商业健康险的交叉销售

通过社保客户在社保平台上的购买记录，利用关联规则分析可以找出数据之间隐藏的关联性，帮助商业保险公司对社会医疗保险投保人购买的历史数据进行分析，从而找到不同健康保险产品之间的关系以及投保人的购买习惯，分析哪些保险产品会被同时购买，为实现交叉销售打好基础。

社保卡购买商业健康保险的记录可以给商业健康保险公司提供大量的数据，包括购买哪种产品，是否一次购买多种产品或者多次购买一种产品。利用关联规则进行分析，就可以将相关联的产品进行捆绑销售或者为新客户提供一站式服务。同时，还可以利用这些信息最大限度地开发老客户市场。通过关联不同渠道的数据，提升了数据价值。

原始数据主要来自社会医疗保险，包括身份证号码、年龄、投保日期、购买险种、工作单位等。关联规则分析算法需要事务型数据，设定最小支持度和最小置信度，利用 Apriori 算法等进行分析。输出结果中最为重要的是提升度，通常来说，提升度越高，规则越有用，并且大于 1 的规则才是有意义的。

当社会医疗保险投保人对商业健康保险有购买行为时，健康保险公司可以利用关联规则准确地了解投保人的潜在需求和消费特点，从而可以有针对性地推销关联保险产品，设计不同形式的保险销售套餐，真正全方位、多层次地对投保人进行保障。

（二）设计开发多样化的商业健康险种

在基本医疗保险领域基础之上，商业健康保险可以提供各类大病保险服务和补充医疗保险服务，减轻社会医疗保险报销以外的个人负担，同时也可以减少基本医疗保险基金的支出压力，充分发挥商业健康保险的作用。例如，积极开发生命周期全覆盖的、能够满足各类保险需求的保险产品以及收入损失保险、专项医疗服务保险、综合医疗保险、医疗护理及保健等，能够为不同层次、不同类型的人群构建全面的健康保险屏障。

从客户需求出发，进行保险产品的创意设计，进而给出产品的设计形态。而客户需求的识别分析，可以使用文本挖掘技术，找出信息的模式、结构等具有潜在价值知识的过程。当需要处理的文本信息数量变多或者变复杂时，可以采用基于概率模型的主题挖掘算法或者 LDA 文本生成模型。

政府鼓励购买商业保险公司的大病保险、补充医疗保险服务，可以从整体上提高

参保人的保障程度，而不会触及基本医疗保险相关群体的利益。通过改变现有的资源配置情况，可以增加医疗保险相关群体的整体利益，实现帕累托最优。

（三）利用社保病历信息识别欺诈

随着我国健康保险的快速发展，健康保险欺诈案件数量不断增加，涉案金额不断扩大。欺诈行为既影响了保险公司的正常运营，也让其他投保人的合法权益受到侵害。

健康保险是骗赔案的重灾区。在商业健康保险投保客户中，不乏存在带病投保而且故意向保险公司隐瞒的案例，有的投保人在出险后会与医院串通，多次报销牟取利益；有的投保人本身患有重疾，却在多家健康保险公司购买大额重疾保险。目前，保险公司可以通过体检和问卷的方式进行调查，但是却难以获得客观、相互印证的数据，从而会阻碍对欺诈行为的判别。因此，社保病历对于商业健康保险的风险防控具有十分重要的作用。

在传统医疗中，各个医院之间存在一定的信息壁垒，各自保存着病历，在一定程度上限制了医疗事业的发展，也阻碍了商业健康保险的发展。因此，围绕社会医疗保险可以建立信息共享平台，打破部门利益和壁垒，使保险公司、社保部门和医疗服务提供者实现数据联通。这就需要推动社保、商保和医疗机构的信息共享，打通患者、医院、社保、商保之间的链路，防范因信息不对称导致的欺诈现象。

目前，国内医疗保险信息化逐渐完善，社会医疗保险数据库记录了大量有关信息，为数据挖掘的研究与应用提供了广阔的空间，因此可以利用医疗数据，采用聚类分析和决策树模型，来识别是否存在欺诈行为，还可以通过数据映射找到相关的负责科室和医生。

社会医疗保险的病历信息包括病人资料表、费用明细表、医嘱表、核算分类以及患者费别等源数据。但是，这些源数据来源广泛、涉及内容多，会存在数据不一致的情况。因此，对源数据的预处理是进行数据挖掘的基础。将处理后的数据进行分析，找出存在欺诈行为的被保险人在就医中的异常行为，并在此基础上定义各类保险欺诈方式和手段。一旦被保险人的病历信息处理结果与其中一种或者几种欺诈方式或手段重合，商业保险公司就需要对此被保险人的投保行为进行慎重考虑。

医院内科室和医生作为医疗方案的制定者和医疗服务的提供者，会以追求利益最大化为目标。在识别出欺诈行为之后，可以通过数据映射来查找与投保欺诈病人相关的欺诈信息，比如医生和科室。因为在欺诈事件中，不仅病人参与其中，医生和科室也存在重大嫌疑。因此，根据欺诈病人信息的数据映射找到有嫌疑的科室和医生，同时发现医院在某些医嘱项和核算流程上存在的漏洞，可方便医院以后进行重点监督。

一般情况下，科室和医生可以通过伪造病历的方式来骗取资金，从而导致某些患者在特定科室或者特定医生门诊的出现频率和花费的医疗费用较高。因此，医院可以通过排查医疗记录中频率较高的医嘱项和核算分类来找到高发的作案项目。通过找到欺诈参保人、嫌疑医生及嫌疑科室，可以为商业保险公司在核保和理赔时予以警戒，降低欺诈风险。

识别嫌疑科室和医生用的是数据映射的方法，根据与欺诈投保人的交易次数和频率进行排序，以此来作为划分嫌疑科室和医生的标准。

本章小结

社会医疗保险运行压力的增大，必然需要商业健康保险的有力补充。商业健康保险和社会医疗保险相互衔接，能够形成一张完善的保险网。社会医疗保险蕴含的大量医疗数据可以解决商业健康保险数据不足、数据滞后、数据统计方法偏差的痛点。社会医疗保险平台可以与商业健康保险销售挂钩，在社会医疗保险的庞大用户群中进一步宣传商业健康保险，积极开发商业健康保险新产品，满足现代人对自身保险的个性化需求。通过与社会医疗保险的合作，有利于发现投保人、被保险人、医疗工作者的合谋欺诈。

思考题

1. 我国商业健康保险发展情况如何？与国外发达国家相比，我国商业健康保险有哪些可以改善的地方？
2. 在商业健康保险和社会医疗保险衔接的过程中，都用到了哪些大数据的方法？是否还有其他的方法可以用在这里？
3. 商业健康保险公司还可以在哪些方面利用社会医疗保险数据来解决自身健康险目前存在的问题？
4. 为了更好地发挥商业健康保险的补充作用，我国的社会医疗保险制度还有哪些需要改进的地方？

专业术语

1. 社会医疗保险（Social Medical Insurance）：社会医疗保险是国家和社会根据一定的法律法规，为向保障范围内的劳动者提供患病时基本医疗需求保障而建立的社会保险制度。我国的社会医疗保险由基本医疗保险和大额医疗救助、企业补充医疗保险和个人补充医疗保险三个层次构成。

2. 城镇职工医疗保险（Medical Insurance for Urban Employees）：城镇职工基本医疗保险通过用人单位和个人缴费，建立医疗保险基金，参保人员患病就诊发生医疗费用后，与医疗保险经办机构给予一定的经济补偿，以避免或减轻劳动者因患病、治疗等所承受的经济风险。

3. 城镇居民医疗保险（Medical Insurance for Urban Residents）：城镇居民医疗保险是以没有参加城镇职工医疗保险的城镇未成年人和没有工作的居民为主要参保对象的医疗保险制度。

4. 新型农村合作医疗（New Rural Cooperative Medical System）：由政府组织、引导、支持，农民自愿参加，个人、集体和政府多方筹资，以大病统筹为主的农民医疗互助共济制度。

5. 交叉销售（Cross-selling）：交叉销售即借助客户关系管理，发现顾客的多种需求，并通过满足其需求而销售多种相关服务或产品的一种新兴营销方式。

6. 关联规则（Association Rules）：假设 I 是项的集合，给定一个交易数据库，其中每个事务 t 是 I 的非空子集，即每一个交易都与一个唯一的标识符对应。关联规则是形如 X→Y 的蕴含式，其中 X 和 Y 分别称为关联规则的先导和后继。

7. 基础数据库（Basic Database System）：基础数据库可容纳全部信息，并且可以与其他工作单元相连接来输出信息。

8. 信息不对称（Asymmetric Information）：信息不对称是在市场经济活动中，在相互对应的经济个体之间的信息呈现不均匀、不对等的分布状态。

第八章

大数据背景下健康保险的法律规制

大数据凭借其海量的信息资源已成为保险行业内不可或缺的挖掘渠道，商业健康保险将获益良多。但是，大数据在赋予保险公司多种信息资源的同时，对数据的获取和挖掘不可避免地在不同程度上侵犯保险消费者的隐私权。为防止对大数据的过度依赖，降低侵害保险消费者利益的程度，建立保险消费者隐私权保护制度意义重大。

本章以商业健康保险消费者作为研究主体，将大数据背景下公民的隐私权保护作为研究对象，归纳出大数据在商业健康保险领域应用过程中可能出现的法律隐患。

本章第一节对大数据下健康保险消费者的隐私权做出了界定；第二节与第三节通过选择两大法系中在公民隐私权保护制度上具有代表性和借鉴性的几个国家，采用与中国隐私权保护现状相结合的方式，分别从立法、行业监督以及保险公司内部三方面揭示出大数据产生的巨大浪潮可能给中国商业健康保险消费者的隐私权保护制度带来的挑战；第四节针对制度的缺失，提出了相应建议及解决方案。通过梳理中国现行立法及保险行业内部相关权利保护制度存在的问题，进一步完善监管，引导并加强行业自律，明确行业机构及消费者的权利义务，制定出解决问题的相关策略，期待能够更好地解决大数据带来的隐私权保护问题。

第一节 大数据下对商业健康保险消费者隐私权的界定

一、问题的提出

随着计算机、互联网信息技术的广泛普及，自20世纪中期以来，人类已经逐渐进入集智能化与普适化于一身的大数据时代。无论是政府组织、非政府机构，还是商业组织纷纷开始利用大数据资源获取有价值的信息，以达到更高效、更精准地完成工作的目的。保险领域也不例外，大数据同样也在深刻地改变着整个保险行业的发展势态。保险业管理者以大数据为依托,以多元化、多渠道的收集方式获得大量客户信息,并通过客户基本信息对其旗下产品进行设计与定价,在达到精准营销的目的的基础上,也从一定程度上提高了保险公司对风险的识别与评估,有效地进行风险控制。例如,糖尿病患者可以通过向智能设备上传血糖检测数据的方式购买重疾险;保险消费者可以将穿戴设备所记录的慢跑数据在互联网平台生成积分,并通过积分转化为一定数额的保费[1]。此外,大数据还将客户的购买习惯记录下来,便于在今后为其推送可能感兴趣的优惠信息。可见,大数据已然为保险从业者提供了相当有价值的信息。

然而,正当人们充分享受大数据带来的便利之时,网络的普及也在无形之中将人们的基本信息全部记录下来。可以这样说,无论是浏览各类网站、移动客户端还是便携穿戴设备,无论是衣食住行还是支付消费,公民的个人信息每时每刻都被置于较大的泄露风险之中,被滥用的可能性也就越来越大。就商业健康保险而言,消费者数据的获取途径主要源自以下几个渠道:保险公司内部采集的数据、从医疗机构获取的数据、通过普及物联网技术得到的更加透彻的智能化信息、依托互联网数据库对客户信息进行空间传递以及医疗健康数据共享等方式。由此可见,互联网、物联网等媒介已成为数据的最大来源,商业健康保险已逐步被上述新型智能模式所覆盖。在这样的背景下,保险消费者的隐私权能否得到充分的保护也随之成为令人担忧的问题。在大数据的作用下,带有私密性质的信息被过度采集,甚至于有些信息并未得到客户许可便被擅自披露并肆意传播、使用,公民的隐私被暴露在高风险的社会环境当中似乎已是无法逃避的现实。

二、健康保险中的隐私权

综上所述,大数据与健康保险逐步结合的同时带来了以下三个问题:一是公民的个人信息可以被认定为隐私吗?二是如果构成隐私,那么健康保险中的隐私又包括哪些内容呢?三是公民的个人信息被收集数据的主体获取、存储甚至分享给第三方的行为又是否构成对公民隐私权的侵犯?

在解答上述问题之前,有必要先将隐私权的概念进行解释和梳理。在中国,关于隐私权的界定最具代表性的观点主要有以下三种:一种观点认为,隐私权是自然人就其本身的私事、个人信息等个人生活领域内的事情享有不为他人知悉并且禁止他人干涉的权利。还有一种观点是将隐私权界定为自然人所享有的、对其个人信息、私人活动以及私有领域进行支配的具体人格权。这种权利与公共利益和群体利益无关。第三种观点阐述的是自然人的个人私事、个人信息等个人生活领域内的事情不为他人知悉或知晓并且禁止他人进行干涉的权利。通过分析不难看出,上述三种观点均表达出以

---

[1] 上述信息来自搜狐网:《大数据与物联网"颠覆"保险业》,2016年3月10日。详见 http://mt.sohu.com/20160310/n439922484.shtml。

下几点内容：首先，隐私权的权利主体为自然人；其次，与国家、公共利益无关的个人私事、个人信息等私人生活领域内的事情为主要的保护对象；最后，允许自然人的隐私不被他人知悉并有权禁止他入干涉。概括为一句话就是，隐私权的内容不仅体现了自然人的私生活秘密权，还代表了空间隐私权以及私生活安宁权。

下面以隐私权的概念为依据，回答上文提出的三个问题。事实上，在学术界已经有学者对上述相似问题发表过意见，尤其在对第二个问题的讨论中存在不同观点，但所表达中心思想的差异性并不大。其中一种观点认为，隐私权应属于人格权的范畴之内，包括私生活不受外界干扰以及信息自主两大主要内容。也有美国及德国的学者①倾向于从隐私权的角度去定位个人信息。也就是说，这类学者的观点是，公民的个人信息可以完全被归入隐私当中。但也有学者对该问题持不同观点，认为公民的个人信息资料并不能完全属于隐私的范畴，属于部分包含的关系。也就是说，当某些信息的收集和公开是为了满足社会交往及公共管理的需要时，势必会在一定范围内为特定或不特定的群体所知。这种情况下，即使公民享有一定程度的信息控制权，也不能将这些信息认定为隐私。但是，若上述信息被允许知晓的群体以外的主体非法窃取或传播，该行为则严重侵犯了公民的隐私权。可见，无论哪种观点都基本肯定了"个人信息属于隐私"这一命题，不同点在于，前者将所有的个人信息全部归属于隐私的范围之内，而后者则认为，必须在特定范围内公开或为人所知的信息不应被列入隐私的范围之内，例如公民的姓名、性别、联系方式、住址等信息。

隐私权重在维护公民的私人秘密得到保护，试图让每个人都拥有安宁的生活。上面的国内外学者对隐私及隐私权认定的观点揭示了前两个问题的答案：（1）在健康保险领域，并不是公民的全部个人信息都可以被认定为隐私。（2）涉及公民的健康状况、就诊情况以及患者病例等信息属于公民的个人生活情报，是带有私密性质的信息并且与国家利益和公共利益无关，因此，应当被视为公民的个人隐私。而对于公民的姓名、住址、联系方式等基本信息而言，公民享有保守上述信息不被泄露的权利。可是，由于上述信息可能需要在一定范围内被强制公开，这就使得上述信息无法成为真正意义上的隐私。若保险机构在未取得公民允许的情况下，通过非正常手段获取包括基本信息在内的任何客户信息，或将公民的任何信息泄露给其他法律未明确授权的主体的行为便构成对公民隐私权的侵犯，此时这些信息应当得到同等保护。例如，公民向保险公司披露了自己的家庭住址及电话，此时便视为其家庭住址及电话信息在特定范围内授权得到公开，但这并不意味着上述信息也向其他机构或全社会公开。此时，若授权得到信息的机构在未经公民允许的情况下擅自泄露其信息，则认为该行为同样侵犯了公民的隐私权。也就是说，保险公司应当认真管理客户的隐私，若有非法

---

① 美国的 Daniel J. Solove 教授以及阿丽塔·L. 艾伦教授以及德国学者 Margaret C. Jasper 均持有"个人信息属于隐私"的观点。

收集、使用或外泄的行为，均构成对客户隐私权的侵犯。

通过前文关于隐私及隐私权的讨论可以得知，基于大数据所彰显的巨大价值及应用潜力，保险行业一直致力于依靠大数据获取多元化的个人信息数据。但是，若保险从业人员对客户信息管理不善，致使信息外泄或被滥用，公民生活的安全性将会存在极大的风险。保险消费者无论在购买商业健康保险之前还是在保险期间，其个人隐私均存在外泄或被滥用的可能性。消费者投保前，保险销售人员为了拓展营销路径，抢占市场份额，通过非正常途径获取消费者的电话、住址等隐私信息的方式，试图引导消费者购买保险①，或是在未经允许的情况下擅自调取患者的医疗记录、既往病史、现病史等信息以便于销售人员制定营销策略。在保险公司承保阶段，投保人需如实履行告知义务，包括被保险人的身份信息、职业、健康状况、有无不良嗜好等情况。由于上述信息均属于公民不愿透露的隐私信息，保险公司有义务为客户信息提供保密服务。若上述信息未能得到妥善、安全地保管，导致外泄或被滥用，便侵犯了保险消费者的隐私权。

第二节 域外商业健康保险消费者隐私权的保护经验

一、美国健康保险消费者隐私权保护经验

美国是世界上最早提出并通过立法对公民的隐私权进行保护的国家。事实上，隐私权在美国早已成为公民享有的基本权利之一，对公民隐私的保护条款直接在宪法中②得以体现，并援引宪法中的权利修正案为隐私权背书。早在1974年，美国联邦政府就已经通过了《隐私法案》（Privacy Act），旨在保护公民的个人信息不被侵犯。该法案十分详尽地规定了政府机构收集公民个人信息时应遵守的方式、信息内容、公开方式以及被公开信息主体的权利等内容，试图确保"公民隐私权与个人信息有效利用"这二者间的关系达到平衡。除此之外，联邦政府还分别针对不同行业和群体制定了相对应的权利保护法案，逐步建立起相对完善的隐私权保护法律体系。在商业保险领域，美国国会赋予其联邦制度理事会（FRB）对金融控股公司及附属分支机构享有总体的监督管辖权。在立法方面，美国也有多部法律规范了保险公司获取、使用

---

① 据《人民网》报道，2011年12月海尔人寿保险公司获取股东海尔集团的客户资料进行电话推销，众多曾购买过海尔电器产品的客户反映频频遭受电话骚扰。详细内容参见人民网：《海尔人寿保险涉嫌违法专家：其行为侵犯个人隐私权》，2011年12月26日。http://finance.people.com.cn/insurance/h/2011/1226/c227929 - 1230928330.html。

② 详见美国宪法第四修正案。1967年的卡兹诉美国一案，将美国宪法第四修正案中的保护范围大幅扩大至对公民个人隐私权的保护。自此以后，"一个人已经表现出对隐私真实的（主观）期望，并且对于社会来说，这种期望是合理的"被用来作为判断某种情形是否可以适用第四修正案。

及共享消费者个人信息的行为,并制定了相应的惩罚措施。1945 年,美国国会通过了充分反映了国会意见的《麦卡伦—福尔格森法案》(McCarran Ferguson Act,简称 MFA)。1982 年,美国保险监督官协会发布了《保险业信息与隐私保护模式法案》(即《保险监管法》,NAIC Act),该法案还特别制定了通知、使用、披露和获取等条款,确保对保险信息的全部交易过程中涉及的个人信息安全给予全面的保护。另外,美国于 1996 年颁布了《健康保险信息可携带性与责任法案》(The Health Insurance Portability and Accountability Act of 1996,HIPAA)。紧接着,在 1999 年还颁布了《金融服务现代化法案》(Financial Services Modernization Act of 1999),并于法案的第五篇对客户信息的隐私保护做出了专门性规定。法案第五篇中,副 A 篇第 505 条及副 B 篇 521 条对保险机构提出应当保护消费者非公开的个人信息安全的原则性要求。此外,还特别针对电话营销这种特殊方式制定了一系列法规。2012 年 2 月,白宫发布了一篇关于消费者数据隐私权的报告——《在全球数字化经济环境下保护隐私权与促进创新的新体系框架》(以下简称《报告》)[1]。《报告》明确了对消费者的保护标准,从信息的个人控制、充分知悉、可修改与准确性、企业收集信息时的相关环境与限度及问责几方面提出要求。2014 年 5 月,美国总统执行办公室(Executive Office of the President)发布了题为《大数据:把握机遇,守护价值》的 2014 年全球"大数据白皮书"(以下简称《白皮书》),《白皮书》表达出对大数据所带来的巨大经济利益与创新动力的重视和依赖,对于可能与健康数据隐私权发生冲突的情形,总统科技顾问委员会得出以下结论:国家需要建立统一的数据标准与结构,使不同类型的数据记录可以在受到控制的条件下方便访问[2]。可见,大数据所带来的巨大利益已开始逐步侵犯公民原有的"告知与同意"框架,并亟待调整。在 2017 年 1 月 1 日,数据泄露通知法修正案于加利福尼亚州以及伊利诺伊州正式生效。加利福尼亚州修正案[3]要求,当出现以下情形时,数据安全漏洞需要做出通知:(1)擅自采集加密的个人信息、加密密钥或安全证书;(2)企业有理由相信加密密钥或安全证书可以使这些个人信息具有可读性和可用性。伊利诺伊州修正案还扩大了个人信息的定义[4],包括医疗和健康保险信息、独特的生物识别信息、结合密码或安全问题及答案的用户名或电子邮件地址。该法案还说明了加密安全港条款,修改了通知要求,构建了用以维持合理的保障措施的新要求,以保护伊利诺伊州居民的信息,并在遵守某些联邦法规的基础上,对某些符合要求的实体进行豁免。

---

[1] 该报告的名称为 Consumer Data Privacy in a Networked World:A Framework for Protecting Privacy and Promoting Innovation in the Global Digital Economy。

[2] 详见美国白宫 2014 年全球"大数据"白皮书中的"大数据与医疗保健服务"部分内容。

[3] 详见 http://leginfo.legislature.ca.gov/faces/billNavClient.xhtml?bill_id=201520160AB2828。

[4] 详见 http://ilga.gov/legislation/fulltext.asp?DocName=09900HB1260enr&GA=99&SessionId=88&DocTypeId=HB&LegID=85740&DocNum=1260&GAID=13&Session=&print=true。

在实践中，美国多家保险公司网站的隐私政策板块均提到了对客户个人信息的保护问题。以美国著名的联合健康（UnitedHealth Group）保险公司为例，该公司承诺客户享有自由选择是否告知其个人信息的权利，并对已获取客户个人信息的使用范围进行公开。例如，在客户的要求下回复邮件、提供个性化服务、处理应用程序等，还有管理调查和促销、记录交易及通信过程、提供保险公司认为对客户有用的信息等方面内容[①]。Wellpoint 是美国最大的健康保险公司，该公司在其隐私政策条款中明确列出可采集个人信息的种类、信息的使用方式、第三方服务支持以及当客户不愿其个人信息被采集时采取的对策。为了方便管理及托管，公司会定期采集用户数量及访问其网站页面时的存留数据，但承诺不出售、许可、传输或披露本网站收集的个人信息，除非法律允许或另有规定[②]。另外，美国家庭人寿保险公司（American Family Life Assurance Company，简称 AFLAC）也在其隐私条款中声明，AFLAC 将会完全遵守 HIPAA 法案中包括隐私权在内的所有规定，并对已取得的客户信息的使用范围做出说明，其中包括本公司及其附属机构、公司的服务供应商、移动 APP 产业部门区域均可获得客户的个人信息[③]。

综合上述法案内容及实践中的经验积累，美国对健康保险消费者隐私权的保护主要体现在以下几个方面：

（一）对保险消费者个人信息的获取

总体来看，无论在保险交易进行前还是保险合同履行期间，保险机构不仅应当遵循获取信息最小化原则，还需完成向消费者提供隐私使用说明的工作，并告知客户享有查看个人信息记录并获取个人信息的权利。

首先，立法要求保险机构在收集消费者的健康信息时，应当遵循个人信息获取最小化的原则，不得要求投保人透露与其欲投保险种无关或超出该险种范围的健康信息[④]。

其次，保险公司无论在与客户订立合同之前，还是在履行合约期间，均有责任每年都为其客户提供一份明确的隐私政策说明书[⑤]，告知保险消费者应当享有的隐私权保护政策，以保证客户对其个人信息的控制。保险机构还应当特别针对个人信息的"获取权"做出说明，赋予消费者在收到书面请求函后 30 天之内查看信息记录副本的权利。若消费者发现信息记录有误，则有权要求保险公司予以改正[⑥]。

在医疗信息安全方面，凡是涉及个人健康信息、保健信息的存储、维护与传输，

---

① 详见 http：//www.unitedhealthgroup.com/Privacy.aspx。
② 详见 https：//www.antheminc.com/Privacy/index.htm。
③ 详见 https：//www.aflac.com/about - aflac/privacy - policy.aspx。
④ 参见美国《保险业信息与隐私保护模式法案》。
⑤ 参见美国《金融服务现代化法案》。
⑥ 参见美国《保险业信息与隐私保护模式法案》。

无论基于何种形式存在，任何与医疗保健相关的机构都必须遵守有关规定，保证病人的病历记录等隐私信息不被泄露。为了防止保险公司向外界泄露病患信息，《健康保险信息可携带性与责任法案》（以下简称 HIPAA）肩负起对医疗健康产业中的医疗隐私、医疗信息安全等内容进行监督和规范的责任，而医疗信息安全规范条例更是成为 HIPAA 的重要组成部分。从条例可知，为了更好地保护信息系统免受外界威胁，美国将安全标准划分为管理流程（Administrative Procedures）、物理防护（Physical Safeguards）、技术安全服务（Technical Security Services）和技术安全机制（Technical Security Mechanisms）四类。其中，设立技术安全服务与技术安全机制的根本目的正是为了保护病人的病历记录等隐私及网络中的其他相关数据免于被非法访问。

（二）对保险消费者个人信息的披露

美国十分重视保护保险消费者的个人信息。《美国金融服务现代化法案》特别将隐私保护制度细化为通知、同意、营销披露、安全和执行五部分，并将"营销披露"作为独立的问题进行说明。法案特别要求美联储对金融机构向其分支机构与非分支机构第三方之间分享信息的情况进行调查，除受消费者有协议、有客户报告要求和其他承诺等因素影响，禁止金融机构以营销为目的向其非分支机构提供消费者的账号及密码等隐私[①]。法案同时要求保险公司除与金融机构另有协议或其他承诺外，客户依法享有选退权，通过行使该权利来决定是否赋予金融机构向非关联第三方公开个人隐私数据的权利。也就是说，保险机构在未得到消费者的许可之前，无权向非关联第三方公开和泄露消费者的健康信息等隐私。

（三）对保险消费者个人信息的安全性保护

在美国，保险公司应当保护消费者非公开个人信息的安全性及保密性，并以此作为一项持续的义务。另外，保险公司应当根据其内部结构制定有关行政、技术和物理保障的管辖标准，以维护与上述内容相关的记录的完整性与安全性，防止其受到威胁或侵害[②]。若未经授权，保险公司应当防止上述记录或相关信息受到访问或使用，以避免给保险消费者带来重大损失以及不必要的风险[③]。

（四）对侵犯消费者隐私权行为的处罚

在美国，共有 50 个州级机构负责管理保险类法律的实施。美国联邦贸易委员会对保险公司享有周边管辖权。基于美国对公民隐私权的高度重视，在金融领域内已有多部立法明确规定，应当对"通过恶意欺诈手段获取个人信息"的行为做出惩罚。例如，《健康保险信息可携带性与责任法案》（HIPAA）明确了违反安全条例内容应承担的法律责任。要求美国所有相关医疗保健机构必须严格遵守 HIPAA 中规定的安

---

① 对上述信息的获取来自中国信息安全法律网：http://www.infseclaw.net/news/html/1026.html。
② 详见美国 1999 年《金融服务现代化法案》中的"安全性"原则。
③ 详见美国 1999 年《金融服务现代化法案》§6801（a）。

第八章
大数据背景下健康保险的法律规制

全条例。对于违反条例规定的行为,最高可处以长达10年的监禁以及25万美元的罚款。《美国金融服务现代化法案》也规定,以欺诈的方式获取消费者个人信息的行为已经触犯了美国联邦法律,可受到最长5年监禁的惩罚。

值得一提的是,当州法律规定的隐私政策更为严格时,应当按照州法律执行,以保证消费者个人信息得到切实的保护。但如果《美国金融服务现代化法案》中的隐私权保护规定比所在州的规定更加严格,则应当优先执行该法案中的规定。也就是说,若联邦法律介入了保险公司的隐私保护政策,但各州法律及《美国金融服务现代化法案》能够为消费者提供更为全面的隐私权保护,那么,只要联邦的介入未对州法律及上述法案的推进造成先占或妨碍,就不会违反《麦卡伦—福尔格森法案》中的规定①。

(五)对电话营销的治理

电话营销是保险机构在推销其保险产品时最常用的手段之一,这种行为不仅侵犯了公民的个人隐私,影响了公民的生活安宁,也在无形之中给公民的正常生活造成了极大困扰。为此,美国政府对保险行业的电话销售行为进行了严格治理,并通过立法加以规制。

在美国,禁止保险公司拨打公民住宅电话、紧急电话、医疗救助电话等传播营销信息;禁止保险公司擅自使用电子设备通过网络传输或传真的方式向公民发送广告或相关产品信息,只有得到公民明确的同意表示时才允许采取上述营销方式②。保险公司应当在法律允许的推销时间内如实介绍产品信息,不得存在带有欺骗性质的营销行为,避免消费者对产品产生误解③。通过采取上述方式,严厉打击了通过电话营销的方式侵犯公民隐私权的行为。

二、德国健康保险消费者隐私权保护经验

20世纪70年代的欧美正处于追求国家经济建设及谋求国民福利的时期。为了加快国家的发展步伐,提高工作效率,无论在促进科学技术的发展、保障系统的完善、基础设施的建设,还是居民日常生活的规划等方面均离不开公民个人信息产生的数据支持。正因为如此,公民的个人信息越来越多地被收集、存储和处理,并且被多个行业机构广泛应用及共享。但是,随着时代的不断进步,公民的自我保护意识也随之增强,外界收集到的信息越多,公民的人身及财产安全受到威胁的可能性就越大。为了消灭个人信息外泄所带来的困扰及潜在危险,德国的黑森州率先颁布了《黑森州资

---

① 对于该问题,美国最高法院也提出了相应的意见:当联邦法律与州法律关于保险行业的规定存在冲突时,若与保险行业相关的联邦法律能够做出调节,以适应美国各州保险行业相关法规,避免与其产生冲突,那么,《麦卡伦—福尔格森法案》将不会使该联邦法律失效。
② 详见美国1991年颁布的《电信用户保护法案》(Telephone Consumer Protection Act,简称TCPA)。
③ 详见美国1995年颁布的《电话营销销售规则》(Telephone Sale Rule,简称TSR)。

料保护法》①。虽然该法只能将管辖权延伸到州的层面,但也为处于当时环境下的公民隐私权的保护起到了极大的推定作用。也正是因为该法的诞生,激起了德国其他地区对公民个人信息保护的强烈意愿,德国《联邦资料保护法》于 1977 年应运而生,并且在经历了 1990 年、2001 年的三次重大改革之后一直沿用至今。另外,著名的"人口普查案"判决确立了"公民的个人信息应当受到保护"的思想,不仅明确并扩大了公民个人信息的保护范围,也肯定了隐私权作为一般人格权所具有的独立地位。与保险行业相关的立法主要存在于 1995 年由欧盟颁布的《数据保护指令》。该指令以 1977 年德国颁布的《联邦资料保护法》为主要灵感来源,在很大程度上给《数据保护指令》的构建模式提供了一定的参考和借鉴价值。

德国对健康保险消费者隐私权的保护主要体现在以下几个方面:

(一) 对保险消费者个人信息的获取

德国最初对获取公民个人信息的限制仅仅集中在对国家权力的控制方面。而后,随着公民对隐私保护意识的不断增强,立法也将限制国家权力的初衷延伸至对私人领域的制约,规定无论在何种领域,公民的个人信息均应受到同等程度的保护。也就是说,包括保险行业在内的非公有领域同样也受到了禁止收集个人信息原则的制约。欧盟《数据保护指令》规定,除法定情形外,禁止保险机构擅自收集客户信息,并且在收集数据前应当征得消费者的明示同意。欧洲议会颁布的《关于个人数据自动化处理的个人保护公约》中提到,数据的取得需经过合理合法的程序,不得违背收集数据时的原始目的。同时,公民还享有查询、修改、补充或清除个人信息的权利。2001 年修改后的《联邦资料保护法》明确规定,任何机构收集公民的个人信息时,都必须预先对信息来源进行说明,并要求收集信息的一方只有在出于合法且明确的目的时方可采集。在德国一些保险公司的隐私保护条款中,也都注明了保险消费者有权决定其个人信息的收集范围。

(二) 对保险消费者个人信息的使用

依据欧盟《数据保护指令》第 6 条中的要求,无论是德国政府还是其他非政府机构,在处理数据时必须做到及时、准确、具有相关性且出于正当、合法目的,禁止通过不符合目的的方法擅自使用信息,并且要求在达成数据的原始使用目的后,数据应当被妥善存储,不得再将该信息用于个人身份的识别。

在德国,保险机构在使用消费者个人信息前,应当向消费者告知数据信息的使用目的,并允许消费者在合法的范围内反对保险机构处理其个人信息。值得注意的是,只有满足下列条件时,消费者的个人数据才允许被使用:得到数据主体的明示同意;为了维护公共利益;在不影响对数据主体基本利益的保护的情况下,基于保护私人合

---

① 德国黑森州于 1970 年颁布了世界第一部个人信息保护立法——《资料保护法》。

法利益的目的①。若没有得到数据主体的明示同意，应当严格限制甚至禁止涉及以下内容的信息的使用：个人种族、宗教、政治立场、健康状况及性生活等敏感信息②。

2016年10月20日，欧洲数据保护管理者（European Data Protection Supervisor：EDPS）发布了一条新闻稿③，主要讨论了"有权管理个人在线身份的主体为系统中的个体，而不是在线服务提供商"这一问题。EDPS还鼓励欧盟为创新化数字工具（如个人信息管理系统）的发展提供支持。因此，有理由相信，保险消费者在登陆保险公司特定的网络平台进行交易等行为时，有权对其个人信息进行管理，而不会受到在线服务提供商的制约。

（三）责任和救济

德国立法明确规定对非法处理消费者数据、侵犯消费者隐私权的行为予以处罚。消费者不仅有权向相应的数据保护监督机关投诉，也可直接向欧盟数据保护监督机关咨询相关内容并寻求司法救济。

三、日本健康保险消费者隐私权保护经验

随着日本信息技术的广泛普及，公民个人信息外泄或被滥用的情形时有发生。早在1987年3月，日本就已经制定了《关于金融机构等保护个人数据的指针》。1996年6月，日本高度信息通信网络社会推进战略本部正式将个人信息隐私权保护列入议题，并将隐私权条款列入于1998年11月制定的"向高度信息化通信社会推进的基本方针"之中。此外，在规制公民信息隐私权方面，日本还先后出台了《个人信息保护法》《建立高度信息通信网络社会基本法》《行政机关所持有之个人信息保护法》等法律法规。在保险领域，一般社团法人生命保险协会制定的《生命保险业中的个人信息保护方针》成为约束保险机构处理消费者个人信息的有力武器，以起到规制数据时代侵害公民个人隐私权的不法行为。

日本立法对相关机构在获取和使用消费者个人信息时做出了应当事先告知的说明，要求保险机构在收集和使用消费者的个人信息之前，有责任向消费者说明并公开信息的收集目的和使用用途④。事实上，在实践中，多家保险机构⑤大多依据《个人情报保护法》以及《行政机关所持有之个人信息保护法》中的规定，均在其"个人

---

① 详见欧盟《数据保护指令》第6条。
② 详见欧盟《数据保护指令》第7条。
③ 详见 http://edps.europa.eu/EDPSWEB/webdav/site/mySite/shared/Documents/EDPS/PressNews/Press/2016/EDPS-2016-16-PIMS_EN.pdf。
④ 详见日本《个人信息保护法》中的规定。日本《个人信息保护法》虽不是一部专门针对健康保险领域内的消费者个人信息保护而制定的法律，但该法囊括了对企业主体的法律规制。也就是说，保险行业也被纳入该法所管制的范围之内。
⑤ 日本多家保险机构均在其"个人情报保护方针"模块中对消费者个人信息的处理做出了说明。比较典型的保险机构有日本生命保险公司、日本第一生命保险公司、日本明治安田生命保险公司等。

情报保护方针"板块中做出类似的说明,主要包括信息获取的种类、收集方法、信息的使用目的以及信息管理等内容。例如,日本最大的保险公司——生命保险公司就明确记载:为了保证保险合同的承兑、维持管理、保险金及给付金的支付等服务的进行,需要对客户的姓名、住址、出生日期、健康状况及职业等信息进行收集。但是,生命保险公司对保险消费者的医疗信息做出了特别说明,确保消费者的医疗信息仅适用于合同的履行,除履行合同外的其他用途都必须予以禁止。此外,生命保险公司还出于安全管理的目的,防止顾客的个人信息受到不正当访问和泄露,防止他人在未经授权的情况下擅自访问客户信息,必要情况下还会考虑制定相应的解决对策[①]。日本第一生命保险公司同样需要对客户的姓名、住所、出生日期、职业、健康状态等信息进行收集和保存,并严格按照《个人信息保护法》中的规定合法使用和处理消费者的个人信息,同时声明消费者个人信息将会适用在保险合同的履行、保证金及给付金的支付、与本公司业务相关的信息提供、相关公司或合作公司中所包含的各种商品、其他与保险相关或附随的业务等方面。除了隐私条款中提到的可使用范围之外,不得以任何目的使用客户的个人信息,即使得到客户本人的同意。另外,若消费者的个人信息涉及开示、订正等问题时,应当首先得到本人的确认[②]。日本明治安田生命保险公司的做法也与上述两家保险机构对客户隐私权的保护方式大致相同,通过客户填写的投保申请书、合同书、宣传活动以及问卷调查等途径获取到消费者的姓名、住所、出生日期、性别、职业、健康状况等信息,某些特殊信息还可通过填写的申报书来取得。该公司承诺,在取得客户信息后,将会严格依照《个人情报保护法》以及《保险业法》等法律的规定,以适当的方法处理信息。除此之外,公司会采取有效的措施用来更新客户信息,并且制定必要的对策以防止客户信息的丢失、泄露、损毁或受到非法访问等情形的发生[③]。

另外,日本相关立法也对非法处理个人信息的行为制定了处罚措施,并且为受害群体提供了救济途径。保险机构应当严格按照《个人信息保护法》的要求确立相对应的救济体制,权益受到损害的保险消费者可以到日本损害保险协会投诉,协会应及时对投诉进行处理,或采取其他必要措施。

美、德、日三国商业健康保险消费者隐私权的保护经验整理见表8-1。

[①] 详见日本生命保险公司的"个人情报保护方针"板块,http://www.nissay.co.jp/info/kojinjoho。
[②] 详见日本第一生命保险公司的"个人情报保护方针"板块,http://www.dai-ichi-life.co.jp/personal_date/privacy.html。
[③] 详见日本明治安田生命保险公司的"个人情报保护方针"板块,http://www.meijiyasuda.co.jp/privacy-policy/index.html。

表 8-1　　　美、德、日三国商业健康保险消费者隐私权的保护经验

国家	保护方式	信息获取	信息使用	侵权救济
美国	单独立法	遵循获取信息最小化原则，向消费者提供隐私使用说明，告知客户享有查看并获取个人信息的权利	客户依法享有选退权，保险机构在未得到消费者的许可之前，无权公开和泄露消费者的隐私	对"通过恶意欺诈手段获取个人信息"的行为做出惩罚
德国	综合保护	禁止保险机构擅自收集客户信息，在收集数据前应当征得消费者的明示同意	禁止保险机构通过不符合目的的方法擅自使用信息，保险机构在使用消费者个人信息前，应当向消费者告知数据信息的使用目的并征得消费者同意	对非法处理消费者数据、侵犯消费者隐私权的行为予以处罚。消费者有权向相应的数据保护监督机关投诉
日本	单独立法	保险机构在收集和使用消费者的个人信息之前，有责任向消费者说明并公开信息的收集目的和使用用途		权益受到损害的保险消费者可以到日本损害保险协会投诉

第三节　中国商业健康保险消费者隐私权的保护现状及存在问题

在互联网信息技术飞速发展、大数据猛烈推动社会进步的今天，保险业者作为独立的利益主体，试图依靠数据力量建立更加多样、复杂的利益关系，以达到为企业获得更多收益的目的。为了使企业能够更高效、准确地完成精准定位，了解市场需求，保险公司势必会对公民的个人信息进行收集、处理、储存、传输、共享并加以利用。但是，正如本章第一节所述，大数据被广泛应用的同时也确实带来了公民隐私权得不到妥善保护的弊端，公民的个人信息正在不断地受到威胁并愈加难以规制，极大地增加了个人信息外泄或被滥用的可能性。因此，立法及相关制度需要对侵犯保险消费者个人信息隐私权的行为进行规制。在讨论如何完善健康保险领域内对消费者个人隐私权的保护制度以前，有必要先对中国关于公民个人信息隐私权保护的现行立法及行业监管现状进行系统的了解。

一、保险消费者隐私权保护制度在中国的立法现状

在中国，伴随着特定时期社会经济发展水平的不同，以及人民对隐私权的保护观

念的变化，立法对于公民隐私权保护制度的建立是一个渐进式的过程。直到改革开放以后，我国才对公民精神性人格权的保护表现出极为重视的态度，并将隐私权保护上升至法律层面。这种关注首先体现在《宪法》当中。《中华人民共和国宪法》第38条①对公民人格尊严的保护提出了原则性方针，明确地揭示出包括公民隐私权在内的人格尊严的法律地位。为其他部门法规的制定和修改指明了方向。

（一）民事领域内的立法状况

1. 《民法通则》中的立法状况

在民事立法上，由于1988年《中华人民共和国民法通则》并未将隐私权保护纳入其中，导致公民隐私权受到侵害的情形无法可依。为了弥补这一立法上的缺失，最高人民法院在其同年出台的《关于贯彻执行〈中华人民共和国民法通则〉若干问题的意见（试行）》司法解释中正式提出"隐私"这一概念，并将公民的隐私权列入对公民名誉权的保护之中②。

2. 司法解释中的相关规定

最高人民法院在1993年还特别针对名誉权案件颁布了《关于审理名誉权案件若干问题的解答》，对公民个人隐私的保护问题进一步做出了细化和说明，特别提出，"擅自公开他人隐私材料的行为"已构成对他人名誉权的侵权，将隐私的保护范围由"口头、书面形式宣扬"扩展至"擅自公开"的方式③。其后，最高人民法院在1998年所颁布的《关于审理名誉权案件若干问题的解释》第八问中规定："医疗卫生单位的工作人员擅自公开患者患有淋病、梅毒、麻风病、艾滋病等病情，致使患者名誉受到损害的，应当认定为侵害患者名誉权。"该规定将保护隐私的法律制度从市民社会的人际关系领域扩展到了特殊的医疗卫生领域，进一步扩张了我国隐私权保护制度的现有容量。2001年，最高人民法院在其制定的《关于确定民事侵权精神损害赔偿若干问题的解释》中，将隐私划定为人格利益而非人格权④。这一做法让隐私权的保护方式发生了变化，由先前栖身在名誉权之中的间接保护转变为直接保护模式，在一定程度上弥补了隐私权的法律空白。但是，这也代表着中国立法仅将公民的隐私看作是"人格利益"而非"权利"，仍然没有赋予其独立的人格权地位。

---

① 详见《中华人民共和国宪法》第38条："中华人民共和国公民的人格尊严不受侵犯。禁止用任何方法对公民进行侮辱、诽谤和诬告陷害。"

② 最高人民法院《关于贯彻执行〈中华人民共和国民法通则〉若干问题的意见（试行）》中规定，因侵害他人隐私权而造成名誉权受到侵害的，应认定为侵害名誉权。详见该司法解释第140条："以书面、口头形式宣扬他人隐私，或者捏造事实公然丑化他人人格，以及用侮辱、诽谤等方式损害他人名誉，造成一定影响的，应当认定为侵害公民名誉权的行为。"

③ 详见最高人民法院《关于审理名誉权案件若干问题的解答》第7条第3款："对未经他人同意，擅自公布他人的隐私材料，或以书面、口头形式宣扬他人隐私，致他人名誉受到损害的，按照侵害他人名誉权处理。"

④ 详见最高人民法院颁布的《关于确定民事侵权精神损害赔偿责任若干问题的解释》第1条第2款的规定："违反社会公共利益、社会公德，侵害他人隐私或者其他人格利益，受害人以侵权为由向人民法院起诉请求赔偿精神损害的，人民法院应当依法予以受理。"

3. 《侵权责任法》中的立法状况

中国于 2009 年颁布的《侵权责任法》首次将隐私权定义为一项"民事权利",结束了民法上赋予的"民事权益"的法律定位,使隐私权完全从名誉权中分离出来,从而作为一项独立的民事权利正式体现在立法的规定当中①。此外,《侵权责任法》第 62 条②特别提到公民的健康隐私,并对医疗机构及医务人员泄露患者隐私的行为做出了禁止性规定。事实上,保险消费者在选择购买健康保险之前,为了履行客户的如实告知义务,应当向保险公司提交证明投保人健康状况的材料。此外,许多保险机构纷纷通过投资入股医疗机构的方式,构建"医""保"合作模式③,以此来获取病人的健康档案。由此可知,保险公司事实上也掌握了投保人的病例、身体状况等健康信息。那么,保险机构也同样负有对消费者的健康隐私保密的责任。还需要注意的是,《侵权责任法》还规定,若行为人因过错侵害了他人的隐私权,则应当承担相应的侵权责任④。

4. 《民法总则》中的立法状况

将于 2017 年 10 月正式施行的中华人民共和国《民法总则》正式确立了"自然人的个人信息应当受到法律保护"的思想,并规定:"任何组织和个人需要获取他人个人信息的,应当依法取得并确保信息安全,不得非法收集、使用、加工、传输他人个人信息,不得买卖、提供或者公开他人个人信息⑤。"由此可见,随着数据时代的来临,对公民个人信息的保护已经逐步得到立法者的重视,通过建立上述禁止性规定,中国的民事立法已经开始加强对公民个人信息的保护力度。

(二) 经济法中的实施规则

1. 《网络安全法》中的实施规则

随着互联网的不断普及,中华人民共和国《网络安全法》于 2017 年 6 月 1 日正式开始施行。该法进一步综合并完善了个人信息的保护规则,要求个人信息的收集者应当通过合法、正当、必要的方式,明示收集与使用的目的、方式和范围⑥;除特殊情况外,未经被收集者同意,不得向他人提供个人信息⑦;禁止任何个人和组织以窃

---

① 详见《侵权责任法》第 2 条的规定:"侵害民事权益,应当依照本法承担侵权责任。本法所称民事权益,包括生命权、健康权、姓名权、名誉权、荣誉权、肖像权、隐私权、婚姻自主权、监护权、所有权、用益物权、担保物权、著作权、专利权、商标专用权、发现权、股权、继承权等人身、财产权益。"

② 详见《侵权责任法》第 62 条:"医疗机构及其义务人员应当对患者的隐私保密,泄露患者隐私或者未经患者同意公开其病例资料,造成患者损害的,应当承担侵权责任。"

③ 实践中,多家保险机构开始选择投资参股医疗机构,如中国平安健康保险股份有限公司入股美国联合健康集团、阳光人寿保险股份有限公司投资阳光融合医院有限责任公司等。

④ 《侵权责任法》第 6 条第 1 款规定了对一般的侵权责任的认定:"行为人因过错侵害他人民事权益,应当承担侵权责任"。隐私权在一般侵权责任的范畴之内,因此适用本款的规定。

⑤ 详见中华人民共和国《民法总则》第 111 条。

⑥ 详见中华人民共和国《网络安全法》第 41 条。

⑦ 详见中华人民共和国《网络安全法》第 42 条。

取或其他非法方式获取个人信息的行为①。可以说，在数据已成为国家基础性战略资源的今天，上述规则的建立能够有效地打击通过网络途径从事窃取、泄露公民个人信息等违法犯罪行为。

2. 《消费者权益保护法》中的实施规则

中国于 2014 年施行的《消费者权益保护法》同样将经营者收集和使用消费者个人信息的行为做出了具体的说明。法条明确了经营者收集和使用消费者个人信息时应当遵守的原则、义务、禁止性规定以及需要采取补救措施的情形等内容②。

（三）《保险法》中的具体规定

近年来，随着中国保险行业的不断发展壮大，保险公司对客户信息的需求量也随之增多。大数据的光临无疑为保险公司打开了巨大的信息之门，保险机构逐渐成为个人信息收集和使用的集散地。为了加强对公司信息的管理，防止客户信息外泄和滥用，早在 2005 年，《中华人民共和国保险法》（以下简称《保险法》）就针对保险消费者隐私权问题制定了保护措施，要求保险公司及代理机构有责任对客户的个人隐私进行保护③。但是，2009 年修订并实施的《保险法》却删除了 2005 年《保险法》中对公民隐私权进行保护的规定，仅仅从保护商业秘密的角度出发，笼统地提出了对知悉的保险人、投保人、被保险人的商业秘密进行保护的要求④。同时，立法并未提及对泄露商业秘密的后果以及对受害方的救济方式。不仅如此，对保险消费者隐私权的保护问题在 2015 年修订后重新颁布的《保险法》中仍旧没有得到重视⑤。由此可以看出，该法并未对消费者隐私权的保护问题做出明确规定，仅仅将其个人信息作为商业秘密的组成部分纳入立法的保护范围当中。总体来说，《保险法》是一项对公民的个人信息采取保护与利用并重的基本立法政策。保险公司或代理机构应当在法律允许的范围内，获取客户个人信息并加以利用，同时，应对客户负有保密的义务。

---

① 详见中华人民共和国《网络安全法》第 44 条。

② 中华人民共和国《消费者权益保护法》第 29 条规定："经营者收集、使用消费者个人信息，应当遵循合法、正当、必要的原则，明示收集、使用信息的目的、方式和范围，并经消费者同意。经营者收集、使用消费者个人信息，应当公开其收集、使用规则，不得违反法律、法规的规定和双方的约定收集、使用信息。经营者及其工作人员对收集的消费者个人信息必须严格保密，不得泄露、出售或者非法向他人提供。经营者应当采取技术措施和其他必要措施，确保信息安全，防止消费者个人信息泄露、丢失。在发生或者可能发生信息泄露、丢失的情况时，应当立即采取补救措施。经营者未经消费者同意或者请求，或者消费者明确表示拒绝的，不得向其发送商业性信息。"

③ 详见 2005 年《保险法》第 32 条："保险人或者再保险接受人对在办理保险业务中知道的投保人、被投保人、受益人或者再保险分出人的业务和财产情况及个人隐私，负有保密的义务。"

④ 详见 2009 年《保险法》第 116 条第 12 款："保险公司及其工作人员在保险业务活动中不得有下列行为：……（十二）泄露在业务活动中知悉的投保人、被保险人的商业秘密。"第 131 条第 10 款："保险代理人、保险经纪人及其从业人员在办理保险业务活动中不得有下列行为：……（十）泄露在业务活动中知悉的保险人、投保人、被保险人的商业秘密。"

⑤ 2015 年颁布的现行《保险法》并未针对消费者隐私权的保护问题做出规定，具体规则与 2009 年《保险法》第 116 条第 12 款、第 131 条第 10 款中的规定相同。

二、保险监管机构对保险消费者隐私权保护的现状

到目前为止，保险监管机构并未对保险消费者的隐私权保护问题制定出完善、系统的规则，但对这一问题的保护仍可以在多部规章及规范性文件之中得以体现。对于健康保险而言，2006 年由中国保监会审议并通过的《健康保险管理办法》体现出对客户隐私权保护的高度重视，要求保险公司应当建立健康保险客户信息管理和保密制度[1]。2010 年中国保监会还颁布了《人身保险业务服务规定》（以下简称《规定》），将投保人、被保险人以及保险受益人的个人隐私保护问题作为该规定讨论的主要内容之一。《规定》以"保险公司应当加强对被保险人的保护责任"为出发点，不仅对保险公司泄露个人隐私及商业秘密的行为做出了禁止性规定，还提出建立消费者个人隐私及商业秘密保护制度的要求[2]。与此同时，《保险公司保险业务转让管理暂行办法》，提出在转让保险业务的过程中也应当负有保护投保方的商业秘密及个人隐私的义务[3]，无形中将隐私权的保护范围延伸至转让保险业务的程序之内。2012 年颁布的《保险销售从业人员监管办法》从规范保险从业人员的角度出发，禁止保险代理人泄露客户的个人隐私和商业秘密[4]。此外，2013 年保险会还颁布了"关于实施《保险专业代理机构基本服务标准》《保险经纪机构基本服务标准》《保险公估机构基本服务标准》的通知"，要求保险专业代理机构、经纪机构、公估机构应当为客户保守其个人隐私及商业秘密[5]。由此可见，保险消费者个人隐私权的保护问题已经充分引起了保险监督机构的重视。

三、保险公司对保险消费者隐私权保护的现状

在立法、部门规章及多部规范性文件的要求之下，中国的多家保险公司纷纷制定了保险消费者隐私的保护政策。以中国人民健康保险股份有限公司为例，公司在其明示的隐私条款中明确声明：除特殊情况外，未经网站用户书面同意，人保健康对其通过本网站获得和掌握的用户电子邮件、填报的个人资料等涉及个人隐私的信息将予以严格保密并不向任何第三方（包括公司或个人）透露和提供[6]。中国平安保险公司同样设立了关于个人信息的保护政策，并承诺除特殊情况外，对消费者提供的信息进行严格保密。公司还特别针对信息的收集情况做出声明，交代了收集个人信息的原因，

---

[1] 详见中国保监会《健康保险管理办法》第 11 条。
[2] 详见中国保监会《人身保险业务基本服务规定》第 28 条。
[3] 详见中国保监会《保险公司保险业务转让管理暂行办法》第 5 条。
[4] 详见中国保监会《保险销售从业人员监管办法》第 24 条第 10 款。
[5] 详见中国保监会《关于实施〈保险专业代理机构基本服务标准〉〈保险经纪机构基本服务标准〉〈保险公估机构基本服务标准〉的通知》，http://www.circ.gov.cn/web/site0/tab5225/info234255.html。
[6] 详见中国人民健康保险股份有限公司网站的"法律声明"板块，http://www.picchealth.com/tabid/2263/Default.aspx。

并特别指出可能会将个人信息应用于为客户提供服务、日常业务运作、设计并推广相关服务或产品等领域。同时，公司还列出有权查阅信息的主体、信息可能会披露给哪些主体以及对未成年人个人信息的保护等内容①。另外，泰康保险公司也表现出对保护消费者隐私权的重视，承诺将会采取合理的措施保护消费者的个人隐私，并将客户资料进行妥善保管。公司还声明，除法律另有规定外，不会将客户信息提供给无关第三方；未经本人确认或同意之前，不会将客户的个人资料用于其他目的；客户享有查询及请求阅览、补充或更正、删除个人信息的权利以及将个人信息运用在公司必要的业务范围之外的情形。与平安保险公司的做法相同，泰康保险公司也专门制定了对未成年人隐私权保护的条款②。

四、中国健康保险领域内消费者隐私权保护制度存在的问题

（一）立法层面存在的问题

近年来，中国正在加大力度推行大数据的采集和存储等先进技术，健康保险领域也不例外，通过与大数据技术的深度融合，试图加强对健康医疗等海量数据的分析及挖掘，为企业带来收益。但是，多种信息的关联势必带来消费者隐私信息泄露的风险。通过前文对中国个人信息隐私权立法现状的总结，可以看出，虽然各部门法分别在不同程度上对公民的个人信息隐私权做出规定，但普遍散见于各项法律法规之中，概括性较强，尚未形成系统的个人信息隐私保护体系，当前立法极有可能在应对和规制大数据背景下对公民个人信息的保护问题上显得力不从心。

另外，中国2009年《保险法》将2005年《保险法》中关于隐私权的规定做出调整，并将调整后的条款一直沿用至2015年修改后的《保险法》当中。也就是说，现行《保险法》缺少了对隐私权保护的直接规则，将隐私权间接地纳入对商业秘密的保护制度当中，无形中弱化了对隐私权保护的力度。

（二）保险公司内部存在的问题

1. 通过不正当途径获取客户信息

实践中存在保险机构为了追求公司利益，采用不正当手段收集客户个人信息的行为③。在法律禁止的情况下，私自购买医疗机构内部的患者信息、向电信行业机构购买客户名单并取得联系方式，或者向其集团内部公司获取客户资源等行为均属于非法购买客户信息的行为。上述情形不仅给普通公民造成困扰，还严重扰乱了保险行业的正常经营秩序，因而应急需解决。

2. 泄露或滥用公司内部信息

---

① 详见平安保险公司网站的"隐私保密声明"板块，http://www.4008000000.com/aboutus/protocol.shtml? WT. mc_ id = c03 - BDPP - 201&WT. srch = 1&hmsr = pp&hmmd = baidu&hmpl = 201 - DSBFSW。

② 详见泰康保险公司网站的"安全与保密"板块，http://www.tk.cn/aqbm。

③ 相关案例可见 http://news.ifeng.com/a/20140630/40956045_0.shtml。

泄露及滥用公司已获取的客户信息也是当前保险公司内部在隐私权保护方面亟待解决的主要问题之一①。当前仍有保险公司的工作人员在未经客户允许的情况下擅自将客户资料提供给其他个人或机构，使客户饱受推销的困扰；还有个别保险从业者将公司内部客户资料进行非法销售，极易将客户信息流入不法分子手中，给客户的财产造成安全隐患。上述情形均构成严重侵犯消费者个人隐私的行为。

3. 互联网、物联网等高科技平台引发的问题

随着电子信息技术的不断发展，网络平台已经逐步占据了公民的主要生活。但是，公民在享受互联网所带来的便利条件的同时，也将其于特定情形中遗留下来的个人信息保存下来，并很可能以数据化的形式被服务商监测甚至加以利用，那些采集到信息并建立数据库的商业组织很可能将获取到的数据进行整合与处理，并以此信息获得更大的商业价值。此时，公民的个人信息便完全暴露在公共视野之中，个人隐私受到了严重侵犯。同样的道理，在健康保险领域，高科技服务平台已成为获取保险消费者个人信息的重要途径。一方面，保险公司正是通过收集客户在互联网、物联网等信息载体中留下的个人信息，试图全方位知晓客户的需求，从而为企业获得利润。在这种情况下，上述信息通常都是在没有经过客户同意的前提下所取得的，该行为事实上已经构成了对客户的侵权行为。另一方面，网上参保已经逐渐获得越来越多现代人的青睐，消费者更乐意通过互联网渠道办理保险业务，但这样势必会在网络中留下个人信息的痕迹，被不法分子恶意获取信息的可能性极大。

还需注意的是，即便客户授权保险公司具有其个人信息的取得和使用的权利，但由于大数据时代下的信息量获取较为庞大，保险公司内部的信息管理系统很可能不具备承受大量客户信息的能力，从而缺乏对通过互联网等高科技渠道获取信息的监管模式，并导致客户信息外泄的情况②。综上所述，在互联网、物联网等信息技术的冲击下，保险公司主要还是面临客户资料遭到泄露和滥用的风险，因此，建立完善的信息管理保障系统显得尤为重要。

第四节　大数据下对商业保险消费者隐私权的保护对策

通过归纳大数据背景下的中国健康保险消费者隐私权保护制度的现状及存在问题，并结合两大法系中在公民隐私权保护制度上具有代表性和借鉴性的几个国家的立法模式及优秀经验，得出了完善中国数据信息范围内的公民隐私权保护制度的对策及建议。

---

① 相关案例可见 http://news.nen.com.cn/system/2013/05/30/010401499.shtml。
② 相关案例可见 http://news.xinhuanet.com/info/2015-07/24/c_134443919.htm。

一、制定关于保险消费者隐私权保护的相关规则

由于中国尚未构建出相对成熟的保险消费者隐私权保护立法，无论在保障内容还是监管力度方面均呈现间接保护的模式。总体来说，立法规范的力度较弱，想要很好地应对大数据带来的法律挑战尚显吃力。因此，不仅应当完善分散在各部门法之中的隐私权保护规则，还有必要在现行法律规定的基础上，进一步夯实其薄弱之处，明确隐私的内容及保护方式、被侵权人的救济方式以及侵权者应承担的民事责任等主要问题，进而将与保险消费者隐私权相关的法律保护问题进行统一汇编，以专题的形式一并收录在保护公民个人信息的专门立法当中。

为了加强中国对公民隐私权的保护力度，增强公民隐私权保护规则的系统性和完整性，首先应当制定一部专门为公民的隐私保护提供帮助的基础性法律，《个人信息保护法》恰好能够克服当前公民隐私权保护制度中存在的"条文结构分散、保护范围较窄"的问题，并足以胜任为公民隐私提供全面保护的工作。虽然该法目前还在修订当中，尚未正式实施，但相信在不久的将来，《个人信息保护法》的出台一定会保护公民的个人信息免于遭受外泄或滥用的侵害。而在保险领域，关于保险消费者隐私权的保护规定则可以汇编为一个独立的章节安置于其中，并建议明确以下内容。

（一）确立保险消费者隐私保护的基本原则

通过前文对隐私权的界定可知，对公民隐私权的保护实际上就是不得违背隐私主体的意愿，擅自将其个人信息从事收集、存储、披露、使用及共享等行为。那么，如果个人信息没有得到隐私主体的明示允许而被擅自公开，那么公开主体即构成对隐私主体的侵犯。保险行业内，立法有责任保护保险消费者充分行使意思自治的权利，而保险公司也同样应当依法履行相应的告知义务，并且对个人信息负有保密义务。

综合前文对中国及其他国家立法现状的论述，可以得出以下三点结论：一是在法律法规允许的范围内，隐私主体依法享有决定是否将其个人信息进行公开的权利，不仅可以决定其个人信息公开的时间、地点、公开对象及公开形式等内容，还有权对侵犯其隐私权的行为进行举报。二是任何主体在获取、存储、披露、使用或共享用户的个人信息之前，必须事先征得客户的同意，并如实告知该信息的用途。也就是说，在建立保险消费者隐私保护规则时，应当以意思自治原则以及告知原则为设立的前提和依据。三是不应忽视安全使用原则的存在，即保险公司在获取到客户信息以后，应当对信息的安全性及保密性负责，不得出现非法泄露或共享客户隐私的行为。

（二）明确保险消费者隐私的保护范围

早在2004年底，中国社会科学院法学研究所个人数据保护法研究课题组就已经起草了《个人信息保护法（专家建议稿）》。该建议稿将公民的手机号码、家庭住址、职业、医药档案等个人信息列入保护的范围之内。也就是说，不论是名片店私自留底名片，单位乱扔应聘者的简历，还是医院管理不善导致病人病历泄露等都属违法行为,将被追究行政责任、民事责任或是刑事责任。以专家建议稿中规定的范围为依据,不难看出,在商业保险领域,消费者的个人隐私应当包括公民的姓名、性别等身份信息,还包括资产及银行存款状况等财务信息,健康状况、医药档案等医疗信息、基因信息等不愿为外界知晓的信息。此处需要注意的是,相对于其他领域,健康保险更加需要了解公民的健康状况。因此,建议将公民医疗信息和基因信息列为需要特殊保护的个人隐私。另外,前文已经提到过,某些公民的身份信息已经得到该公民的允许,可以在特定范围内公开,那么,这些已被公开的信息将不属于隐私权的保护范围。但是,若上述信息被保险公司擅自使用或处理,那么此行为则同样构成对隐私权的侵犯。

(三) 完善保险消费者隐私权的救济制度和惩罚机制

完善的救济制度能够帮助隐私权受到侵害的消费者在第一时间捍卫自己的权利,因此,当侵权行为发生时,保险公司应当在第一时间做出补救。根据《网络安全法》中的规定①,保险公司应当在第一时间将个人信息进行封锁,提升对客户信息的保密等级并全面检查公司内部的保密系统等,必要时应向有关部门报告,坚决杜绝类似事件的再次发生。

在开展救济工作的同时,还应当在综合现行法律规定的基础上建立相对应的处罚机制。这里的侵权主体不仅包括隐私的获取方,还包括隐私披露方、信息接收方及信息的出售方和购买方等。建议立法对不同程度的侵权行为做出说明,并根据行为的严重性制定相应的惩罚措施。

二、建立指导性规则,加强整体监管

大数据为保险行业带来丰富便利条件的同时,也带来了公民个人隐私的安全性受到威胁的问题。而解决问题的方式不能单单依靠法律层面的规制,还需熟知行业内部发展状态的监管机构切中问题要害,切实整顿行业秩序,解决问题的同时带领保险行业朝着安全、稳定的方向发展。因此,建议保险行业监管机构以实践中发生的问题为出发点,找到问题存在的根源,对症下药,从而制定专门的保护法规,并且在规定中重点关注以下几个问题。

首先,通过分析健康保险的险种类别,不难发现,对于健康保险从业人员来讲,与公民自身健康状况相关的信息(如公民的病例资料、医疗记录、疾病率与发病率、基因信息等)被认为是极为宝贵的资料。因此,应当在规定中重点加强对保险消费者医疗健康信息的保护力度,严格要求保险公司及医疗单位在未取得患者的明示同意以前,不得擅自实施获取、使用、储存、公开或披露等行为,违反规定者则会根据行

---

① 详见中华人民共和国《网络安全法》第25条:"网络运营者应当制定网络安全事件应急预案,及时处置系统漏洞、计算机病毒、网络攻击、网络侵入等安全风险;在发生危害网络安全的事件时,立即启动应急预案,采取相应的补救措施,并按照规定向有关主管部门报告。"

为的侵害程度受到相应的惩罚。

其次，在个人信息的流通方面，禁止保险公司通过非正规渠道向第三方获取公民的个人信息，并加强公司内部机构之间对个人信息共享的管理。也就是说，不管是信息的流入还是外传，保险监督机构均有责任做出明确的规定，禁止保险从业人员非法买卖客户资料，并要求客户信息必须在合理的范围内与同公司各机构及附属企业之间得到共享，至于个别敏感信息的流通还需要得到客户本人的书面同意。

另外，保险监管机构还应当禁止保险从业人员通过擅自获得的电话或家庭住址等联系方式向公民进行保险推销。建议可以在细则中严格治理保险从业人员的电话营销及上门营销方式，并明确公民的救济方式，保护公民的正常生活不被打扰。

三、加大对个人隐私的保护力度

一方面，根据现行法律规定[①]，建议在保险公司内部设立专门的信息监察部门，依照具体情况制定出信息的收集、使用、共享、分析处理、数据挖掘等动作的一般规范。另外，还可通过对不同的数据分别确定各自保护期限的方式更好地执行安全保障措施。不仅如此，在监管人员的安排上，建议公司选派有相关工作经验的员工组成固定团队，除了对公司内部人员的工作情况进行定期检查以外，还应举行不定期的抽查活动，保证监察工作的顺利进行，也努力避免侵犯客户隐私权行为的发生。此外，若保险消费者对其个人隐私的保护情况产生疑问，监察部门应当及时予以解答，并在第一时间内对投诉建议进行妥善处理。

另一方面，保险公司应当制定出详细的消费者个人隐私政策，并向外界公开并详细说明。虽然目前中国已有多家保险公司向外界公开对保险消费者实行的隐私政策，但总体来说规定得较为笼统，仅阐述了"公司将严格保护客户的个人隐私不被侵犯，不会在未经允许的情况下擅自收集消费者个人信息"的意思表示。和其他国家保险公司的隐私政策相比，还有更多需要告知消费者的信息没有传达。为了给保险消费者带来更高的安全指数，也为了督促保险公司内部加强对客户信息的管理和保护，建议保险公司应当进一步细化并完善对消费者的隐私政策。

在隐私政策中，应当引起注意的一点是向保险消费者明确其个人信息的获得渠道，确保在消费者同意的情况下收集其个人信息。然后，向保险消费者表达公司收集其个人信息的目的和用途，并在使用前询问消费者是否可以将其信息共享给集团内部其他机构或集团外部的第三方机构，便于消费者知晓其信息的使用范围。再者，公司还应当告知消费者享有决定其个人信息的公开范围的权利，尤其是对于高度私密信息，客户有权决定是否可以在特定范围内公开。最后，还应当告知消费者的是，公司

---

① 详见中华人民共和国《网络安全法》第21条第1款："（一）制定内部安全管理制度和操作规程，确定网络安全负责人，落实网络安全保护责任。"

应当限制第三方在未经允许的情况下擅自获取客户信心的行为，并采取及时有效的措施避免此现象的发生，这是保险公司应当承担的义务。

四、提高个人隐私权保护意识

随着大数据在人们日常生活中的影响逐渐加深，就隐私权的保护问题来说，虽然立法及相关行业机构对侵权行为产生了极大的约束力，但是，从公民个人的角度出发，充分发挥主观能动性、提高对个人信息的防范及保护意识不失为从根本上杜绝公民个人信息遭到泄露的有效方式。在这一点上，首先要求公民具备大数据必然为生活带来变革的思想意识，充分感知创造信息的个体将随时面临着数据外泄的情形。在健康保险领域，保险消费者应当时刻保持警惕，重点关注可能导致个人信息外泄的情形，诸如隐私条款中"允许第三方"获取、使用等问题，努力降低潜在的侵权风险，必要时采取正当措施杜绝侵权行为的发生。

本章小结

基于本章的分析，得出不能忽视的一个重要问题，那就是，数据的获取和挖掘正逐渐侵犯着每一名保险消费者的隐私权，再加上随着科学技术的不断发展和进步，使得立法及行业法规在对抗和遏止侵犯公民权益这种不法行为时，无论在保护范围还是惩罚机制上均体现出沉重的无力感。可以说，中国现行立法及行业法规的单一性和笼统性规定已经逐渐无法应对当前侵权行为的复杂性和多样性。因此可以得出这样的结论：在大数据逐渐成为保险行业运行的"血液"之时，应当毫不犹豫地扩大公民个体及保险公司基本权益的保护范围。建议在保险领域内，应当在完善现行法律的基础上，建立个人数据信息保护法，赋予公民控制和支配个人信息的权利；保险监管机构应肩负起监督管理的责任，建立系统的行业指导规则，更好地履行其监督管理职能；保险公司内部应进一步完善客户信息管理机制。综上所述，通过建立并贯彻"三位一体"的保护模式，将大数据安全正式纳入法制轨道，助其在法律允许的范围内发挥最大的良性效用。

思考题

1. 在大数据背景下的商业健康保险领域，应当着重保护公民哪些方面的隐私？
2. 美国、德国及日本分别从哪几方面对保险消费者的隐私权做出了保护规定？
3. 中国当前对商业健康保险消费者隐私权的保护制度存在哪些问题？

4. 在商业健康保险领域内,应当如何保护消费者的隐私权?

专业术语

1. 隐私(Privacy):隐私是一种与公共利益、群体利益无关,当事人不愿他人知道或他人不便知道(只能公开于有保密义务的人)的个人信息,当事人不愿他人干涉或他人不便干涉的个人私事,以及当事人不愿他人侵入或他人不便侵入的个人领域。隐私是个人的自然权利。

2. 隐私权(Right of Privacy):隐私权是指自然人享有的私人生活安宁与私人信息秘密依法受到保护,不被他人非法侵扰、知悉、收集、利用和公开的一种人格权,而且权利主体对他人在何种程度上可以介入自己的私生活,对自己的隐私是否向他人公开以及公开的人群范围和程度等具有决定权。隐私权是一种基本人格权利。

3. 人格权(Personal Right):人格权是社会和个体生存发展的基础,属于整个法律体系中的一种基础性权利。

4. 个人信息(Personal Information):公民个人信息是指能够识别公民个人身份的信息,主要包括:姓名,年龄,性别,身份证号码,职业,职务,学历,民族情况,婚姻状况,专业资格及特长,工作经历,家庭背景及住址,电话号码,信用卡号码,教育、医疗、经济活动等的记录,指纹,网上登录账号和密码等。

5. 《隐私法案(Privacy Act)》:《隐私法案》是美国最重要的一部保护个人信息方面的法律。

6. 管辖权(Jurisdiction):管辖权是指法院对案件进行审理和裁判的权力或权限。

7. 《麦卡伦—福尔格森法案(McCarran Ferguson Act,MFA)》:《麦卡伦—福尔格森法案》是美国国会于1945年通过的、对美国保险业有着重要影响的法案。

8. 《健康保险信息可携带性与责任法案(The Health Insurance Portability and Accountability Act of 1996)》:该法案是1996年由美国国会通过的隐私保护法案。

9. 《金融服务现代化法案(Financial Services Modernization Act of 1999)》:该法案又称《格雷姆—里奇—比利雷法》(Gramm – Leach – Bliley Act,GLB),是1999年克林顿政府颁布的一项以金融混业经营为核心的美国联邦法案,也是美国最重要的金融法律。

10. 电话营销(Telemarketing):电话营销(TMK)是通过使用电话,来实现有计划、有组织并且高效率地扩大顾客群、提高顾客满意度、维护老顾客等市场行为的做法,现代管理学认为电话营销决不等于随机地打出大量电话,靠碰运气去推销出几样产品。

11. 欧盟数据保护指令(European Union Data Protection Directive):欧盟1995年

制定的重要立法，为数据主体赋予了一系列重要权利。

12. 救济（Remedy）：救济是指公民、法人或者其他组织认为自己的人身权、财产权因行政机关的行政行为或者其他单位和个人的行为而受到侵害，依照法律规定向有权受理的国家机关告诉并要求解决，予以补救，有关国家机关受理并做出具有法律效力的活动。

13. 个人信息保护法（Personal Information Protection Act）：个人信息保护法是一部保护个人信息的法律条款。我国关于个人信息的专门保护立法现尚在制定中。

14. 民法通则（General Principles of Civil Law）：中华人民共和国民法通则，是中国对民事活动中一些共同性问题所做的法律规定，是民法体系中的一般法。

15. 侵权责任法（Tort Liability Law）：中华人民共和国侵权责任法是为保护民事主体的合法权益，明确侵权责任，预防并制裁侵权行为，促进社会和谐稳定而制定的法律。

16. 人格利益（Personality Interests）：人格利益是公民、法人固有的与其不可分离的利益，是人身利益的一种。

17. 保险法（Insurance Law）：保险法是指调整保险关系的一切法律规范的总称。凡有关保险的组织、保险对象以及当事人的权利义务等法律规范均属保险法。

18. 保险监管机构（Insurance Supervision Authority）：由国家政府设立的专门对保险市场的各类经营主体、保险经营活动进行监督和管理的机构。

19. 证明责任（Burden of Proof）：证明责任又称举证责任。在民事诉讼中，应当由当事人对其主张的事实提供证据并予以证明，若诉讼终结时根据全案证据仍不能判明当事人主张的事实真伪，则由该当事人承担不利的诉讼后果。

第九章

大数据背景下健康保险的未来发展

伴随着一系列关于大数据发展的政策文件的出台和保险意识的增强,大数据环境日趋成熟,人工智能技术不断突破,为保险业,尤其是健康保险业的创新发展提供了新机遇。

本章将从以下四个方面讨论大数据背景下健康保险业的未来发展,分别是人工智能、区块链、云计算和远程医疗。目前,这四个领域均受到广泛关注,在保险领域有初步的探索,在未来会有更进一步的发展和应用。在未来,由于上述技术的发展,保险行业从业人员将逐步减少,保险成本将压缩,保险公司的信息来源将更加广泛。人工智能通过机器学习熟知出险图片识别进而帮助核保,有望降低信用风险,同时智能客服等将逐步减少;区块链技术的分布式结构带来的得天独厚的优势,使其可以应用于健康保险的各个过程中,同时还能减少再保险成本;云计算可以有效整合资源,不仅节约保险公司本身的灾备系统和应用开销,而且使得保险公司与保险公司、保险公司和医疗机构之间能高效共享部分信息;远程医疗应用于被保险人能够有效减少出险概率。

第一节 人工智能助力健康保险

人工智能(Artificial Intelligence,AI)亦称机器智能,是指由人制造出来的机器所表现出来的智能。通常,人工智能是指通过普通电脑实现的智能。我们将人工智能用于机器模仿人类以及其他人类思维相关联的"认知"功能,例如"学习"和"解决问题",即机器学习。

根据微软亚洲研究院的分类,如图9.1,人工智能可以分为七个发展阶段。

第一阶段,应用自动搜索匹配技术,人工智能通过计算机根据客户输入的信息自动匹配显示其所需结果,如百度、谷歌等搜索引擎。第二阶段,人工智能可以通过操作的形式辅助工业生产,核心技术有机器人视觉、图像识别、机器人等。这一阶段的

第九章
大数据背景下健康保险的未来发展

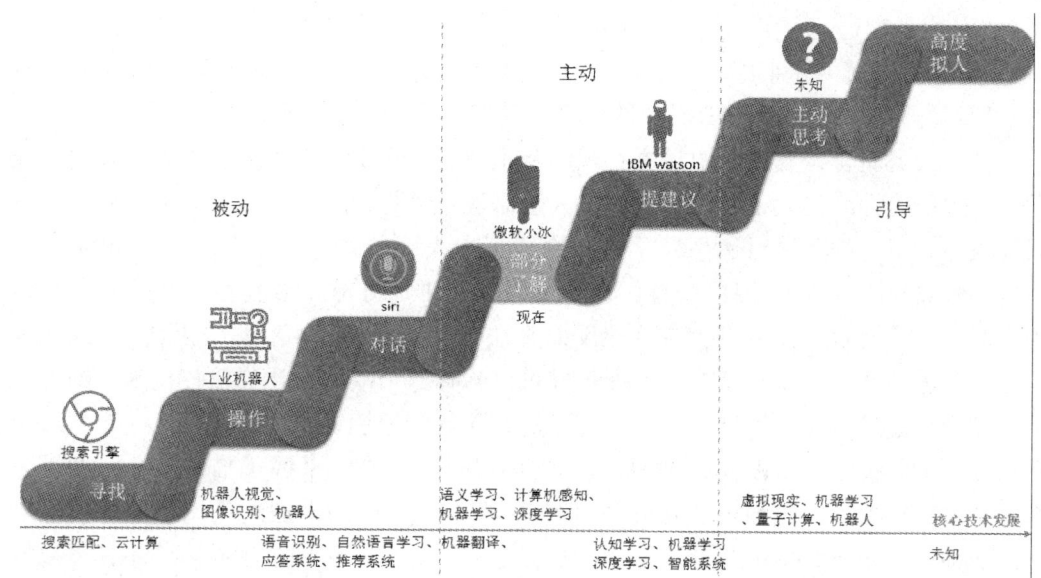

图 9.1 人工智能的七大发展阶段①

技术应用广泛,比如使用工业机器人进行高温或者深水作业,一个典型的应用是 AGV 小车,只要有设定好的路径,就能够利用电磁或光的导引行驶,不需要驾驶员即可搬运。第三阶段,机器人具备与人交流的能力,通过简单的应用问答系统如 siri 来回应客户提出的问题。这个阶段的核心技术有语音识别、自然语言学习、机器翻译、应答系统和推荐系统。第四阶段,在充分应用语义学习、计算机感知、机器学习、大数据和深度学习等技术的基础之上,人工智能能够达到部分了解人类的程度,它会记得用户做过什么,推断用户学过什么,并能够进行一些逻辑推理。第五阶段的机器智能能够提出建议,能够应用认知学习、机器学习、深度学习和智能系统等技术,基于当前上下文提供的"内容+学习"模式进行学习和推理并提出建议。这个阶段常见的解决方案有智能平台,比如 IBM 的 Watson。到了第六阶段,人工智能开始主动思考,开始引导客户的想法,可以做到打断客户并给出更优的方案。但这只是一个设想,实施难度较大。第七阶段的 AI 与人的思维方式完全一样,可能要在遥远的未来才能完成。这些发展阶段显示,模式识别是人工智能的核心基础,机器学习和深度学习是现阶段的热点技术。

一、模式识别

模式识别(Pattern Recognition)就是通过计算机用数学技术方法来研究模式的自动处理和判读。我们把环境与客体统称为模式。随着计算机技术的发展,人类有可能研究

---

① 资料来源:http://www.msra.cn/zh-cn/research。

复杂的信息处理过程。信息处理过程的一个重要形式是人们对环境及客体的识别。

对人类来说，特别重要的是对光学信息（通过视觉器官来获得）和声学信息（通过听觉器官来获得）的识别，是市场上应用较广的两个方面。

对于人类而言，五感之中最为直观的就是视觉，在感知世界的过程中，人类对光学信息的依赖程度远大于听觉，大部分人也靠视觉进行记忆。但是，人类的视觉也有其局限性，正如相机要对焦一样，倘若物体不在人眼的"对焦点"上，就很难看得清楚。偏离中间大约10度的位置，神经细胞就会更加分散。事实上，这是"变化盲视（对通常容易被注意到的大的变化反而无法观察到的现象）"的"杰作"。人眼观察总有疏忽的地方，而机器在这方面正好可以弥补这个缺陷。比如监控技术、图像识别已经能够通过拍照来识别汽车的车牌号码，而且能够识别交通违规。Google 学习了数百万份猫的视频，借助模拟神经网络"Dist Belief"终于掌握了猫的特征，能够识别猫。关于机器学习与猫，还有更多的例子：Edges2cats 网站通过使用谷歌的机器学习系统 Tensor Flow，能够将任何涂鸦变成猫。可以想象，利用这项技术，不仅可以模拟、识别猫，还可以识别 X 光拍出的器官病变，未来理赔不需要人时时坐在屏幕前检查，也就不存在疲劳和疏忽，将实现更高的效率和准确度。

在健康保险理赔上可以应用图片识别技术。在传统保险领域，被保险人可能会盗取网上的照片骗保，但是在皮肤擦伤、骨折等方面，因为有图片库，可以通过比对图片库和网上已有的图片识别某张图片是否重复、信息是否真实。同时结合理赔者的信用程度可以在短时间内在线智能理赔。

另一方面，声学信息也可以识别，语言可以以声音的形式被计算机识别、学习。对语言和非语言模式学习的研究认为，类似的感应问题出现在语音和视觉模式学习中。实验表明，人类学习者可以用类似的方式解决问题，并且在这两种情况下的人类表现可以由相同的模型模拟。

在健康保险行业，语音识别可以使机器代替人和客户交流。微软认知服务有一个常见的语音识别应用场景，其中包括语音自动质检、基于语音自助投保等。保险公司的客服系统也可以应用人工智能，因为客服是相对标准化的一个业务，而人工智能恰好可以用于进行一些重复性的工作，比如识别客户的语言，从中抓取关键词，从而调节服务顺序等来提高用户体验。例如，愤怒的客户很可能因为遇到无法解决的困难而选择其他公司的产品，通过语音识别等待转接时客户的心情，让愤怒的客户最先接受服务，并根据大数据中的客户信息，调节服务的音量、语气和语速等，满足客户需要。

二、机器学习

机器学习（Machine Learning）是人工智能的一个分支方向，从模式识别和计算学习理论的研究出发，机器学习试图构建可以从数据中进行学习和预测的算法，使其能通过构建样本模型对问题进行预测或决策。

机器学习有很多子类：有监督学习（Supervised Learning）、无监督学习（Unsupervised Learning）、半监督学习（Semi-supervised Study）和强化学习（Reinforcement learning）等。有监督学习，指利用已有的训练样本去训练得到一个最优模型，训练出的模型可以将所有输入映射为相应的输出。无监督学习则不需要任何训练样本，直接对数据进行建模。聚类就是典型的无监督学习模型。半监督学习介于两者之间。强化学习是强调如何基于环境和观察对象而做出判断，进而行动，以取得最大化的预期利益。

在数据分析领域，机器学习是一种用于设计适合预测的复杂模型和算法的方法，在商业应用中被称为预测分析。这些分析模型使得研究人员、数据科学家、工程师和分析师"通过学习数据中的历史关系和趋势"来"产生可靠的，可重复的决策和结果"并揭示"隐藏的见解"。

计算机能够根据已有信息"学习思考"和与人"交流"，意味着计算机不再局限于重复性的工作，机器学习能在更广泛的范围得到应用。以 IBM Watson 为例，支持视频、语音、图片分析和挖掘、情感分析、智能推理、通过学习能增强系统功能和人机交互等。如图9.2，商业智能、智能金融服务、智能人才挑选和评分、智能教育、物联网、智能医疗、智能供应链、智能工作和智能营销。其中，商业智能、智能金融、智能营销、人才筛选、智能医疗等领域或场景与健康保险行业重叠度较高，保险行业可以重点参考。以智能营销为例，Watson 通过认知学习将每天的市场活动数据进行加工整理，便于从中准确洞察客户的需求，提高营销活动成功概率。结合大数据，人工智能可以实现产品的精准化推荐，为用户定制个性化方案，在降低成本的同时提高效率。健康保险可以采用智能算法，根据客户的身体状况和收入情况，将各个年龄段的易患疾病等需求进行匹配，从而达到降低保费的目的。

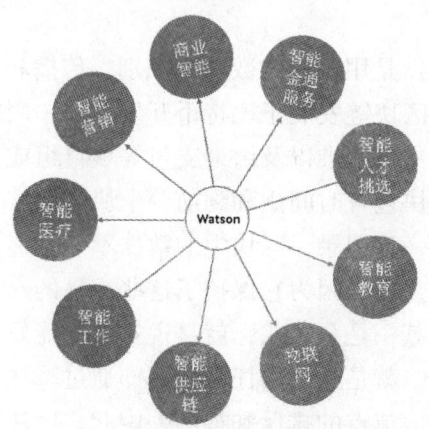

图 9.2　IBM Watsonx 主要应用方向①

---

① 资料来源：https://www.ibm.com/cn。

三、深度学习

深度学习（Deep Learning）是机器学习中一种基于对数据进行表征学习的方法，它试图使用包含复杂结构或由多重非线性变换构成的多个处理层对数据进行高层抽象的算法。

深度学习模型框架，比如深度神经网络（Deep Neural Network）、卷积神经网络（Convolutional Neural Network）、深度置信网络（Deep Belief Network）和递归神经网络（Recurrent Neural Network）已经被应用到计算机视觉、语音识别、自然语言处理和音频识别等领域，并取得了很好的效果。

深度学习可以处理数以百万计甚至数十亿计的数据元素，并能够解析出可用的预测模型，这种处理大量数据的能力在商业应用上尤其重要。因此，可以说深度学习拓展了 AI 的整体范围。

Hyper Science 公司的产品（HS Evaluate）能识别自然语言中的逻辑。这款产品适用于需要进行复杂声明或申请审批的组织。HS Evaluate 可以通过声明的语言进行解析，判断信息的相关性，根据组织的预设要求突出显示所有重要的内容。例如，保险供应商评估索赔时会询问当事人之前的手术经历，像扁桃体切除术和阑尾切除术这样的手术基本都是标准的程序，通常在确定索赔的时效上几乎没有差别。HS Evaluate 可以理解这些程序，并将信息传递给负责人，免去了工作人员手动录入信息的烦琐工作。

第二节　区块链技术促进健康保险发展

区块链（Block Chain）是用分布式数据库识别、传播和记载信息的智能化对等网络，也称为价值互联网。区块链发展于比特币开发期间，用以在块内记录和验证交易信息，由诸如交易金额、支付给谁以及由谁支付等项目组成，这被添加到关于过去交易的先前信息，即每个区块包含时间戳和到前一个块的链接。通过设计，区块链固有地抵抗数据的修改，因为一旦记录，区块中的数据不能被追溯改变。有了区块链，用户可以验证和跟踪他们的交易，因为它保持了这些交易的永久安全记录。

区块链有几个特点，其一是分布式，就是说安全性能好，攻击一个单独的节点无法控制破坏整个网络；第二就是无须信任系统，即通过算法的自我约束，任何恶意欺骗系统的行为都会遭到其他节点的排斥和抑制，因此，区块链系统不依赖权威机构的支撑和信用背书，使系统内的信息透明，能提升效率。第三个特点是区块链的不可篡改和加密安全性，每个新产生的区块严格按照时间线形顺序推进，因此区块链内信息篡改行为很容易被追溯，同时，这一特点也提供了可追溯路径，能够有效破解数据确权难题。

基于以上优点，区块链技术在未来保险过程中可能有以下几个方面的应用。

一、投保过程：标的唯一性

保险标的是保险合同的基础，保险标的的要点是唯一性，如果处理不好唯一性，就会带来保险行业的漏洞，发生保险欺诈行为。大数据时代，区块链技术由于其可追溯的特性，为破解"唯一性困境"提供了方法。

区块链技术在钻石交易领域的应用给保险创新以启发。钻石商 Everledger 曾经在 IBM 的技术支持下追踪钻石的原产地，让买家可以在贫困地区挑选钻石。Everledger 正在搭建记录钻石从矿山到珠宝商店行动轨迹的系统，其过程中用了各种各样的区块链工具，包括比特币账本等。消费者通过公司的 Linux One 系统查看钻石的产地、来源。该服务针对的是想要通过复杂供应链追踪贵重物品的公司。

在保险行业的应用与钻石的例子相似，保险公司可以追溯被保险人的身份认证和历史信息记录，所以被保险人到底是谁，信用记录是否良好，曾经从事什么职业，曾经是否骗过保以及这个人的资产情况、身体情况、曾有什么过往病史、做过什么手术，在区块链上都能够被记录下来，保险公司不仅能够合理评估客户健康风险，在做核保、核赔的时候也可以有效地降低欺诈风险。

二、保险期间

（一）被保险人去哪儿：标的信息追溯

承保风险具有显著的"时间"特征，因为"时间"是经营管理的主要矛盾，无论先出险后投保，还是"倒签单"，均涉及时间问题，区块链的"时间戳"特质为上述问题的解决提供了条件。同时，区块链的"可追溯"等功能，也使保险期间内发生的事件、变化高度透明化。

一是标的在时间方面的变化，因为区块链上准确记录了各项信息，可以把同样一份保单的合同时间按风险分段。以商业健康保险投保为例，在春秋换季时期，外部空气质量不如夏天，所以更容易发生感冒、花粉过敏等疾病。如果按风险大小划分合同，如在春秋对呼吸道疾病增加临时保障，在下雪期间弹性加入室外运动意外伤害险等。定制产品组合去应对在不同时间范围内的风险，在被保险人风险临时变化时，可以提供临时的保障。

另一个是标的空间的变化，例如，意外伤害险里都有免责条款，对于一些险种，服役军人、警务人员（含防暴警察）在训练或执行公务期间是免赔的，但又很难证明被保险人在出险时是否正在执行公务。这种情况下，只要有定位得到的地理位置信息并利用区块链技术，就可以实时查看这个人的状态，一旦发现他开始了任务，就可以冻结当前保单，并通过区块链技术提供临时保障。例如，客户去地中海沿岸进行石油贸易，就可以针对战争高发地分别提供保障，进入利比亚时原来的保单失效，同时生成新的保单，离开利比亚时短期保障就失效，原来的保障就可以继续。

（二）档案与健康监控：保护被保险人隐私

区块链的隐私性还可以用于建设客户健康档案。利用物联网传输用户健康数据，同时可以结合医院的就医信息做出判断。数据信息可以采用多次签名、数据链、私钥合并等数据加密技术预防非法篡改和攻击，当数据信息被哈希算法运算后存储在区块链上，可使用多签名技术，使数据被授权定义，让拥有授权的用户得到正常的访问权限。此外，区块链还可以进行单私钥或多私钥的设置，也可以设置复杂时间和空间的单人授权或多人授权。

医疗适合多权限的保管，即给病人、护士、医生不同的访问权限。如某个治疗时间段病人的具体情况只有他的主治医生才能读取，如果病人需要住院，那么具体负责他床位的住院医生也能看到，病人出院就取消住院医生的权限。虽然区块链具有开放的系统，但其验证、传输等信息交换的中间环节都采用了先进的加密技术。这种技术不仅确保了数据的来源正确，也确保了数据中间过程中不被人拦截、篡改。随着区块链技术使用得越来越多，其面临黑客侵入的概率也会减少。区块链系统之所以能降低传统网络安全风险，就是因为它解除了对中间人的需求，省去中间人的方式不但可以减少被黑客攻击的潜在风险，也可大大减少腐败滋生的可能。

三、保额理赔支付

（一）智能合约自动担保：快速支付保险金

目前大部分保险公司只有客户主动申请，经保险公司认定后才能获得赔付。这种方式有几大缺陷：行业缺乏透明度，没有选择的主动权，耗时太长、费用太高等。

在大数据背景下，数据的成本不断降低，这几大缺陷得到不同程度的解决。行业趋于透明，定制化的保险盛行为消费者提供了更多的选择，并且保险公司提供保险商品和服务的边际成本大幅降低。因此，许多互联网企业拥有得天独厚的数据优势，强调智能、极速、互联、创新，能够及时、准确地捕捉消费者的需求和风险水平，高度关注客户体验，成为传统保险行业的竞争对手。在这种背景下，智能合约成为能改变保险客户体验的关键技术。

对于保险人和被保险人，智能合约是一个自动担保账户，当特定的条件满足时，程序就会释放和转移资金。如航空意外险，一旦判定被保险人在保险期间（自进舱门至抵达目的地出舱门止）内，如乘坐预定民航班机发生意外事故，自该事故发生之日起180日内因该事故导致身故或伤残，智能合约会自动释放一定保险金，也就是达到了智能、极速的标准，为保险向定制化迈进奠定了基础。

（二）去中心化支付结算系统：支付快捷成本低廉

传统的跨行银联系统交互的方式转账至少需要几分钟，而 Ripple 完成一场国际跨行转账仅仅需要 20 秒时间，转账双方是加拿大 Alberta 的 ATB 银行和德国 Reise-bank 银行，这也是全球第一笔区块链国际银行间汇款。

区块链支付的优势在于其点对点连接的特性和分布式账务系统，系统和系统之间可以连通，这就省去了第三方中介环节，简化了复杂的交易及清算结算流程，实现去中介化，从而降低现有支付清算模式下高昂的时间成本和资金成本。

在 Ripple 网络中，统一的分布式记账系统通过许多节点以共识机制来验证交易并记账，不需要任何信任中心。通过这样的分布式网络，可以实现 7×24 小时全天候支付。而且 Ripple 仅需要一个保证金账户，减少了支付准备金，从而减少了资金运用。

区块链改变了当前金融服务的后台处理交易过程。当金融机构出售银团贷款或衍生品时，交易记录复杂费时并且涉及繁重的后台处理。这些过程依赖与众多相关律师的谈判合同以及双方之间的联系来完成交易。一般来说，解决银团贷款交易可能平均需要 20 天。对于金融机构来说，这些后端活动所需的资金量是非常大的。这与金融机构的前端系统形成对比，在金融机构中，数百万元的资金用于实现纳秒级的竞争优势。此外，由于诸如 Dodd－Frank 等监管要求，金融机构对报告、透明度和数据传播将有更高要求。他们需要技术突破来帮助解决这些问题。区块链作为一种技术突破，可以简化这些金融交易。

第三节　云计算与客户信息安全及信息获取

数据中心的硬件和软件就是我们所说的云。基于互联网的计算是云计算，通过这种方式，共享的软硬件资源和信息可以按需求提供给计算机各种终端和其他设备。这些共享的资源可以为健康保险行业提供更多的数据和便利。

云计算是继 20 世纪 80 年代从大型计算机到客户端—服务器的大转变之后的又一种剧变。用户不再需要了解"云"中基础设施的细节，不必具有相应的专业知识，也无须直接进行控制。云计算描述了一种基于互联网的新的 IT 服务增加、使用和交付模式，通常涉及通过互联网来提供动态易扩展而且经常是虚拟化的资源。

云计算发展到一定规模后就可以进行资源共享，达成规模经济。服务提供者可以集成大量的资源供多个用户使用，这些资源也有市场需求。各个用户可自行租借更多资源，并随时调整使用量，不需要的时候可以释放一部分资源到整个架构，需求大的时候再提升租借量，以便节约成本。服务提供者也能从中获利，需求低时薄利多销，将目前无人租用的资源以较低的价格租给不同用户，在需求大的时候依照整体的需求量调整租金。

云计算有三种服务模式：基础设施即服务、平台即服务、软件即服务。

基础设施即服务（Infrastructure as a Service，IaaS）：是消费者使用应用程序，但并不掌控操作系统、硬件或运作的网络基础架构，是一种服务观念的基础，软件服务供应商以租赁的概念提供客户服务，而非购买，比较常见的模式是提供一组账号密码，例如 Microsoft CRM 与 Salesforce.com。

在 IaaS 模式中，第三方提供商代表其用户托管硬件、软件、服务器、存储和其他基础架构组件。IaaS 提供商还托管用户的应用程序并处理包括系统维护、备份和弹性计划在内的任务。

平台即服务（Platform as a Service，PaaS）：是消费者使用主机操作应用程序的过程。消费者掌控运作应用程序的环境（也拥有主机部分掌控权），但并不掌控操作系统、硬件或运作的网络基础架构。平台通常是应用程序基础架构。

有了平台即服务（PaaS），保险企业就能快速反应或主动采取行动，从而形成一种迭代与尝试的文化氛围。保险企业将提高敏捷性，跨越创新障碍，并克服 IT 方面长期存在的挑战，如严格的应用开发、条款要求和业务部署等。例如 Google App Engine。

软件即服务（Software as a Service，SaaS）：是指消费者使用"基础计算资源"，如处理能力、存储空间、网络组件或中间件。消费者能掌控操作系统、存储空间、已部署的应用程序及网络组件（如防火墙、负载平衡器等），但并不掌控云基础架构。SaaS 已经成为许多业务应用程序的常见交付模式，包括办公和消息传递软件、工资处理软件、DBMS 软件、管理软件、CAD 软件、开发软件、游戏化、虚拟化、会计、协作、客户关系管理等。SaaS 已被纳入几乎所有领先企业和软件公司的战略中，例如 Amazon AWS、Rackspace。如果采用这种服务模式，保险公司使用较少的人力、物力就可进入互联网金融市场，并且利用服务提供的软件获取潜在用户数据，在保险公司内部，甚至可以靠购买软件协助做会计、人事等工作。

一、云迁移

大数据概念提出以来，中国保险发展迅速。从微观实践来看，中国出现了一批创新型保险公司，它们逐渐从传统平台迁移到云上，从设计到定价，从销售到服务，在各个方面通过云迁移改变了传统保险行业，现在的保险公司不仅有又大又全，涵盖所有险种的保险公司，也有了专营企业团险、健康险等专注于细分市场的保险公司；不仅有被保险人与保险公司达成协议的保险，也有了被保险人之间达成协议的互助保险。有了云计算，创新型的保险企业能够对风险进行更精准的定价，保护更高效的运营，也推动了现代保险业的创新发展。在云计算概念的浪潮下，保险公司纷纷向"云"迁移以期更好的未来发展。

云计算通过虚拟硬件资源，实行资源的动态化呈现，使得个人资源和平台以及实际的使用过程都体现出良好的效益水平。在"云迁移"的过程中，最先是应用迁移，即迁出网站、邮箱等,然后迁移数据,双轨运行一段时间,保证业务不受影响。

对于保险公司而言,其内部的数据系统往往与客户信息安全紧密结合,因此对健康保险公司而言,核心业务的迁移过程就变得十分谨慎。云服务需要处理客户数据和客户的应用程序、隐私以及客户化服务等内容,并不像水电那样简单,一旦发生客户隐私泄露,将会导致不可挽回的后果。在健康保险业,客户信息安全尤其重要。例如,在美国大选中,希拉里·克林顿的健康状况被曝光,导致民众认为她的身体状况欠佳,不能成为总统,从而其支持率下降。当前,主要依靠加密技术保证数据安全,在"云"上,为了防止未经授权的访问,可以通过使用动态令牌在分布式方案的帮助保证数据安全性。因此,安全问题不会阻碍保险行业向"云"发展。

二、云灾备

中小保险公司业务的成长十分迅速,对灾备系统的需要越来越迫切。然而,与大保险公司相比,中小保险公司人力、财力、物力不足,如果学习大公司的自建高端灾备中心的模式,不仅不能省钱节约成本,还会导致资源的浪费,因此对于小型保险公司,租用机房、外包灾备中心也是非常值得考虑的。

云计算已经应用在电力系统和银行的数据存储和灾难恢复上。此外,虚拟化容错机制提高了云虚拟机可用性。

容错功能可以克服单点故障,避免数据丢失。同时,云计算必须有容错备份系统,如果由于灾难性故障而丢失数据,则可以确保数据具有可靠的备份。为了满足应用的连续性和数据的安全性,灾难恢复系统的结构是"分布式计算,集中存储"。根据不同的需要,灾难恢复有三个层次。它们是数据级灾难恢复、系统级灾难恢复和应用级灾难恢复。数据级灾难恢复是最基本的,可以确保应用程序数据的安全。系统级灾难恢复还对应用服务器的操作系统有一定要求,使灾难恢复时间尽可能短。系统级灾难恢复请求时,用户不会感到任何灾难的发生。

远程镜像是容忍故障的经典技术,通过保留两个或更多个重要信息副本,如果其中一个丢失或无法被访问,则访问仍可以继续。它在磁盘阵列(RAID1)中、磁盘或磁盘阵列之间以及跨多个站点(远程镜像)中使用。远程镜像技术用于在主数据中心和备份中心之间进行数据备份。镜像是为两个或多个磁盘或磁盘子系统(一个主镜像系统和一个辅助镜像系统)上的相同数据创建镜像视图的信息存储过程。根据主/副镜存储系统的位置,可分为本地镜和远程镜。远程镜像是灾难恢复的核心技术,也是同步远程数据,实现灾难恢复的基础。

虽然对于保险公司的传统业务,灾备的需求并不高,但是为了保证银保通业务的连续性,保险公司还是需要建设银行级的能够随时切换的热备业务和网络灾备系统。这样的结果就是投入产出不对等,所以,云灾备方案很好地解决了这个系统成本的问题。

三、公有云

随着保险公司各自纷纷自建和租赁私有云，公有云也在逐步发展，依托互联网，公有云为保险公司间的信息交换提供了便利。

然而，公有云存储提供的接口是有限的，用户对于企业内部重要数据存储在公有云中也心存疑虑，因为用户并不能直接定义数据的安全等级。私有云存储需要企业投入相当的成本才能建立并保持稳定运行。

企业可以自定义数据存储的位置，将重要数据存储在私有云存储中以加强数据的安全，也可以根据业务需求的变化将数据在公有云存储和私有云存储之间迁移。

四、多渠道数据采集

未来，随着云技术的不断发展，保险公司还可以从云基础设施采集客户健康数据，包括从日志文件、存储在磁盘上的数据、入侵标志物等处收集信息。同时，云计算也可以促进行业内信息共享，以打造全行业的信用信息平台。

为最大化利用用户现有的流式存储系统，阿里云流计算对接了多种上游的流式存储，用户可以不用进行数据采集、数据集成，即可享受现有的数据流式存储。

应用流式存储，保险公司可以通过各种随身设备得知用户身体健康信息，对这些数据进行实时分析后，保险公司可以用比传统问卷和体检方式更好方式对客户进行细分，再根据各人不同的情况确定赔付率并制定承保政策。

承保后，为了监测患者的身体状况，保险企业可以同家庭护理服务机构合作。作为患者，住在家里进行治疗恢复比在医院舒适，因此在远程医疗服务的支持下，有了感应设备和居家自动服务技术，患者的需求能够被满足，这也符合成本效益。云端模式便于随时随地管理，通过使用"智能患者监控系统"，家庭护理机构可以在病房、患者家里甚至公园里搭建起无线传感网络，安装传感器、控制器、智能相机等监控设备，空气PM2.5、空气温湿度、病人心跳、血压、呼吸频率等数据，以及病人身上的机器（如心脏起搏器等）的运行记录、运行状态等数据均可以通过布置在现场的物联网设备采集上传至云端。

这种监控方法还可以帮助制定个性化差异化的保险。比如旧金山的 See Change 健康保险公司为患者制定了健康方案。通过这种方案提升患者的健康水平，并且为了鼓励患者按照行动方案进行锻炼从而减少发病风险，锻炼记录将从随身设备上传到云上，经过一定的数据处理工作，See Change 为积极锻炼的患者提供奖励金或者降低他们的保费。这种方法使易患病客户为了降低保费"被逼"保持健康的生活方式，从而有效控制其病情。

第四节　远程医疗与健康保险

随着大数据的发展，数据的交流和共享成为常态，这为远程医疗提供了极大的便利。

远程医疗（Telemedicine）是利用电信和信息技术远距离提供临床医疗保健。它已经被用来克服距离障碍，并改善通常在遥远的农村社区的医疗服务。它也用于重症监护和在紧急情况下的生命挽救。

远程医疗的发展使得医院间的数据交换更充分，保险公司有机会获得来自乡村及医疗发展较落后地区的数据，可以简化投保体检流程。同时远程医疗可以远程监控被保险人的身体状况，减少发病概率。

一、远程医疗定义及分类

远程医疗是利用电信和信息技术远距离提供临床医疗保健。远程医疗可分为三类：存储转发、远程病人监控和（实时）互动服务。

存储转发远程医疗涉及获取医疗数据（如医学图像、生物信号等），然后在方便的时候将该数据传送给医生或医疗专家进行离线评估。皮肤科、放射学和病理学是有助于异步远程医疗的常见专业。传统的在场患者会议和远程医疗之间的一个主要区别是实际的身体检查和病史的遗漏。"存储转发"过程要求临床医生依靠历史报告和音频/视频信息代替身体检查。在健康保险方面也可以完善投保人资料，避免逆向选择。

远程监控，也称为自我监测或测试，医疗专业人员可以使用各种技术设备远程监控患者。该方法主要用于治疗慢性疾病或特定病症，如心脏病、糖尿病和哮喘。这些服务可以提高患者的满意度，并且可能具有成本效益；在健康保险方面有利于监督被保险人配合医生疗程，减少发病风险。

实时互动是通过交互式远程医疗服务进行电子咨询，提供患者和医疗提供者之间的实时交互。历史回顾、体格检查、精神病评估和眼科评估等许多活动可以与传统的面对面访问相比较。此外，"临床医生互动"远程医疗服务可能比亲临临床访问的成本更低，因此可以减少保险理赔金额。

二、远程医疗应用

医疗技术的迅速发展给医疗保健带来了巨大的变化。然而，相对来说，许多农村地区从这些突破性成就中受益甚微，因为这些地区远离城市中心，而那些最先进的高科技只能在人口较多、经济规模较大的城市得到支持。不过，利用远程医疗会诊可以部分解决这个问题，美国加州就有这样的应用。

在 California Telehealthcare Network 官网上刊登了许多通过远程医疗成功的案例。一位 59 岁的糖尿病患者因为住在约书亚树的偏远沙漠社区，从事 IT 行业，工作繁忙没时间去医院。最开始，自己吃胰岛素不能稳定血糖，在求助于加利福尼亚远程医疗后，得到了 170 公里外圣地亚哥的内分泌专家的治疗。治疗不仅稳定了患者病情，还通过初级保健医师的监督养成了病人良好的饮食习惯。

另一个例子是家庭诊所和医院之间的合作。2014 年 4 月，Rady 儿童医院的 Magit 博士及其团队参加了 CTN 全州远程医疗卫生峰会。在峰会上，团队恰好与来自圣地亚哥的 La Maestra 家庭诊所的工作人员联系，两家机构已经建立了合作伙伴关系——Rady 为 La Maestra 患者提供儿科专业服务，但是许多转诊患者并不需要长途跋涉去 Rady 儿童医院。Rady 医院可提供专业治疗，La Maestra 在语言翻译和文化联络方面提供了极好的资源，使患者就医更加舒适，尤其是对于病情末期的儿童，在 La Maestra 进行姑息治疗比去 Rady 对病人好得多。这种伙伴关系，即远程医疗与家庭诊所的保证配对，为高效率的访问创造了条件。迄今为止，Rady 儿科远程医疗服务包括耳鼻喉科、内分泌学、呼吸科和皮肤科等，所有医疗判断主要基于视觉的科目都可以进行远程医疗。

在健康保险领域，远程医疗可以更方便地获悉被保险人的身体状况。有了远程医疗，被保险人体检频率有望提高，每次远程会诊内容都可以存储在病人的信息库中，依据这些信息，保险公司可以随时根据医嘱调整差异化保险方案，协助保健医生监督病人，以免病情变化导致保险公司的"锻炼标准"不可行。这种方法可以提高差异化保险的精准度，提高差异化保险的可行性。

三、健康保险为远程医疗护航

虽然远程医疗提供了许多紧急远程护理的机会，但是仍然面临着可持续性的重大挑战。患者安全、服务质量、启动和运营成本、报销限制、多国执照、监管要求和缺乏系统集成都是远程医疗面临的挑战。同时，远程医疗的不足也是健康保险新商机。

（一）医疗事故责任险

质量和安全是远程医疗的首要问题，毕竟患者就医的目的是祛除疾病，保障生命安全。在提供急性护理服务时，患者的安全至关重要，但使用这些技术时的安全性和有效性并不能得到保障。中国古代医学讲究望闻问切，远程医疗现阶段只能做到"望"。因此，即使在理想的条件下，远程医疗也可能无法提供和亲自去医院一样的准确程度和心理体验。患者、医疗提供者、专业协会和监管机构需要在远程医疗的便利与诊断的精度之间权衡利弊。为了减少误诊带来的经济损失，医院可以主动给患者购买保险，这样医生可以在诊断时不会因为担心医疗事故而采取过度保守的治疗方法，万一发生医疗事故，也可利用保险金赔偿。也就是说，医生可以将远程医疗的风险通过远程医疗执业责任保险转移给保险公司。

（二）远程医疗附加费用报销险

远程医疗的另一个障碍是报销。因为在付款人之间偿付不一致，即同一个人看病，医院现场医疗和远程医疗之间付款不一致。为了解决这个问题，可以给社保附加远程医疗险，当本地医疗资源可以满足需求时走普通医保报销，当因为病情需要必须远程医疗协作时，远程医疗产生的附加费用可以用相关保险金支付。加强审核以防止不需要远程医疗的病人占用资源，如果保险期间没有使用远程医疗，到期将返还保险金。

远程医疗符合人们对未来更高效、便捷的医疗服务的憧憬。健康保险公司可以设置远程医疗补助保险等，借助远程医疗的快速发展拓展新业务。

本章小结

本章介绍了大数据环境下的新兴技术，其中主要讨论了人工智能、区块链技术和云计算技术对健康保险行业带来的机遇与挑战。

人工智能可以作为机器人客服，模式识别可以实现保险定损，机器学习（如IBM Watson）可以定制个性化投保方案，深度学习还能够协助进行支付评估等。

区块链因为其特有的优点，如安全可追溯、分布式去中心化，可以确保被保险人的信息完整，在保险期间的活动可追溯，从而可以提升保险从投保的身份认证到理赔支付的效率和安全性，为健康保险行业资源共享创造条件。

云计算技术正在蓬勃发展，对于健康保险行业，将企业迁移到"云"上可以节约成本，同时促进互联网健康保险的发展。多种形式的互联网医疗服务也促进了多渠道的数据采集，但也可能带来一定的信息安全风险。

在未来，保险公司可以利用人工智能，训练机器自动核保理赔、使用机器人客服，并通过与客户的电话判断客户需求自动匹配合适的保险产品。利用区块链技术，保险公司能够加强自身信息隐私，并通过区块链的可追溯性对被保险人的身体状况进行审核。同时，区块链技术还能够在保额支付、再保险等过程中减少健康保险公司的成本。云计算技术能够促进企业迁移到"云"上，节约了基础设施建设的成本，促进互联网保险的发展。未来的健康保险公司不能只考虑技术的先进性，还应结合健康保险行业本身的特性，选择最实用的技术为业务创造价值。未来，医疗保险行业将可以通过结合大数据技术为客户提供更好的服务。

思考题

1. 机器学习的过程是什么？为什么机器学习能够评估投保人的风险？

2. 人工智能能够完全取代人类的保险行业工作者吗？如果能，什么岗位会被人工智能代替？

3. 区块链有什么特点？这些特点如何应用于健康保险行业？

4. 智能合约技术有哪些好处？如何应用于保险行业？

5. 如何化解大数据时代的信用风险？有哪些加密技术？

6. 简述什么是远程医疗？

专业术语

1. 模式识别（Pattern Recognition）：就是通过计算机用数学技术方法来研究模式的自动处理和判读。

2. 区块链（Block Chain）：是用分布式数据库识别、传播和记载信息的智能化对等网络，也称为价值互联网。

3. 可追溯（Traceable）：追溯所考虑对象的历史、应用情况或所处场所的能力。

4. 智能合约（Smart Contract）：为了简化和强制执行合同而达成的计算机协议。

5. 支付手段（Payment Means）：支付手段是R货币被用来清偿债务或支付赋税、租金、工资等，就是货币支付手段的职能。

6. 云计算（Cloud Computing）：基于互联网的计算方式，通过这种方式，共享的软硬件资源和信息可以按需求提供给计算机和其他设备。

7. 云迁移（Cloud Migration）：云迁移是将数据、应用程序或其他业务元素从组织的现场计算机移动到云，或将其从一个云环境移动到另一个云环境的过程。

8. 物联网（Internet of Things）：互联网、传统电信网等信息承载体，让所有能行使独立功能的普通物体实现互联互通的网络。

9. 云灾备（Cloud Disaster Preparedness）：云灾备将灾备看作是一种服务，由客户付费使用灾备服务，提供商提供灾备的服务模式。采用这种模式，客户可以利用服务提供商的优势技术资源、丰富的灾备项目经验和成熟的运维管理流程，快速实现用户的灾备目标，降低客户的运维成本和工作强度，同时也降低灾备系统的总体拥有成本。

10. 远程医疗（Telemedicine）：通过计算机技术、遥感、遥测、遥控技术为依托，充分发挥大医院或专科医疗中心的医疗技术和医疗设备优势，对医疗条件较差的边远地区、海岛或舰船上的伤病员进行远距离诊断、治疗和咨询。

参 考 文 献

第一章

[1] 陈颖．大数据发展历程综述［J］．当代经济，2015（08）：13～15页

[2] 顾永跟．综述人工智能与数据库技术的结合［J］．湖州师范学院学报，1996（5）：54～59页

[3] 黄占辉，王汉亮主编．《健康保险学》［M］．北京：北京大学出版社，2006年

[4] 胡泳．未来的传播媒介：物联网与可穿戴设备［J］．新闻与写作，2016（11）：11～14页

[5] 陆原，申文燮．建立大数据能力的六要素［J］．哈佛商业评论，2016（05）

[6] 刘小微．大数据助推健康险驶上快速路［N］．金融时报，2016年9月21日（010）

[7] 李莹．Capital One 的 IBS 战略及其对我国商业银行发展的启示［J］．财讯，2016（19）：20～20页

[8] 马燕．恒丰银行绍兴支行客户关系管理策略研究［D］．石河子大学，2015

[9] 孙飞洋．基于大数据的保险创新及其盈利模式的探讨［J］．经济研究导刊，2014（35）：207～208页

[10] 孙莉．大数据时代健康保险公司应该做什么［N］．中国保险报，2017年1月4日（007）

[11] 孙桂娟．探讨大数据思维下的汽车品牌战略［D］．上海交通大学，2014

[12] 沈玮．物联网原理及应用［J］．信息通信，2011（5）：114～115页

[13] 沈伟珍，龚幼龙，王光荣等．居民电子健康档案的建立与作用［J］．中华医院管理杂志，2006，22（8）：519～521页

[14] 王和．《大数据时代保险变革研究》［M］．北京：中国金融出版社，2014

[15] 王振，高茂庭．基于卷积神经网络的图像识别算法设计与实现［J］．现代计算机：普及版，2015（7）：61～66页

[16] 王茜，史晨昱，李安颖等．一种政务大数据预处理系统及处理方法，CN104361031A［P］．2015

[17] 许继楠．医疗服务业率先受益于大数据［N］．中国计算机报，2012年2月20日（017）

[18] 徐昆．商业健康保险发展的制约因素与对策研究［J］．经济研究导刊，

2015（24）：87~89 页

[19] 解增言，林俊华，谭军等．DNA 测序技术的发展历史与最新进展［J］．生物技术通报，2010（8）：64~70 页

[20] 晏玲，薛媛，罗跃全．加拿大新生儿重症监护病房中发展性照顾的应用［J］．检验医学与临床，2009，6（22）：1961~1962 页

[21] 闫友彪，陈元琰．机器学习的主要策略综述［J］．计算机应用研究，2004，21（7）：4~10 页

[22] 尤丽珏．区域性电子病历信息共享的探索和研究［J］．中国医疗设备，2009，24（2）：84~85 页

[23] 佚名．大数据未来十大发展趋势［N］．中国信息化周报，2016 年 12 月 5 日（021）

[24] 尹会岩．保险行业应用大数据的路径分析［J］．上海保险，2014（12）：10~16 页

[25] 周逸文．大数据技术在金融行业的应用探究［J］．现代工业经济和信息化，2015（10）：79~80 页

[26] 张田勘．谁愿意找一台电脑看病？［J］．发现，2011：38~40 页

[27] 钟宁，王海琴，陈冬冬．电子病历和电子健康档案的发展与交互应用［J］．中华全科医学，2010，8（10）：1318~1319 页

[28] 22 个美国企业大数据应用实例［J］．杭州科技，2016（04）：58~64 页

第二章

[1] 曹文哲，应俊，陈广飞等．基于 Logistic 回归和随机森林算法的 2 型糖尿病并发视网膜病变风险预测及对比研究［J］．中国医疗设备，2016，31（3）：33~38 页

[2] 陈滔，马绍东．失能收入损失保险国际经验及借鉴［J］．保险研究，2010（6）：31~36 页

[3] 黄海波，李人宪，杨琪等．基于 DBNs 的车辆悬架减振器异响鉴别方法［J］．西南交通大学学报，2015，50（5）：776~782 页

[4] 李丽．基于随机森林算法的企业信用风险评价研究［D］．西南财经大学，2012

[5] 李慧．一种改进的随机森林并行分类方法在运营商大数据的应用［D］．电子科技大学，2015

[6] 李自胜．基于动态 KMV 模型和时序关联规则的商业银行信用风险研究［D］．浙江财经大学，2016

[7] 刘爱萍．健康风险评估［J］．中华健康管理学杂志，2008，2（3）：176~179 页

[8] 罗琳. 中国商业医疗保险风险控制研究 [D]. 四川大学, 2004, 19~20页

[9] 马超, 徐瑾辉, 侯天诚等. 新型深度学习算法研究概述 [J]. 赤峰学院学报（自然版）, 2015（2）: 37~39页

[10] 马绍东, 陈滔. 失能收入损失保险的概念界定 [J]. 保险职业学院学报, 2007, 21（2）: 23~25页

[11] 潘兴. 我国商业健康保险风险管理研究 [D]. 对外经济贸易大学, 2014

[12] 秦磊, 谢邦昌等. 谷歌流感趋势的成功与失误 [J]. 统计研究, 2016, 33（2）: 107~110页

[13] 秦蓉蓉. 我国健康保险市场的逆向选择风险及对策研究 [J]. 生产力研究, 2006（4）: 150~151页

[14] 邱爽, 赵康. 大数据对保险公司风险识别能力的提升及影响 [J]. 现代交际, 2014（11）: 107~108页

[15] 瑞士再保险公司评点指引, 2009

[16] 人身保险公司全面风险管理实施指引, 中国保监会, 2010

[17] 孙蕴洁, 刘甲子. 浅谈如何利用大数据提升人身险公司自动核保效率 [J]. 上海保险, 2016（11）: 31~33页

[18] 田金兰, 张素琴, 黄刚. 用关联规则方法挖掘保险业务数据中的投资风险规则 [J]. 清华大学学报（自然科学版）, 2001, 41（1）: 45~48页

[19] 王默玉, 段利锋, 李新颖等. 基于DBNs风机故障检测方案设计 [J]. 中国科技信息

[20] 王田一. 探索大数据在寿险核保中的应用 [N]. 中国保险报, 2017年1月11日（004）

[21] 王莹莹. 我国商业健康保险逆向选择问题研究 [D]. 东北师范大学, 2011

[22] 王智平. 数据挖掘在保险客户数据中的应用研究 [D]. 昆明理工大学, 2013

[23] 徐东辉, 王勇, 樊汝森. 一种基于DBN的网络入侵检测算法 [J]. 上海电力学院学报, 2013, 29（6）: 589~592页

[24] 朱攀. Apriori算法在参保人信用度评价中的应用 [A]. 2009年研究生学术交流会通信与信息技术论文集 [C]. 2009: 4

[25] 中国互联网保险行业现状分析与发展趋势研究报告, 中国产业调研网, 2017

[26] 邹晓辉, 朱闻斐, 杨磊等. 谷歌流感预测——大数据在公共卫生领域的尝试 [J]. 中华预防医学杂志, 2015, 49（6）: 581~584页

[27] Agrawal R, Imielinski T, Swami A N, et al. Mining association rules between

sets of items in large databases [J]. international conference on management of data, 1993, 22 (2): 207 – 216.

[28] Anastasiadis S. Health and Wealth [J]. Treasury Working Paper, 2010, 374 (8): 398.

[29] Arrow K J. Uncertainty and the Welfare Economics of Medical Care [J]. The American Economic Review, 1963, 53 (5): 941 – 973.

[30] Bates D W, Saria S, Ohnomachado L, et al. Big Data in Health Care: Using Analytics to Identify and Manage High – risk and High – cost Patients. [J]. Health Affairs, 2014, 33 (7): 1123.

[31] Bill Madison,《大数据在保险行业的应用和探索》,"互联网+"金融大会, 2016

[32] Cutler A, Cutler D R, Stevens J R. Random Forests [J]. Machine Learning, 2012, 45 (1): 157 – 176.

[33] Ginsberg J, Mohebbi M H, Patel R S, et al. Detecting Influenza Epidemics Using Search Engine Query Data. [J]. Nature, 2009, 457 (7232): 1012.

[34] Hinton G E. Training Products of Experts by Minimizing Contrastive divergence [M]. MIT Press, 2002.

[35] Hinton G E, Osindero S, Teh Y W. A Fast Learning Algorithm for Deep Belief Nets. Neural Computation, 2006, 18 (7): 1527 – 1554.

[36] Hinton G. A practical Guide to Training Restricted Boltzmann Machines [J]. Momentum, 2010, 9 (1): 926.

[37] Hinton G E. A Practical Guide to Training Restricted Boltzmann Machines [M] // Neural Networks: Tricks of the Trade. Springer Berlin Heidelberg, 2012: 599 – 619.

[38] Kannel W B, Dawber T R, Kagan A, et al. Factors of Risk in the Development of Coronary Heart Disease – Six – Year Follow – Up Experience. The Framingham Study. [J]. Annals of Internal Medicine, 1961, 55 (55): 33.

[39] Khalilia M, Chakraborty S, Popescu M. Predicting Disease Risks from Highly Imbalanced.

[40] Lazer D, Kennedy R, King G, et al. Big data. The Parable of Google Flu: Traps in Big Data Analysis [J]. Science, 2014, 343 (6176): 1203.

[41] Leo Breiman, Random Forests, Machine Learning, 2001, 45, 5 – 32.

[42] Provost F: Machine Learning from Imbalanced Data Sets 101. Proceedings of the AAAI' 2000 Workshop on Imbalanced Data Sets 2000. 2013 (22): 128 – 131.

[43] Salakhutdinov R. Learning Deep Generative Models [M]. University of Toron-

to, 2009. Data Using Random Forest [J]. BMC Medical Informatics and Decision Making, 2011, 11 (1): 51.

[44] 张皓怡. Analysis of Insurance Underwriting Using Social Media Networking Data [J]. 2014

第三章

[1] 曹奇敏. 网络信息文本挖掘若干问题研究 [D]. 北京理工大学, 2015

[2] 曹文君, 徐勇勇, 谭志军, 王庸晋. 基于人工神经网络模型的多个慢性病主要危险因素筛查研究 [J]. 中国全科医学, 2015, (25): 3050、3053、3058 页

[3] 陈路. 我国失能收入损失保险的现状、问题和对策 [D]. 中央财经大学, 2010

[4] 邓婧. K 公司商业养老保险项目的影响因素分析 [D]. 华南理工大学, 2013

[5] 丁小丽, 杨涛, 周金海. 利用人工神经网络分析疾病的影响因素——以高血压为例 [J]. 医学信息, 2009 (01): 4~7 页

[6] 豆丁网, 中国精算师寿险精算考点重点归纳总结（2013 年 6 月 27 日）. http://www.docin.com/p-671488016.html

[7] 冯晓蒲, 张铁峰. 四种聚类方法之比较 [J]. 微型机与应用, 2010 (16): 1~3 页

[8] 荆涛, 阎波, 万里虹. 长期护理保险的概念界定 [J]. 保险研究, 2005 (11): 43~45 页

[9] 李立明. 流行病学. 北京: 人民卫生出版社 [M], 2008

[10] 李秀芳. 寿险精算实务. 北京: 中国财政经济出版社 [M], 2006

[11] 廖丹. 商业健康保险产品结构矛盾与调整 [J]. 时代金融, 2013 (18): 153 页

[12] 龙卫洋. 在寿险产品创新中推行差异化定价法的系统分析 [J]. 系统工程, 2006 (03): 78~81 页

[13] 毛健, 赵红东, 姚婧婧. 人工神经网络的发展及应用 [J]. 电子设计工程, 2011 (24): 62~65 页

[14] 曲杨, 宫爱玲. 三种常用的人工神经网络 [J]. 内江科技, 2008 (12): 22~23 页

[15] 姚启霞. 商业医疗保险定价方法研究 [D]. 北方工业大学, 2008

[16] 姚鑫. 中国商业健康保险产品开发研究 [D]. 西南财经大学, 2014

[17] 于春海, 樊治平. 一种基于区间数多指标信息的 FCM 聚类算法 [J]. 系统工程学报, 2004 (04): 387~393 页

[18] 于洋. 模糊聚类分析中模糊 c 均值聚类计算方法研究 [D]. 沈阳工业大

学，2009

［19］张晨逸，孙建伶，丁轶群．基于 MB – LDA 模型的微博主题挖掘［J］．计算机研究与发展，2011（10）：1795 ~ 1802 页

［20］赵臣升，吴国文，胡福玲．基于评论与转发的微博联合主题挖掘［J］．智能计算机与应用，2016，6（01）：16 ~ 20 页（2017 年 8 月 22 日）

［21］中国人民健康保险股份有限公司江苏分公司，孙莉，顾春生．大数据时代健康保险公司应该做什么［N］．中国保险报，2017 年 1 月 4 日（007）

［22］中国太平洋人寿保险股份有限公司，杨晓灵．国际互联网医疗大会太保商业健康险客户的脸谱报告［A/OL］（2016 年 6 月 26 日）．http：//www.sohu.com/a/86737966_ 313392

［23］中国保险监督管理委员会．重大疾病保险知识问答（一）［A/OL］（2007 年 7 月 5 日）．http：//www.circ.gov.cn/tabid/106/InfoID/48824/frtid/3871/Default.aspx.

［24］R. Voss, P. Cullen, H. Schulte, G. Assmann, Prediction of the risk of coronary events in middle aged men in the Prospective Cardiovascular Munster Study using neural networks［J］, International Journal of Epidemiology, 2002 (31): 1253 – 1262.

第四章

［1］柴瑞震．吃对食物防治糖尿病［M］．中国轻工业出版社．2014 年 4 月 1 日

［2］陈庆程，陈家亮．基于两级 BP 神经网络的机动车车标识别［J］．科技创新导报，2012（12）：73 页

［3］党俊武，周燕珉．老龄蓝皮书：中国老年宜居环境发展报告［M］．社会科学文献出版社．2015

［4］邓传福，慢性病预防与健康管理，解放军总参谋部总医院，2013

［5］桂鉴霞．健康管理在商业健康保险中的应用［J］．人民论坛，2012（36）：66 ~ 67 页

［6］国家卫生部职业技能鉴定指导中心．健康管理师——国家职业资格培训教材［M］．2006

［7］何疆春，李田昌．移动健康的发展现状与趋势［J］．转化医学杂志，2016（03）：174 ~ 177 页

［8］霍琛琛．医疗保险中道德风险及有效规避［J］．劳动保障世界（理论版），2013（05）：36 页

［9］姜雪，卢文喜，杨青春，赵海卿．应用支持向量机评价土壤环境质量［J］．中国环境科学，2014，34（5）：1229 ~ 1235 页

［10］劳动和社会保障部，卫生部．健康管理师国家职业标准［M］．中华健康管理学杂志，2007，1（2）：74 ~ 77 页

[11] 刘彩红. BP 神经网络学习算法的研究［D］. 重庆师范大学, 2008

[12] 刘辉. 基于贝叶斯分类技术的电信客户欺诈分析［D］. 西南交通大学, 2005

[13] 娄培安. 健康管理概述［J］. 中国校医, 2008（01）：117~119 页

[14] 罗文军. 金融资产管理公司如何防范道德风险［J］. 金融经济, 2013（08）：128~129 页

[15] 刘潇. 社会医疗保险道德风险及其控制机制研究［D］. 中国人民大学, 2008 页

[16] 刘喜华, 魏超. 我国社会医疗保险欺诈研究综述［J］. 东方论坛, 2013（06）：15~19 页

[17] 隋栋梁, 于杰, 范子亮, 杨海兵, 宋兴田. 大数据技术在健康管理领域的应用［J］. 世界最新医学信息文摘, 2015（04）：174~175 页

[18] 汤俊, 莫依雯. 基于数据挖掘技术的车险反欺诈系统构建［J］. 上海保险, 2013（11）：39 页、42 页、63 页

[19] 吴传俭. 医疗保险欺诈与防控对策探析［J］. 保险研究. 2013（D12）：21~25 页

[20] 王利燕, 袁长海. 医疗保险中的道德风险分析与控制［J］. 卫生经济研究, 2006（07）：34~35 页

[21] 王明慧. 论社会医疗保险欺诈现象［J］. 商, 2013（09）：125 页

[22] 卫生计生委疾病预防控制局. 中国居民营养与慢性病状况报告［M］. 人民卫生出版社. 2015

[23] 谢冰. 机动车辆保险欺诈的识别模型研究［D］. 吉林大学, 2013

[24] 许晓莹. 基于数据挖掘的心血管健康状态等级预测模型的研究［D］. 湘潭大学, 2015

[25] 徐永华. 基于支持向量机的信用卡欺诈检测［J］. 计算机仿真, 2011（08）：376 页、379 页、384 页

[26] 颜延, 秦兴彬, 樊建平, 王磊. 医疗健康大数据研究综述［J］. 科研信息化技术与应用, 2014（06）：3~16 页

[27] 杨超. 基于 BP 神经网络的健康保险欺诈识别研究［D］. 青岛大学, 2014

[28] 叶明华. 基于 BP 神经网络的保险欺诈识别研究——以中国机动车保险索赔为例［J］. 保险研究, 2011（03）：79~86 页

[29] 余德林, 高磊, 孙金海, 陈立富. 大数据技术方法在健康管理中的应用［J］. 解放军医院管理杂志, 2016（01）：44~48 页

[30] 赵尚梅, 侯建磊, 赵汀. 基于 SVM 和 BP 神经网络方法的机动车保险欺诈识别比较研究［J］. 中国保险教育论坛, 2015

[31] 赵尚梅, 赵汀, 侯建磊. 将支持向量机 SVM 引入机动车保险欺诈识别 [J]. 中国保险, 2015 (8): 15~19 页.

[32] 朱大龙, 李平. 糖尿病的分型及其诊治 [J]. 中华医学信息导报, 2011, 26 (23): 21~21 页.

[33] E. G. Yildirim, A. Karahoca, T. Ucar. Dosage Planning for Diabetes Patients Using Data Mining Methods [J]. Procedia Computer Science, 2011, 3: 1374–1380.

[34] H. Medjahed, D. Istrate. Human activities of daily living recognition using fuzzy logic for elderly home monitoring [J]. Fuzzy Systems, 2009. FUZZ–IEEE 2009. IEEE International Conference.

[35] HC Koh, G Tan. Data mining applications in healthcare [M]. Journal of Healthcare Information Management. 2005, 19 (2): 64–72.

[36] H Joudaki. Using data mining to detect health care fraud and abuse: a review of literature [J], Glob J Health Sci, 2014, 7 (1): 194–202.

[37] K. J. Arrow. Uncertainty and the Welfare Economics of Medical Care Notes On Contributors [J]. The American Economic Review, Vol. 53, No. 5 (Dec., 1963), pp. 941–973.

[38] M. Kirlidog & C. Asuk. A Fraud Detection Approach with Data Mining in Health Insurance [J], Procedia–Social and Behavioral Sciences, 2012, 62: 989–994.

[39] M. Phanich, P. Pholkul, S. Phimoltares. Food Recommendation System Using Clustering Analysis for Diabetic Patients [J]. International Conference on Information Science & Applications, 2010: 1–8.

[40] P. A. Ortega, C. J. Figueroa&GARuz. A Medical Claim Fraud/Abuse Detection System based on Data Mining: A Case Study in Chile [J], International Conference on Data Mining, 2006: 224–231.

[41] S. Palaniappan, R. Awang. Intelligent Heart Disease Prediction System Using Data Mining Techniques [J]. IEEE/ACS International Conference on Computer System & Application, 2008, 12 (8): 108–115.

[42] T. J. Dishongh, M. Mcgrath. Wireless Sensor Networks for Healthcare Applications [J]. 2010.

第五章

[1] 董晓娟. 基于大数据的智能化商业决策流程设计 [J]. 经贸实践, 2016 (21): 194 页.

[2] 冯超. 数据挖掘在零售银行精准营销中的应用研究 [D]. 华东理工大学, 2016.

[3] 付杰, 方芳, 严克文. 基于 Logistic 回归的通信业客户流失预测与挽留研究

[J]．鄂州大学学报，2015，22（06）：110～112页

［4］樊英，朱婷婷．保险公司客户大数据交叉销售实证研究［J］．特区经济，2016（03）：155～156页

［5］桂现才，彭宏，王小华．C4.5算法在保险客户流失分析中的应用［J］．计算机工程与应用，2005（17）：197～199页

［6］郝树魁．关联分析技术在搜索引擎营销中的应用研究［D］．北京邮电大学，2011

［7］胡涛．基于客户生命周期理论的电信营销策略［J］．企业改革与管理，2013（05）：78～80页

［8］何运峰．几种网络营销渠道的探讨［J］．职业教育（中旬刊），2013（06）：78～80页

［9］李双虎，王铁洪．Kmeans聚类分析算法中一个新的确定聚类个数有效性的指标［J］．河北省科学院学报，2003（04）：199～202页

［10］李欣．商业银行客户细分模型的建立与应用［J］．统计与决策，2008（9）：144～146页

［11］刘海，卢慧，阮金花．基于"用户画像"挖掘的精准营销细分模型研究［J］．丝绸，2015，52（12）：37～42页

［12］刘士恒，许静．大数据在保险业中的应用——以众安财产保险公司为例［J］．辽宁经济，2015（07）：84～85页

［13］刘宇，汪湛．建立大数据为核心的发展模式［J］．金融电子化，2015（07）：34～35页

［14］刘陶．PA保险集团交叉销售策略研究［D］．兰州理工大学，2016．

［15］刘燕楚．基于APRIORI算法的个人贵宾客户交叉销售实证分析［J］．中国农业银行武汉培训学院学报，2015（4）：65～68页

［16］李彦铭．浅析语音挖掘技术在呼叫中心的应用［J］．城市建设理论研究：电子版，2013（14）

［17］满玉华．关于商业银行个人客户关系维护的思考［J］．新金融，2010（5）：42～44页

［18］屈丽丽．数据将是"未来的新石油"企业大数据战略的六大应用［J］．商学院，2015（08）：74～76页

［19］苏萌，杜晓梦．渠道归因：用大数据精准营销［J］．北大商业评论，2014（09）：66～71页

［20］谭军．基于CRM数据挖掘的电信客户细分模型分析与设计［D］．重庆大学，2005

［21］汤轩．大数据时代下保险营销模式变革［J］．赤峰学院学报（自然科学

版),2016 (13):113~115页

[22] 王新军,胡曼. 数据挖掘技术在寿险业交叉销售中的应用 [J]. 保险研究,2009 (06):90~99页

[23] 王成亮,顾宝炎. 差异化客户细分模型的建立和应用 [J]. 上海管理科学,2005,27 (1):37~38页

[24] 王全胜,韩顺平,吴陆平. 客户异质性与银行服务渠道选择 [J]. 山西财经大学学报,2010 (08):24~30页

[25] 王和.《大数据时代保险变革研究》,[M]. 中国金融出版社,2014

[26] 文馨,陈能成,肖长江. 基于 Spark GraphX 和社交网络大数据的用户影响力分析 [J/OL]. 计算机应用研究,2018 (03):1~2页

[27] 肖承杭,刘君. 大数据在商业银行信用卡交叉营销中的应用研究 [J]. 中国金融电脑,2015 (08):36~42页

[28] 杨林. 中国平安集团实施交叉销售的案例分析 [D]. 辽宁大学,2013

[29] 姚鑫. 中国商业健康保险产品开发研究 [D]. 西南财经大学,2014

[30] 佚名. 艾瑞咨询:2014 年网络广告市场规模达 1540 亿元 [J]. 青年记者,2015 (14):92~92页

[31] 余孟杰. 产品研发中用户画像的数据模建——从具象到抽象 [J]. 设计艺术研究,2014,4 (06):60~64页

[32] 翟因华,毛献策. 浅谈客户服务创造保险企业价值——兼谈中国人保财险实施客户服务领先战略 [J]. 中国保险,2011 (5):40~43页

[33] 张婧. 浅谈客户关系管理在保险业中的应用 [J]. 经济研究导刊,2010 (7):57~59页

[34] 张鹏轩. 大数据在保险公司的应用研究 [D]. 山东大学,2016

[35] 张爱翎. 试析大数据时代下的市场营销机遇及挑战 [J]. 现代营销(下旬刊),2017 (03):56~57页

[36] 张文虎. 啤酒行业精准营销策略研究 [D]. 中国海洋大学,2011

[37] Lin J. B., Liang T. H., Lee Y. G.. Mining important association rules on different customer potential value segments for life insurance database [M]. 2012.

第六章

[1] 常中阳,严惟力,李天栋等. 商业健康保险市场中医疗机构与保险公司关系的博弈分析 [J]. 中国卫生资源,2014 (2):135~137页

[2] 关于加快发展现代保险服务业的若干意见. [EB/OL]. http://www.gov.cn/zhengce/content/2014-08/13/content_ 8977. htm

[3] 韩冬杰. 保险公司参股与建立医疗机构的现状分析 [J]. 卫生经济研究,2011 (07):26~29页

［4］平安签约美国联合健康 借海外医疗网点强化客服．［EB/OL］．http：//insurance. hexun. com/2014 – 11 – 26/170792466. html

［5］钱斐，张柯庆．医疗技术发展对医疗费用产生影响的分析和思考［J］．江苏卫生事业管理，2016（1）：113～115页

［6］人力资源社会保障部办公厅关于开展长期护理保险制度试点的指导意见．［EB/OL］．http：//www. gov. cn/xinwen/2016 – 07/08/content_ 5089283. htm

［7］数说保险公司投资医院五大模式．［J/OL］．http：//www. cnhealthcare. com/article/20140929/content – 460995 – all. html

［8］泰康投资南京仙林鼓楼医院构建"保险+医养"新体系．［EB/OL］．http：//www. chinanews. com/jk/2015/09 – 30/7551761. shtml

［9］太平人寿构建"大健康"格局．［EB/OL］．http：//finance. jrj. com. cn/2016/12/19141021856307. shtml

［10］钟胜，罗琳．保险公司与医院合作的博弈分析［J］．运筹与管理，2004，13（3）：90～94页

［11］Rradner Roy. Decision and Conflict in Complex Organizations［M］．New York：Harvard University，February，1979.

第七章

［1］陈亚琳，王旭明．基于数据挖掘的医保欺诈预警模型研究［J］．电脑知识与技术，2016（11）：1－4

［2］董清秀．商业健康险与医保有机衔接路径探析［N］．中国保险报，2014年12月10日（006）

［3］丁少群，许志涛，薄览．社会医疗保险与商业保险合作的模式选择与机制设计［J］．保险研究，2013（12）：58～64页

［4］郭涛．医疗保险欺诈检测的研究与应用［D］．电子科技大学，2016

［5］顾昕．商业健康保险在全民医保中的定位［J］．经济社会体制比较，2009（06）：52～59页

［6］胡曼．交叉销售在中国保险业的应用分析［D］．山东大学，2009

［7］焦裕斌．医疗保险付费方式研究［D］．山东师范大学，2013

［8］李聪．中国健康保险欺诈的理论分析与实证研究［D］．青岛大学，2015

［9］刘芳芳．浅析我国商业健康保险对社会医疗保险的补充作用［J］．中国卫生政策研究，2010（07）：38～43页

［10］李俊．商业保险公司参与社会医疗保险管理的模式研究［D］．西南财经大学，2012

［11］吕志勇，王霞．商业健康保险与社会医疗保险系统耦合协调发展研究［J］．保险研究，2013（09）：31～42页

［12］马超，赵广川，顾海．城乡医保一体化制度对农村居民就医行为的影响［J］．统计研究，2016（04）：78～85页

［13］苏向杲．大健康产业2020年可达8万亿元 商业健康险保费有望超5000亿元［N］．证券日报，2016年9月8日（B02）

［14］商业健康险保费六年增长近五倍．http：//www.bj.xinhuanet.com/bjyw/2017-03/27/c_1120702489.htm

［15］我国人均医疗费增长过快 加重社会负担．http：//finance.ifeng.com/a/20150409/13618268_0.shtml

［16］卫计委统计中心．《中国卫生和计划生育年鉴》［M］．北京：中国协和医科大学出版社

［17］吴海波，何冲．商业保险参与社会医疗保障的现实模式与发展方向［J］．西部论坛，2014（05）：52～58页

［18］王力．数据挖掘在客户关系管理中的应用研究［D］．安徽理工大学，2009

［19］王新军，胡曼．数据挖掘技术在寿险业交叉销售中的应用［J］．保险研究，2009（06）：90～99页

［20］王向楠．社会医疗保险、市场结构与我国商业健康保险发展［J］．保险研究，2011（07）：35～41页

［21］王子韩．一种基于医疗保险卡认证的电子医疗大数据系统［P］．安徽：CN104809360A，2015年7月29日

［22］王智囊．基于用户画像的医疗信息精准推荐的研究［D］．电子科技大学，2016

［23］向国春，顾雪非，李婷婷，周晓媛，毛正中．从国际经验谈我国商业医疗保险经办社会医疗保险［J］．中国卫生经济，2012（06）：30～32页

［24］徐维维，胡敏．北京市城乡居民医保一体化筹资负担研究［J］．中国卫生事业管理，2015（05）：363～366页

［25］叶龙杰．医保整合步伐加快［N］．健康报，2015年12月11日（001）

［26］杨素芬．北京市企业补充医疗保险运行研究［D］．中国人民大学，2005

［27］张贯京，陈兴明，高伟明，李慧玲．基于医疗大数据的医疗保险精算系统及方法［P］．广东：CN105631235A，2016年6月1日

［28］中华人民共和国国务院新闻办公室．发展权：中国的理念、实践与贡献［N］．人民日报，2016年12月2日（010）

［29］中国及世界其他主要国家人均卫生总费用与其增长情况分析．http：//www.chyxx.com/industry/201701/490163.html

［30］中国保险年鉴编委会．《中国保险年鉴》（2013～2016）［M］．北京：中

国保险年鉴社

[31] 郑荣鸣，华俊．我国商业医疗保险与社会医疗保险发展协调度研究［J］．保险研究，2013（04）：101～109页

[32] 赵云，王政义．医疗保险付费方式的本质特征［J］．中国卫生事业管理，2016（01）：25～29页

第八章

[1] 段伟文，纪长霖．网络与大数据时代的隐私权［J］．科学与社会，2014（02）：90～100页

[2] 郭晓宇．个人信息保护法和侵权责任法都在加紧制订当中［N］．法制日报，2008年3月4日

[3] 蒋舸．个人信息保护法立法模式的选择——以德国经验为视角［J］．法律科学（西北政法大学学报），2011（02）：113～120页

[4] 谢青．日本的个人信息保护法制及启示［J］．政治与法律，2006（06）：152～157页

[5] 王利明等．人格权法［M］．北京：法律出版社，1997：147页

[6] 王利明．隐私权内容探讨［J］．浙江社会科学，2007（3）：57～63页

[7] 王利明．论个人信息权的法律保护——以个人信息权与隐私权的界分为中心［J］．现代法学，2013（4）：62～72页

[8] 王利明．隐私权概念的再界定［J］．法学家，2012（01）：108～120页、178页

[9] 王泽鉴．人格权的具体化及其保护范围——隐私权篇（中）［J］．比较法研究，2009（01）：1～20页

[10] 王秋艳．保险消费者隐私权保护研究［D］．西南财经大学，2014

[11] 杨立新．侵权行为法（下）［M］．长春：吉林人民出版社，1998：768页

[12] 杨立新．人身权法论［M］．北京：人民法院出版社，2002：667页。

[13] 张新宝．中国侵权行为法（第二版）［M］．北京：中国社会科学出版社，1998：358页

[14] 张新宝．我国隐私权保护法律制度的发展［J］．国家检察官学院学报，2010（02）：11～16页

[15] Kyle Thomas Sammin著．梁志坚、张义东译．安全港、《格朗—利奇金融服务现代化法案》及金融服务的隐私问题［J］．经济资料译丛，2011（03）：82～93页

第九章

[1] 杜志林．云计算技术探讨［J］．计算机光盘软件与应用，2014，17（12）：19～21页

［2］贡欣扬，苏婷，杨崑，张铁山．我国远程医疗发展现状调查研究［J］．中国卫生信息管理杂志，2015，12（02）：160~164页．

［3］黄永刚．基于区块链技术的电子健康档案安全建设［J］．中华医学图书情报杂志，2016，25（10）：38~40页．

［4］金武，洪武，李涛，邢诒俊，韩志雄，杨紫，李登辉．区块链技术发展现状及其金融应用研究［J］．海南金融，2017（01）：26~30页．

［5］李岭海．基于深度学习的心脏病检测的研究［J］．现代计算机（专业版），2017（09）：91~93页、110页．

［6］李炜．云计算技术在医院信息化建设的应用探讨分析［J］．2014（04）：142~145页、148页．2017年9月11日．DOI：10.13274/j.cnki.hdzj

［7］蒙建波，李萍，虞建静，管金库，余永维，李迪科．生长机器智能概述［J］．自动化与仪器仪表，2004（03）：3~6页、14页．

［8］欧阳日辉．监管决定互联网金融未来［N］．中国企业报，2016年1月5日

［9］裴兆旭．云计算如何落地保险行业［N］．中国保险报，2012年7月17日（006）

［10］清华大学五道口金融学院互联网金融实验室．互联网保险：国际创新与实践［J］．清华金融评论，2016（11）：25~28页．DOI：10.19409/j.cnki.thf.review.2016.11.006

［11］王和，吴凤洁．物联网时代的健康保险与健康管理［J］．保险研究，2011（11）：78~82页．DOI：10.13497/j.cnki.is.2011.11.015

［12］王和，周运涛．区块链技术与互联网保险［J］．中国金融，2016（10）：74~76页

［13］微软亚洲研究院．人工智能时代，科研如何创造产业价值（2017年7月21日）［A/OL］http：//www.msra.cn/zh-cn/research/artificial-intelligence

［14］徐政超．使用稀疏表达和机器学习的行人检测技术探讨［J］．科技创新与应用，2017（10）：75页

［15］应文灏．云计算技术在银行业灾备系统中应用研究［J］．福建电脑，2012，28（03）：91~92页

［16］张锐．基于区块链的传统金融变革与创新［J］．国际金融，2016（09）：24~31页．DOI：10.16474/j.cnki.1673-8489.2016.09.

［17］朱征，顾中坚，吴金龙，桂胜．云计算在电力系统数据灾备业务中的应用研究［J］．电网技术，2012，36（09）：43~50页．DOI：10.13335/j.1000-3673.pst.2012.09.

［18］Bajpai A，Rana P，Maitrey S．Remote Mirroring：a disaster recovery technique in cloud computing［J］．International Journal Of Advance Research In Science And Engineering 1 (2) Issue No. 8, 2013.

[19] Bishop, C. M. (2006). Pattern Recognition and Machine Learning Springer. p. vii. Pattern recognition has its origins in engineering, whereas machine learning grew out of computer science. However, these activities can be viewed as two facets of the same field, and together they have undergone substantial development over the past ten years.

[20] Carvalko, J. R., Preston K. (1972). On Determining Optimum Simple Golay Marking Transforms for Binary Image Processing. IEEE Transactions on Computers. 21: 1430 – 33.

[21] Ciresan, D., Meier, U., Schmidhuber, J. (2012). Multi – column deep neural networks for image classification. 2012 IEEE Conference on Computer Vision and Pattern Recognition: 3642 – 3649. doi: 10.1109/cvpr.2012.6248110.

[22] Dimpi R, Rajiv K R. A Comparative Study of SaaS, PaaS and IaaS in Cloud Computing [J] International Journal of Advanced Research in Computer Science and Software Engineering, 2014, 4 (6): 2277 128X.

[23] edge2cats http://knowyourmeme.com/memes/sites/edges2cats

[24] Furht B, Escalante A. Handbook of Cloud Computing [C]. cloud computing, 2010.

[25] Goldwater S, Griffiths T L, Johnson M, et al. A Bayesian framework for word segmentation: Exploring the effects of context [J]. Cognition, 2009, 112 (1): 21 – 54.

[26] Iman Foroutan; Jack Sklansky (1987). Feature Selection for Automatic Classification of Non – Gaussian Data. IEEE Transactions on Systems, Man and Cybernetics. 17 (2): 187 – 198.

[27] Koza, John R.; Bennett, Forrest H.; Andre, David; Keane, Martin A. (1996). Automated Design of Both the Topology and Sizing of Analog Electrical Circuits Using Genetic Programming. Artificial Intelligence in Design'96. Springer, Dordrecht. pp. 151 – 170. doi: 10.1007/978 – 94 – 009 – 0279 – 4_ 9.

[28] Moreton E, Pater J, Pertsova K, et al. Phonological Concept Learning [J]. Cognitive Science, 2015.

[29] Ranzato, M., Monga, R., Devin, M., Chen, K., Corrado, G., Dean, J., ... & Ng, A. Y. (2012). Building high – level features using large scale unsupervised learning. international conference on machine learning.

[30] Samuel A L. Some studies in machine learning using the game of checkers [J]. Ibm Journal of Research and Development, 1959, 3 (3): 210 – 229.

[31] SeeChange Health Solutions to Change Name to HealthMine, Inc. http://www.prnewswire.com/news – releases/seechange – health – solutions – to – change – name –

to‐healthmine‐inc‐300015248. html

［32］Severance C. Eben Upton: Raspberry Pi［J］. IEEE Computer, 2013, 46 (10): 14 – 16.

［33］Wang C, Wang Q, Ren K, et al. Ensuring data storage security in Cloud Computing［C］. international workshop on quality of service, 2009: 1 – 9.

［34］The Birth of a Thriving Telemedicine Partnership（2016 – 02 – 05）［A/OL］ https://www.caltelehealth.org/sites/main/files/file‐attachments/2 – 2016. pdf.

后　记

健康保险和大数据技术在中国尚处于初级发展阶段，因此大数据在健康保险领域的应用也处于探索阶段。我们很荣幸于 2016 年 8 月承担了中国人民健康保险股份有限公司《健康保险系列丛书》的"健康保险与大数据应用"这一探索性项目，立即组织了保险、大数据和人工智能方面的研究团队，成立了"健康保险与大数据应用"课题组，展开了紧张的调查研究和头脑风暴。从撰写前期的深入调研、写作提纲的反复推敲、每周一次的内容进展汇报以及激烈讨论、向业界专家学者的多次请教、成稿后等待专家评审意见的期待、接到评审专家意见后的紧张修改，到呈交出版社后的三轮校稿，在整个研究和写作过程中，从开始阶段的群情振奋、信心满满，到研究和写作纵深阶段的健康保险和大数据研究成员之间知识结构和思维模式冲突的挫败，再到跨学科交叉融合的欣慰，凝结了课题组成员、中国人民健康保险股份有限公司、审稿专家和给予我们帮助的保险业界专家的心血和智慧。

本书的出版，我们既高兴又忐忑。高兴的是，本书是大数据在健康保险领域应用的初次探索性尝试，具有前瞻性，希望对大家有所裨益；忐忑的是由于健康保险与大数据处于初级发展阶段，研究对象和研究工具及所处情景尚不稳定，研究成果难以尽如人所愿。我们抛砖引玉，虚心接受大家的批评指正，在今后的探索之中，为中国健康保险与大数据应用的融合发展尽绵薄之力。

本书的出版，得到了中国人民健康保险股份有限公司和北京航空航天大学的大力支持，在此由衷地感谢中国人民健康保险股份有限公司的大力支持，尤其是教育培训部处长范娟娟博士。感恩他们在百忙之中提供的专业指导和热心帮助！感谢"健康保险与大数据应用"研究团队的辛勤付出！

编者

2017 年 12 月

跋

"完善国民健康政策,为人民群众提供全方位全周期健康服务",这是中国共产党十九大对全国人民作出的深入民心的伟大承诺,是进一步实施健康中国、惠及万民的伟大战略。

中国共产党已经将保障人民健康当作了党和国家的一项重要工作,把为人民健康服务提升到了一个前所未有的高度。健康保险作为国家健康服务产业中的关键一环,在提升国民整体健康水平与健康保障方面,都面临着前所未有的发展机遇与空间,无论是现在还是将来,都会发挥着越来越重要的作用。

人食五谷,焉得无病?人的一生,总是在健康与不健康状态之间徘徊,但福寿安康是人们亘古通今的幸福期许。随着我国迈进上中等收入国家行列,人们对健康生活愈加渴望,对健康保障和健康服务的需求愈加多样,也自然会进一步提高对商业健康保险服务的要求。

已经成立十余年的我国首家专业健康保险公司——中国人民健康保险股份有限公司,以"让每一位中国人的健康更有保障、生活更加美好、生命更有尊严"为其崇高的使命,以"人民保险,服务人民"为其矢志不渝的追求,在"健康中国"建设的征程中,肩负着服务"国家治理体系和治理能力现代化"这一历史角色的重担,在建设"政府信任、人民满意的中国健康保险第一品牌"的道路上走出了成效。在近五年来,人保健康构建了清晰的发展模式;实现了多元化销售渠道建设和业务转型;达到了服务能力的明显提升;成为了国家医疗保障体制改革的积极参与者和重要推动力量。在实现两个一百年奋斗目标和中华民族伟大复兴中国梦的文化大背景下,人保健康将继续把握战略机遇,牢记时代赋予健康保险的重要使命,致力于打造成服务"健康中国"建设的领军企业,成为国际一流的健康保险供应商。

党的十九大报告提出要"加强应用基础研究",要"建立以企业为主体、市场为导向、产学研深度融合的技术创新体系"。人保健康理应责无旁贷地承担起健康保险综合研究这一具有里程碑意义的开创性工作，因此，公司决定协调和组织一批知名专家学者，立足国内实际，借鉴国际经验，编著一套具有中国特色的《健康保险系列丛书》，系统梳理健康保险的基础理论和经营实践，初步构建相对系统、科学、完整的健康保险理论体系，为培养健康保险行业高水平人才奠定坚实的基础。

《健康保险系列丛书》项目由人保健康党委书记、总裁宋福兴同志亲自挂帅，组建了以公司高管为成员的高规格编委会，邀请保险、财税、公共管理、社会保障、医疗卫生领域近40位著名专家，共同编著。

为确保专业性和权威性，丛书编委会多次召开由多位专家学者参加的专题研讨会。整体来看，丛书既考虑了健康保险的既往经验、现实状况和未来发展趋势，体系上比较完善；同时又对健康保险的相关领域作了探索研究，拓宽了研究范围。从功能定位看，丛书体现了理论与实践并重的编写特色：既要有理论高度，具有一定的前瞻性，达到高等教育教材的编写水平；同时要有实效性，能满足专业健康保险公司经营发展中的现实需求。专家们认为，丛书对把握健康保险经营规律以及行业的可持续发展具有重大意义，充分体现了中国人保一贯以社会责任为己任的优良传统，利于当代、功在千秋。

在丛书的编著工作中，专家学者们都全情投入，科学严谨地为编著工作贡献着智慧。马海涛教授、王欢教授、王国军教授、王绪瑾教授、王稳教授、朱铭来教授、孙祁祥教授、李晓林教授、杨燕绥教授、张晓教授、卓志教授、赵尚梅教授、郝演苏教授、辛丹博士等专家学者负责各分册编著工作，李保仁教授、魏华林教授、庹国柱教授、李玲教授、孙洁教授、郑伟教授、于保荣教授、余晖教授、朱恒鹏教授、朱俊生教授、董朝晖博士等专家学者给予丛书编写许多指导和帮助，在此一并表示最衷心的感谢！

本丛书是对健康保险经营实践经验的阶段性总结和思考。但由于编写时间紧，难免有疏漏之处。而且随着健康保险专业化经营不断深化，还会有很多需要改进的地方。我们希望本丛书能构建起健康保险行业的理论体系与研究架构，对引领健康保险规范、良性和可持续发展起到积极作用。我们也希望借助本丛书，能培养出一批高素质的干部员工队伍，为"健康中国"的建设添砖加瓦，为实现两个一百年奋斗目标和中华民族伟大复兴中国梦贡献力量。